/개정판/

마음 닦는 요결

修心訣

/ 개정판 /

修心訣

마음 닦는 요결

수심결

원저原著 지눌知訥
연의演義 오광익吳光益

DongNam
동남풍 Publishing

책머리에

물이 아니라면 춤추는 물결 널리 드러나지 않고

마음이 없으면 부처의 모습을 만들 수가 없어라

不水不彰舞波汪
불 수 불 창 무 파 왕

無心無做佛陀相
무 심 무 주 불 타 상

한참 있다가 다시 한 귀 읊조리기를

원래 미혹한 허깨비의 범부들이 아니었는데

어찌 성인의 자비스런 구제 주머니 들어가리오.

元非惑幻凡夫類
원 비 혹 환 범 부 류

何入聖人慈濟囊
하 입 성 인 자 제 낭

물위에서 물결이 일어난다. 마음에서 부처가 이루어진다. 물이
아니면 물결이 일어나 춤을 추지 않고 마음이 아니면 거룩한 부처
가 될 수 없다. 중생이 원래부터 미혹했던 것은 아니라 부처와 똑
같은 지혜덕상(智慧德相)을 갖춘 본래불(本來佛)이다. 그러니 성
인들이 나와서 중생을 제도한다고 내세울 필요가 없다. 왜냐하면
이들이 모두 원래 부처였기 때문이다.

　　도의 바탕인 신령한 기틀은 우주를 삼키고

　　작은 티끌은 변하고 바뀌어 하늘땅 뿜어내누나.

　　　道體靈機宇宙吞
　　　도 체 영 기 우 주 탄
　　　微塵化易地天噴
　　　미 진 화 역 지 천 분

며칠이 지난 뒤에 또 읊기를

　　정법안장의 바른 맥락이 이 나라에 있으니

　　멀리 달려 참 부처의 흔적을 찾으려 말지라.

　　　法藏正脈斯邦在
　　　법 장 정 맥 사 방 재
　　　遠走莫尋眞佛痕
　　　원 주 막 심 진 불 흔

도체(道體) 곧 도의 바탕이란 신령한 기틀로 우주를 삼키고 작은
티끌은 환역(換易)을 하면서 하늘과 땅을 토해 낸다. 정법안장(正

法眼藏)의 묘법(妙法)과 불조정전(佛祖正傳)의 정맥(正脉)이 이 나라에서 싹을 틔었으니 영겁을 통해서 마음을 여의고 멀리 달려가서 부처나 조사의 흔적을 찾으려고 해서는 안 된다.

오늘날처럼 심전 계발(心田啓發)이 절실하게 요구되는 때는 일찍이 없었다. 왜냐하면 세상이 너무나 빠르게 변역(變易)되다 보니 사람들이 자기도(自己度)를 넘어 들떠서 일하고, 들떠서 먹고, 들떠서 자고, 들떠서 오가고 있으니 이렇게 들떠 있는 마음을 가라앉히고 또 마음을 맑혀서 자기에게로 되돌아와야 한다.

그리하여 본래 자기심천(自己心泉)이 고갈(枯渴)되어 있지 않는 풍부한 인품으로 틀이 잡혀야만 은혜도 나오고 자비도 나오며 인(仁)도 나오고 사랑도 나와 산업사회와 물질만능의 세상을 살아가는데 외형적인 삶의 질을 높이고 내적인 자기정화(自己淨化)로 원성(原性)을 잃지 않고 보존할 수가 있기 때문이다.

이렇게 하는 것이 바로 자기 수행이다. 이는 곧 자기 부처를 일으켜 세우는 데서 가능하고 또 이루어낼 수가 있다. 사실 인간의 정신, 인간의 능력은 무진(無盡)하다. 또 무한(無限)하다. 이렇게 무한 무진한 마음은 오직 인간이 가장 많이 간직한 진보(珍寶)이다. 따라서 부처만 이런 상황에서 자유자재할 수 있는 권능(權能)을 가졌다 할 때 자기불(自己佛)을 찾아서 일으키고 밝혀내는 일이 얼마나 중요한지 모른다.

이렇게 자기 부처를 찾고 정신의 풍요를 이루는 길에 이 "마음 닦는 요결"인 《수심결(修心訣)》이 능히 지남(指南)의 역할을 충분히 하리라고 생각하지 않을 수 없다.

원문에 어긋나지 않는 번역을 하려하였고 주해를 자세하게 하려 하였으며 연의를 간추리려하였으나 충분하다고 할 수는 없다. 특히 한 장(章)의 요지를 뽑아 그 장의 제목처럼 붙였고 그 장미(章尾)에 한시(漢詩)를 읊어 안정(眼睛)을 삼았다고는 하지만 오히려 보조국사에 대하여 치루(癡累)를 끼치는 것이 아닌가하는 생각도 든다.

아무튼 우리가 공부를 해나가는데 소보(小補)라도 되었으면 좋겠다. 그리하여 부족을 마쇄(磨碎)시킬 수 있는 구안자(具眼者)의 질차(叱嗟)를 얻어 가층(加層)의 진전이 있기를 두 손을 마주잡고 바랄 뿐이다.

2017년 6월 1일

埋藕室窓下 宮山 吳光益 謹識

보조국사 약전(普照國師略傳)

승평부 조계산 수선사 불일 보조 국사 비명(昇平府曹溪山修禪社 佛日普照國師碑銘)을 보면 국사는 1158년에 나서 1210년에 열반 하였다. 속성을 정(鄭)씨요 이름은 지눌(知訥)이며 자호를 목우자 (牧牛子)라 하였으니 고려 서경 동주(高麗西京洞州) 즉 황해도 서 홍군(黃海道瑞興郡) 사람이다.

그의 아버지 광우(光遇)는 국학학정(國學學正)이요, 어머니 조 (趙)씨는 개홍군(開興郡) 사람이다. 국사가 탄생함에 병이 많아 여 러 가지 약을 써보았지만 효험이 없으므로 부모가 부처님께 빌며 출가시키기로 서원을 올리니 신통스럽게도 병이 나아 드디어 8세 에 조계운손 종휘 선사(曹溪雲孫宗暉禪師)에게 축발수계(祝髮受 戒)하게 되었다.

1182년[고려 명종 12] 국사 나이 25세에 승선(僧選)에 뽑혀 남유 (南遊)하여 전라도 창평 청원사(全羅道昌平淸源寺)에 주석하던 중

하루는《육조단경(六祖壇經)》을 보다가 "진여 자성이 생각을 일으키는 것이라 육근이 비록 보고 듣고 깨닫고 안다고 하지만 만상에 물들지 않고 진성이 항상 자재한다[眞如自性念起 六根雖見聞覺知 不染萬像 而眞性常自在]"는 데에 이르러 한편으로는 기뻐하면서 일어나 불전을 돌며 미증유의 취지(趣旨) 얻음을 자족하고 명리(名利)를 싫어하게 되었다.

그 후 팔공산 거조사(八公山居祖寺, 지금의 영천군 신영면)에 머물면서 정혜쌍수(定慧雙修)를 창안하였고 지리산 상무주암(上無住庵)에 은서(隱棲)하던 중 대혜 보각 선사 어록(大慧普覺禪師語錄)의 "선은 정처에도 있지 아니하고 요처에도 있지 아니하며 일용응연처에도 있지 아니하고 사량 분별처에도 있지 않다[禪 不在靜處 不在鬧處 不在日用應緣處 不在思量分別處]"는 대목에 이르러 홀연히 계회(契會)하니 이로 말미암아 혜해(慧解)가 증고되고 더욱 대중의 숭앙을 받게 되었다.

1200년[고려 신종 3] 송광산 길선사(松廣山 吉禪寺, 현 전라남도 순천)에 이거하기 11년, 혹 도(道)를 말하고 혹 선(禪)을 닦는 중에 사방에서 학도가 모여들고 왕공사서(王公士庶)가 입사(入社)하여 도중이 수백 명에 이르니 모든 사람들에게 항상 금강경(金剛經)을 송지(誦持)케 하고《육조단경》을 연의(演義)케 하며 화엄론(華嚴論)을 신장(伸張)케 하고 대혜어록(大慧語錄)으로써 우익(羽翼)을 삼도록 권려하였다.

이에 삼문(三門)을 개설하니 첫째 성적등지문(惺寂等持門)으로 행(行)을 중시하였고, 둘째 원돈(圓頓信解門)으로 신(信)을 중시하였으며, 셋째 경절문(徑截門)으로 증(證)을 중시하니 근고(近古)에 더없이 선풍을 크게 휘날렸다.

1205년[희종 1] 48세 때 희종이 즉위하여 송광(松廣山)을 조계산(曹溪山)으로 길상사(吉祥寺)를 수선사(修禪寺)로 고치고 만수가사(滿繡袈裟)를 보냈다.

1210년[희종 6]에 법연(法筵)을 베풀어 그 어머니를 천도하고 사중(社衆)에게 말하되 "내가 세상에 머물러 법을 설하는 것이 오래지 못하리니 마땅히 각각 노력하라[吾住 世法語不久 宜各努力]"하고 3월 27일에 입적하니, 세수는 53세이요 법랍은 36년이었다.

이에 희종왕(熙宗王)은 시호를 불일보조국사(佛日普照國師)라 하고 탑명(塔名)을 감로(甘露)라 하였다.

저서로는 《정혜결사문(定慧結社文)》, 《진심직설(眞心直說)》, 《수심결(修心訣)》, 《원돈성불론(圓頓成佛論)》, 《간화결의론(看話決疑論)》, 《계초심학인문(誡初心學人文)》 등 다수가 지금까지 전해져서 내려오고 있다.

《수심결(修心訣)》 해제(解題)

예로부터 성자들이 성자가 된 소이(所以)가 어디에 있었을까? 그
것은 외형적으로 인면(人面)이 훤칠하다거나 또는 학식이 풍부하
다거나 또는 재물이 많다거나 또는 권세를 지녔다는 것에 있는 것
이 아니라 내면적으로는 자신의 마음이 열리고 외형적으로는 일원
의 진리를 깨쳐 증득한 바에 있는 것이라고 할 수 있다.

그런 의미에서 이《수심결(修心訣)》이 마음을 열고 진리를 깨닫
는데 있어서 길라잡이가 충분하게 될 수 있다고 할 때 여기에 뜻을
두어서 연마하고 심화(深化)시켜 나간다면 얻음과 깨달음이 분명
무진(無盡)하게 있을 것이니 이런 의미에서 먼저 제목의 뜻을 파악
하는 것이 중요하다고 아니할 수 없다.

1. 수(修)이니

① 꾸민다[飾也]는 뜻이다. 사람이나 사물의 모양을 아름답게 꾸

민다는 의미를 말한다.

②쓸고 제거한다[掃除也]는 뜻이다. 티끌이나 먼지를 쓸고 제거한다는 의미를 말한다.

③다스린다[治也]는 뜻이다. 몸을 다스리고 사물을 가다듬고 정비한다는 의미를 말한다.

④익힌다[習也], 복습한다[複習也]는 뜻이다. 배운 것을 익히고 반복한다는 의미를 말한다.

⑤경계한다[儆也]는 뜻이다. 항상 조심하고 삼간다는 의미를 말한다.

⑥신앙하고 기도한다, 또는 치성(致誠)을 드린다는 뜻이다.

⑦닦는다, 정리한다, 깔끔하게 갖추어 놓는다는 등의 뜻을 말하기도 한다.

2. 심(心)

①신명과 형체의 주인이다[神明與形體之主也]는 뜻이다. 순자(荀子)《해폐(解蔽)》에「마음은 형체의 임금이요 신명의 주인이다[心者形之君 而神明之主也]」고 하였다.

②지혜의 집이다[智之舍也]는 뜻이다. 관자(管子)《심술(心術)》상(上)에「마음이란 지혜의 집이다[心也者 智之舍也]」고 하였다.

③하늘과 땅의 근본이다[天地之本原也]는 뜻이다.《주역(周易)》복괘(復卦)에「복에서 천지의 마음을 본다[復其見天地之心

乎]고 하였다. 복이란 반본(反本)이라는 뜻으로 근본은 고요한 것이니[本靜也] 천지는 고요하여 동하지 않기 때문에[天地寂然不動] 마음을 근본으로 삼는데 그 근본으로 삼은 마음을 보게 된다는 의미이다.

④ 정요가 되는 것이 심이다[精要曰心]는 뜻이다.「《반야심경(般若心經)》은 반야 계통 600부의 정요가 되기 때문에 심경(心經)이라」고 한 것과 같다.

⑤ 오장의 하나다[五臟之一]는 뜻이다. 《설문(說文)》에「마음은 사람의 마음으로 토장이니 몸의 가운데 있다[心 人心 土藏也在身之中]고 하였다. 즉 오장(五臟)에 있어서 심장(心臟)을 말하는데 심장은 정신이 갊아[藏] 있는 곳이요, 오행(五行)에는 토(土)로 중앙이 되는 것이며 그 자체가 가장 신령한 것이다[其體最靈]고 하였다. 다시 말하면 오장과 오행을 상배(相配)시켰을 때 심장은 토(土)에 해당된다는 의미이다.

⑥ 나무의 뾰족한 가시를 심이라 한다[木之尖刺曰心].

⑦ 마음, 생각, 근성(根性), 마음씨, 의지, 감정, 중심, 의리 등의 뜻도 있다.

3. 결(訣)이니

① 방법이라는 뜻이다.

② 비결(秘訣), 또는 요결(要訣)이라는 뜻이다.

③ 이별하다[別也], 끊어지다[絶也], 죽어서 이별한다[死別也]는 등의 뜻이 있다.

이상의 뜻을 요약하여 말하자면

첫째, "마음을 닦는[맑히는] 방법"이다. 마치 거울이 오래되어 먼지가 덮여 있을 때 그 거울의 먼지를 털고 닦는 것처럼 마음의 먼지가 되는 업장, 무명, 욕심[삼독, 오욕] 등을 털고 씻고 닦고 맑히자는 의미이다.

둘째, "마음을 깨닫는[밝히는] 방법"이다. 마치 거울의 자체가 원래 밝다는 사실을 인지하자는 것으로 성품이 바로 진리요, 마음이 바로 부처임을 밝게 알자는 의미이다.

셋째, "마음을 쓰는 방법"이다. 거울에 먼지가 닦여지고 맑고 밝아 있어야 사람을 비롯하여 온갖 사물을 비추어서 활용할 수 있다는 의미이다.

다시 말하면 마음을 닦는 것은 마음을 깨치자는 것이요, 마음을 깨치는 것은 마음을 잘 쓰자는 것이요, 마음을 잘 쓰자는 것은 은혜와 자비를 갖춘 부처로 사생의 자부가 되고 삼계의 대도사가 되어 구류중생(九類衆生)을 남김없이 구제해서 이 우주에 불국정토를 건설하고 아울러 무량한 낙원세계를 이루어서 일체 인류와 일체 생령으로 더불어 즐겁게 살아가야 한다.

《수심결》 요지

이 《수심결》은 보조 국사 중기의 저술로서 국사의 사상체계인 삼문(三門), 곧 성적등지문(惺寂等持門), 원돈신해문(圓頓信解門), 경절문(徑截門) 가운데서 성적등지문에 속한다고 볼 수 있다.

이에 《수심결》 전체를 나누어 보자면 다음과 같다.

첫째, 자심시불 자성시법(自心是佛 自性是法)이다[1~8]

본래 자기의 마음이 부처이요, 본래 자기의 성품이 진리라는 뜻이다. 다시 말하자면 부처나 진리는 마음과 성품에 그대로 갈무리되어 있는 것이지 심성을 떠나 있는 것이 아니다. 그러므로 밖을 향하여 부처를 구하고 진리를 찾으려는 자세를 지양하고 안으로 심성을 반조하여 부처와 진리를 체증(體證)해야 한다고 강조를 하였다.

둘째, 돈오점수(頓悟漸修)이다[9~13]

이 돈오와 점수는 천성궤철(千聖軌轍)이라 해서 누구나 부처가 되고 진리를 깨달으려면 이 길을 거쳐야 한다는 뜻이다. 즉 돈오란 자기의 마음이 참 부처이요, 자기의 성품이 참 진리임을 각증(覺證)하는 것이다. 점수란 각증된 심성으로 조찰(照察)하여 번뇌 망상을 제거해서 완숙한 부처의 경지가 되도록 닦아가는 길이라고 할 수 있다. 다시 말하면 오(悟)란 태양 광선이 한 번에 솟는 것이라면 수(修)는 그 빛에 의하여 구름이 걷혀가는 것이라고 할 수 있다.

그러나 여기에서 말하는 점수는 무지무법(無知無法)하게 닦는 오렴수(汚染修)가 아니고 오후수(悟後修)를 말하는 것이다.

셋째, 공적영지(空寂靈知)이다[14~21]

지극히 비고 지극히 고요한 가운데 지혜가 소소영령(昭昭靈靈)하게 드러나는 것을 말한다. 물이 맑아야 밑이 보이듯이 우리들의 마음도 텅 비고 고요해야 원초적인 성지(性地)에 갊아 있는 맑고 밝은 지혜가 솟아나게 된다는 의미라고 할 수 있다.

그러나 이 지혜는 성현이라 해서 더한 것이 아니요 중생이라고 하여 덜한 것이 아닌 절대 평등의 근본지(根本智)라는 의미이다.

넷째, 오후점수(悟後漸修)이다[22~29]

마음이 원래 부처이요, 성품이 원래 진리임을 확연히 깨달은 뒤에 닦아야 한다. 즉 깨침은 단번에 이루어졌다 하더라도 다생을 오가면서 지어놓은 업연(業緣)이 있기 때문에 그 업장을 깨침에 비추어서 잠깐잠깐 녹여내는 것을 말한다. 다시 말하면 강을 건너는데 배를 잠시 빌리는 것과 같은 것이라고 할 수 있다.

다섯째, 자성정혜 수상정혜(自性定慧 隨相定慧)이다(30~35)

자성문정혜란 돈오문의 상근기가 닦아가는 정과 혜로 본래 자성에 갖추어 있기 때문에 경계를 대하여 정(定)하되 정하다는 상(相)이 없는 것이 자성의 정이요, 지혜 광명을 발현하되 혜(慧)라는 상이 없는 것이 자성의 혜이다.

또한 수상문정혜란 점수문의 하열한 근기들이 닦는 방법이다. 즉 자성에 비추어 천만 가지로 흐트러진 마음을 모으고 바른 법을 선택하여 텅 빈자리를 보아서 혼침과 산란을 대치하여 청정무위의 경지에 들어가는 수행 방법을 말한다.

여섯째, 부촉(附囑)이다(36~40)

모든 수행하는 사람들이 호의불신증(狐疑不信症)을 갖지 말고 부지런히 수행해야 한다고 부탁을 한다. 즉 사람마다 선근종자(善根種子)가 이미 깊이 심어져 있으니 잘 발현시킬 것이며 인생이 사람 몸 받기가 섬개투침(纖芥投鍼)이요 맹구우목(盲龜遇木)과 같은 것이니 가죽 주머니에 집착하지 말고 본래 마음에 갈무린 부처를 찾고 본래 자성의 진리를 찾으라고 간절히 부촉을 한다.

이상 여섯 조목으로 나누었으나 강연이 분별한 것에 불과한 것이니 이를 더욱 간추려 말하자면 「마음으로 종지를 삼고 깨침으로 법칙을 삼으며 닦음으로 공덕을 삼자[以心爲宗 以悟爲則 以修爲功]」는 것으로 요약을 할 수 있다.

목차

책머리에 / **4**

보조국사 약전 / **8**

수심결 해제 / **11**

수심결 요지 / **15**

제1 自心是佛 自性是法
자 심 시 불   자 성 시 법

1. 一物長靈 / **22**
   일 물 장 령

2. 心佛性法 / **32**
   심 불 성 법

3. 心外無佛 / **46**
   심 외 무 불

4. 佛性在身 / **51**
   불 성 재 신

5. 佛性在用 / **59**
   불 성 재 용

6. 因案入道 / **70**
   인 안 입 도

7. 神在何處 / **76**
   신 재 하 처

8. 莫墮邪正 / **81**
   막 타 사 정

제2 頓悟漸修
돈 오 점 수

9. 入門頓漸 / 88
   입 문 돈 점
10. 理悟事除 / 97
    이 오 사 제
11. 不斷佛種 / 105
    부 단 불 종
12. 頓悟之路 / 110
    돈 오 지 로
13. 漸修之路 / 117
    점 수 지 로

제3 空寂靈知
공 적 영 지

14. 自己靈知 / 124
    자 기 영 지
15. 莫存知量 / 130
    막 존 지 량
16. 運轉是誰 / 141
    운 전 시 수
17. 動用卽心 / 146
    동 용 즉 심
18. 佛祖壽命 / 152
    불 조 수 명
19. 本來無物 / 159
    본 래 무 물
20. 空寂靈知 / 166
    공 적 영 지
21. 信成佛果 / 174
    신 성 불 과

제4 悟後漸修
오 후 점 수

22. 悟後牧牛 / 180
    오 후 목 우
23. 自心具足 / 191
    자 심 구 족

24. 以惱成道 / 200
　　이 뇌 성 도

25. 大覺世尊 / 209
　　대 각 세 존

26. 定慧等持 / 216
　　정 혜 등 지

27. 寂慮惺昏 / 223
　　적 여 성 혼

28. 得道自在 / 228
　　득 도 자 재

29. 定慧對治 / 234
　　정 혜 대 치

제5 自性定慧 隨相定慧
　　자 성 정 혜　수 상 정 혜

30. 二門定慧 / 242
　　이 문 정 혜

31. 兩門治法 / 247
　　양 문 치 법

32. 自性定慧 / 252
　　자 성 정 혜

33. 隨相定慧 / 258
　　수 상 정 혜

34. 不落汚染 / 262
　　불 락 오 렴

35. 悟後眞修 / 268
　　오 후 진 수

제6 附　囑
　　부　촉

36. 人植佛種 / 276
　　인 식 불 종

37. 得人勤修 / 284
　　득 인 근 수

38. 淨心成覺 / 292
　　정 심 성 각

39. 心宗能觀 / 303
　　심 종 능 관

40. 放下皮囊 / 313
　　방 하 피 낭

제1 自心是佛 自性是法
자 심 시 불 자 성 시 법

마음은 부처요 성품은 진리다

1. 一物長靈
일 물 장 령

· ·

한 물건 길이 신령하다

욕계, 색계, 무색계[1]의 뜨거운 번뇌가 오히려 불타는 집[2]과 같거늘 거기에 참아 오래 머물러[3] 기나긴 고통을 달게 받으려는가. 윤회[4]를 면하고자 할진대 부처[5]를 찾는 것만 같음이 없는 것이요 만일 부처를 구하고자 할진대 부처는 곧 이 마음[6]이니 마음을 어찌 멀리서 찾는가, 몸 가운데를 떠남이 아니로다. 육신이란 이에 거짓이라 생겨남도 있고 소멸함도 있거니와 참 마음은 텅 비어서[7] 끊어지지도 않고 변하지도 않는 것이라. 그러므로 이르기를 "일백 뼈마디[8]는 문드러지고 흩어져서[9] 불로 돌아가고 바람으로 돌아가지만 한 물건[10]은 길이 신령하여 하늘도 덮고 땅도 덮는다."고 하니라.

三界熱惱가 猶如火宅이어늘 其忍淹留하야 甘受長苦아
삼 계 열 뇌   유 여 화 택   기 인 엄 유   감 수 장 고

欲免輪廻인댄 莫若求佛이요 若欲求佛인댄 佛卽是心이
욕 면 윤 회　　막 약 구 불　　　약 욕 구 불　　불 즉 시 심

니 心何遠覓고 不離身中이로다 色身是假라 有生有滅커
심 하 원 멱　　불 리 신 중　　　　색 신 시 가　　유 생 유 멸

니와 眞心如空하야 不斷不變이니라 故云「百骸潰散하야
　　진 심 여 공　　　부 단 불 변　　　　고 운　　백 해 궤 산

歸火歸風호대 一物長靈하야 蓋天蓋地라」하니라
귀 화 귀 풍　　일 물 장 령　　　개 천 개 지

단어풀이

1) **삼계(三界)** : 범부중생들이 죽고 사는 세계를 셋으로 구분하여 놓은 것을 말한다. 다시 말하면 생사유전(生死流轉)이 그치지 않는 미혹한 중생들의 세계라고 할 수 있다.

첫째, 욕계(欲界)이니 욕계란 음욕(淫慾)과 탐욕(貪慾)의 두 욕심이 치성한 유정중생(有情衆生)들이 머무르는 곳으로 위로 육욕천[六欲天 : 四天王天, 忉利天, 夜摩天, 兜率天, 樂變化天, 他化自在天]이 있고 중간에 인간계(人間界)와 사대주[四大洲 : 南贍部洲, 東勝身洲, 西牛貨洲, 北瞿盧洲]가 있으며 아래로 무간지옥(無間地獄)이 있다고 한다.

둘째, 색계(色界)이니 색이란 질애(質礙) 또는 물질(物質)의 뜻으로 욕계처럼 이욕은 없다 할지라도 신체 및 궁전(宮殿) 등의 물질에 있어서 수묘정호(殊妙精好)한 유정(有情)들이 머무르는 세계로 선정(禪定)의 심천추묘(深淺麁妙)로 말미암아 사선천[四禪天 : 四禪定을 닦아서 나는 색계의 네 하늘, 初禪天〔3천〕, 二禪天〔3천〕, 三禪天〔3천〕, 四禪天〔9천〕으로 모두 18天]으로 나뉘

어서 미묘한 형체로서 머무르고 있다고 한다.

셋째, 무색계(無色界)이니 색 곧 질적(質的)인 신체나 궁전, 국토 등이 전연 없고 오직 정신적인 심식(心識)으로 심묘(深妙)한 선정에 머무르는 세계이다, 즉 깊은 선정에 의하여 사공처[四空處 : 空無邊處, 識無邊處, 無所有處, 非想非非想處]에 나는 것을 말한다.

그러나 우리가 흔히 말하고 있는 시방삼계(十方三界)는 유형무형의 전체 세계를 말하는 것이라고 할 수 있다.

2) 화택(火宅) : 삼계의 생사에 유전하는 것을 화택 즉 불난 집으로 비유한 것이다. 《법화경(法華經)》 비유품에 보면 「삼계의 편안하지 않음이 불타는 집과 같고 모든 고통이 가득하여 매우 두렵고 항상 생로병사와 근심 걱정이 있으니 이와 같은 불길이 맹렬히 타올라 꺼지지 않는다[三界無安 猶如火宅 衆苦充滿 甚可怖畏 常有生老病死憂患 如是等火 熾然不息]」고 하였다.

다시 말하면 삼계의 생사나 거래가 불타는 집과 같다는 의미이다.

3) 엄류(淹留) : 오래 머무름. 오래 장기간 머무르다.

4) 윤회(輪廻) : ① 윤회란 수레바퀴가 무한하게 돌아가는 것과 같다는 의미이다. 즉 중생이 무시이래(無始以來)로 육도[六道: 天道 人道 修羅 餓鬼 畜生 地獄] 및 생사에 선전(旋轉) 하는 것을 말한다. ②《신관경(身觀經)》에 「삼계안을 순환하는 것이 마치 물을 긷는 두레박이 오르고 내리는 것과 같다[循環三界內 猶如汲井輪]」고 하였고, 또 《심지관경(心地觀經)》에 「유정이 윤회하여 육도에 낳는 거의 마치 수레바퀴의 시작과 끝이 없는 것과 같다[有情輪廻生六道 猶如車輪無始終]」고 하였다. 또 《법화경(法華經)》 방편품에도 「욕

심의 인연으로 삼악도에 떨어지며 육도 중에 윤회하여 모든 고통을 받는다[以諸欲因緣 墜墮三惡道 輪廻六趣中 備受諸苦毒]」고 하였다. 또《관념법문(觀念法門)》에 「생사에 범부의 죄업이 심중하므로 육도를 윤회한다[生死凡夫罪障深重 輪廻六道]」고 하였다. 다시 말하면 중생들이 시작과 끝이 없이 육도의 수레바퀴를 오르고 내리는 것이라 할 수 있다.

5) 불(佛) : ①《지도론(智度論)》에 보면 「불타는 진나라 말로 지자라는 뜻이다. 유상무상 등 일체 모든 법을 보리수 아래서 명백하게 깨쳐 알았기 때문에 부처라 한다[佛陀秦言知者 有常無常等一切諸法 菩提樹下了了覺知 沽名佛陀]」고 하여 "모든 것을 아는 사람"이라 하였다. 또《지도론(智度論)》에 「불은 깨닫는다는 뜻으로 일체의 무명이나 수면 속에서 처음으로 깨달았기 때문에 각이라 한다[佛名爲覺 於一切無明睡眠中 最初覺故名爲覺]」고 하여 "무명이나 미혹을 깨친 사람"이라 하였다. 또《법화문구(法華文句)》에도 「인도에서 불타라는 말은 여기서는 깨달은 자, 아는 자라는 말이니 미혹을 대하여 안다는 것이요 어리석음을 대하여 깨닫는다는 것이다[西쯛言佛陀 此言覺者知者 對迷名知 對愚名覺]」고 하였다. ②《선견률(善見律)》 4에 「불이란 스스로 깨치고 또 다른 사람도 깨치게 한다. 또 안다고도 하는데 무엇을 안다고 하는가, 진제(眞諦)와 속제(俗諦)[사실(事實)과 이실(理實)]를 알기 때문이니 그러므로 부처라 한다[佛者名自覺亦能覺他 又言知 何謂爲知 知諦故 故名爲佛]」고 하였다. 또《인왕경(仁王經)》에 「일체중생으로 삼계의 번뇌와 과보를 끊어서 다해버린 사람을 부처라 한다[一切衆生 斷三界煩惱果報盡者名爲佛]」고 하였다. ③ 이러한 의미로 볼 때 부처란 각자 지자(覺者知者)의 뜻으로, 안

으로 심성(心性)을 각지하고 밖으로 사리(事理)를 각지하여 일체법(一切法)과 일체종상(一切種相)과 일체번뇌와 일체무명과 일체유정과 일체무정과 일체유상과 일체무상 등을 돈각돈지(頓覺頓知)함은 물론이어니와 다른 사람에게도 심성과 사리를 깨닫도록 교도하는 자각각타(自覺覺他)의 원만행(圓滿行)을 성취하여 일체지혜와 일체복락과 일체능력과 일체위덕을 다 갖추어 활용 자재할 수 있는 천상천하에 최존 최귀한 성자를 말한다.

6) 심(心) : ① 마음, 우주의 근본 또는 질서, 만물을 생성할 수 있는 창조주. ② 모든 생명의 근원. ③ 우주만유를 색[色物]과 심(心)으로 나누었을 때 종속[心所]보다는 주체[心王]가 되는 것. ④《유식론(唯識論)》3에「잡념과 청정한 모든 법[경계]의 종자를 모으기도 하고 일으키기도 하기 때문에 마음이라 한다[雜念淸淨 諸法種子之所集起故名爲心]」고 하였고, 또《종경록(宗鏡錄)》4에「세 번째는 "질다"인데 이것을 집기심이라 한다. 제8식으로 종자를 모아 일으켜 나타나게 한다[三質多耶 此云集起心 唯第八識 積聚種子 生起現行]」고 하였으니 모든 종자를 갊아 가지고 있다가 연(緣)을 만나면 나타내어 주는 창고 역할을 한다. ⑤《종경록(宗鏡錄)》4에「네 번째는 "건율다"인데 이것을 견실심이라 하고 또 정실심이라 하는 것이니, 이것이 참 마음이다[四乾栗陀耶 此云堅實心 亦云貞實心 此是眞心也]」고 하였고, 또《심경유찬(心經幽贊)》상(上)에「마음은 견고 진실하며 오묘하고 고요함을 일컬음이다[心者堅實妙寂之稱]」고 하였으며, 또《유식술요(唯識述要)》상본(上本)에「다섯 번째는 "견실심"이니 견고 진실한 불생불멸의 마음이니 곧 자성 청정한 마음이며 여래장의 마음으로 진여의 다른 이름이다[五堅實心 堅固眞實之不生不滅

心 卽自性淸淨心 如來藏心 眞如之異名也」고 하였다. 즉 마음이란 진실하여 망녕됨이 없고[眞實無妄] 맑고 고요한 본래 성품[淸靜本性]을 말하는 것이다. ⑥ 부처님의 깨어있는 마음, 곧 「마음이 바로 부처이다[心卽是佛]」「마음 밖에 부처가 따로 없다[心外無別佛]」는 등 마음이 원래 맑고 밝고 고요하고 깨어있는 부처이다. ⑦ 일체생령 누구에게나 평등하게 갖추어 있는 원초적 근본. ⑧ 순자(荀子)《해폐(解蔽)》에 「마음이란 형체의 임금이요 신명의 주인이다[心者形之君 而神明之主也]」고 하여 신명과 형체의 주장이 된다고 하였다. 또 관자(管子)《심술(心術)》상(上)에 「마음이란 지혜의 집이다[心也者 智之舍也]」고 하여 마음에 온갖 지혜가 갊아 있다고 하였다. 또《춘추번로(春秋繁露)》순천지도(循天之道)에 「마음은 기의 임금이다[心氣之君也]」고 하여 마음이 기운을 능히 부리는 것이라 하였다.

　7) 공(空) : ①「인연으로 생겨나는 법으로 구경에는 실체가 없는 것을 공이라 한다[因緣所生地法 究竟而無實體曰空]」고 하였다.《유마경(維摩經)》제자품(弟子品)에 「모든 법(경계)이 구경에는 있지 않나니 이것이 공의 의미이다[諸法究竟無所有 是空義]」고 하였다. 즉 만물이 존재하는 그 자체를 공하다고 부정하는 것이 아니라 주체(主體)나 실체(實體)나 실아(實我)가 없다는 뜻이다. ② 진리 자체가 공한 것을 말하기도 한다[理體之空寂].《대승의장(大乘義章)》2에 「공이란 이치의 이름을 나타낸 것이니 이란 고요하므로 공이라 한다[空者就理彰名 理寂名空]」또 「공이란 이의 별목으로 모든 상이 끊어졌기 때문에 공이라 한다[空者理之別目 絶衆相故名爲空]」고 하였다. ③ 유와 무를 초월하고[有無超越] 언어가 끊어지고[言語道斷] 심행처가 멸한 자리이다(心

行處滅). ④ 아무것도 없이 텅 비어 버린 것. 그러나 허무하다는 뜻은 아니다. ⑤ 불교의 가장 근본이 되는 원리이다.

8) **백해(百骸)** : 백 가지 뼈. 인체를 구성하고 있는 모든 뼈.

9) **궤산(潰散)** : ① 허물어져서 흩어짐. 무너져서 흩어짐. ② 군대(軍隊)가 싸움에 패(敗)하여 도망(逃亡)함.

10) **일물(一物)** : 일자(一子) 또는 일착자(一着子)라고도 하는데 진리나 마음을 가리키는 대명사이다. 《금강경오가해(金剛經五家解)》서설(序說)에 「한 물건이 여기에 있으니 이름과 모양 끊겼으되 예와 지금을 꿰었고 하나의 티끌에 처하였으되 육합[東西南北天地]을 에워쌌다[有一物於此 絶名相 貫古今 處一塵 圍六合]」고 하였고 또 육조 대사(六祖大師)는 《육조단경(六祖壇經)》에서 말하기를 「한 물건이 있으니 머리와 꼬리도 없고 이름과 글자도 없으나 위로 하늘을 받치고 아래로 땅을 버티게 하며 밝기는 해와 같고 검기는 칠과 같아서 항상 움직이는 가운데 있으되 움직이면서 추어 잡아도 얻을 수 없는 것이 이것이다[有一物 無頭無尾 無名無字 上柱天下柱地 明如日黑似漆 常在動用中 動用中 收不得者是]」고 하였고, 또 서산 대사(西山大師)는 「여기 한 물건 있으니 본래부터 밝고 신령하여 일찍이 낳는 것도 죽는 것도 아니요, 이름 붙일 수도 없고 모양 그릴 수도 없다[有一物於此 從本以來 昭昭靈靈 不曾生不曾滅 名不得狀不得]」고 하였다. 그러므로 남악 회양(南嶽懷讓) 선사의 말처럼 「설령 한 물건이라 하여도 적절하지 않다[說似一物卽不中]」고 하였으니 말이나 글이나 그림이나 행동으로 보이고 나툴 수 없는 진리의 근본자리나 마음의 근원자리를 강연이 '한 물건'이라 불렀을 뿐이다.

연의(演義)

마음을 닦는 요결(要訣)의 첫 번째이다. 무엇이든 처음이 중요하다. 이 《수심결》은 "마음을 닦는 방법"을 쉽고 간결하게 밝히어 누구나 부처의 경지에 이를 수 있도록 하였다는 점에서 우리들에게 애독됨과 동시에 마음을 공부하는데 쉬운 방향을 제시한 것이라고 할 수 있다.

이에 욕계, 색계, 무색계의 삼계는 생사로 유전하는 집이요, 탐심, 진심, 치심의 삼독은 번뇌로 가득찬 집이다. 우리는 이런 집에서 살고 있으면서 생각을 태우고 마음을 태우며 시기, 질투, 모략, 중상 등으로 자신을 태워 독기를 내뿜으면서 살아가고 있다.

반면에 마음이 열린 성자의 눈으로 볼 때는 아무리 값비싼 그림이나 보배로 아름답게 꾸미고 치장을 해놓은 집이라 할지라도 천지를 삼킬 무서운 불길이 활활 타올라서 차마 머물 수 없는 집으로 보일 수밖에 없다.

《법화경(法華經)》 비유품에 "삼계가 항상 불안하여 불난 집과 같다[三界無安 猶如火宅]"고 한 것은 틀림없는 사실이다. 재산이 타고 물건이 타고 옷가지가 타고 있지만 우리들은 정작 불이 난 줄도 모르고 근심걱정이 없이 어리석고 어둡게 살아가고 있다.

그러나 이런 집안은 살 곳이 못된다. 수레바퀴처럼 불길이 돌고 있기 때문에 어서 뛰쳐나오고 빨리 벗어나는 것이 최선의 방법이다.

다시 말하면 마음속에 타고 있는 번뇌의 불길에서 벗어나야 한다는 의미이다. 즉 윤회로부터 해탈(解脫)을 얻어서 자유를 누리며 살아야 한다.

보조 국사는 이렇게 돌아가는 바퀴를 벗어나는 방법으로 "부처를 찾아야 한다."고 가르치고 제시를 한다. 부처를 찾는 길만이 불난 집안으로부터 뛰쳐나올 수 있는 유일한 길이요 방법이라고 일러주고 있다.

그렇다면 부처를 어디서 찾을 것인가. 인도로 가야할 것인가 아니면 중국이나 저 사찰로 가야하는가, 아니다. 왜냐하면 부처는 바로 내 마음이요 내 몸 안에 있기 때문이다. 나에게, 내 몸에 있는 부처를 누구에게 찾아 달라 할 수도 없고 반면에 절을 찾아가서 해결할 수도 없다. 즉 이 몸을 떠나서는 절대로 찾거나 볼 수가 없다.

그러면 우리의 몸, 곧 내 육신이란 어떠한 몸인가. 이 몸이란 지수화풍(地水火風)의 네 가지 원소들이 인연을 매개로 하여 모였다가 그 원소들이 흩어지면 없어지고 마는 생멸(生滅)하는 몸이요, 거래(去來)하는 몸이며 소장(消長)하는 몸이다.

그러나 부처로서의 본래 마음은 저 허공처럼 텅 비어서 생사(生死)가 없고 변화가 없으며 거래(去來)가 없는 참 마음일 뿐이다. 그러기에 "살과 뼈는 문드러지고 흩어져 불로 돌아가고 바람으로 돌아가지만 한 물건은 길이 신령스러워서 하늘도 덮고 땅도 덮는다."라고 경전을 인용하여 분명히 가르쳐주고 있다.

과연 한 물건이란 무엇인가. 곧 참 마음, 부처의 마음, 본래 마음
이다. 또는 진리를 말한다. 우리가 영생을 오가면서 가지고 다니는
마음[진리]은 나를 떠나 따로 있는 마음이 아니다. 오직 내 안에 맑
고 밝고 참되게 존재하는 신령스런 마음이니 누구나 이 물건 일으
켜서 깨우치면 부처가 되고 조사가 된다. 반면에 그렇지 않으면 번
뇌의 불이 활활 타오르는 집에서 오래도록 머물러 살아갈 수밖에
없으니 어서 이 집을 벗어나는 방법을 선택하여 뛰쳐나와야 한다.

부미일시왈(附尾一詩曰)

三界亂煩佛祖醒
삼 계 난 번 불 조 성
六塗昇降衆生靈
육 도 승 강 중 생 령
本無迷悟如如物
본 무 미 오 여 여 물
隱尾藏頭勿察形
은 미 장 두 물 찰 형

삼계가 어지럽고 번거롭지만 부처 깨어나고

육도를 오르고 내리는 중생도 신령하누나

본래 미혹과 깨침이 없는 여여한 물건으로

머리와 꼬리 숨겼으니 형상 살피려 말지라.

2. 心佛性法
심 불 성 법

·······························

마음은 부처 성품은 진리

슬프다. 지금의 사람들이여! 미혹해서 온 지가 오래이라 자기 마음이 이에 참 부처임을 알지 못하고 자기 성품[1]이 이에 참 법[진리][2]임을 알지 못하여 법을 구하고자 하면서 멀리 모든 성현에게 미루며 부처를 찾고자 하면서 그 마음은 보지 아니하나니 만일 마음 밖에 부처가 있고 성품 밖에 법이 있다고 말하여 굳게 이런 뜻에 집착하여 부처의 도[3]를 구하고자 할진대 비록 티끌 같은 세월[4]을 지내도록 몸을 불사르고 팔을 태우며[5] 뼈를 두드려서 골수를 내며[6] 피를 찔러서 경전을 쓰며[7] 길이 앉아 눕지 아니하며[8] 하루 묘시의 잿밥[9]만 먹으며 내지 일대의 장교를 굴리고 읽어서 온갖 고행을 닦을지라도 모래를 쪄서 밥을 지으려는 것과 같아 자못 더욱 스스로 수고로울 뿐이니 다만 자기의 마음을 알면 갠지스강 모래의 법문과 한량없는 오묘한 뜻을 구하지 아니하여도 얻으

리니 그러므로 부처님께서 이르기를 "널리 일체중생[10]을 보니 여
래[11]의 지혜[12]와 덕상을 갖추고 있다" 하였고, 또 이르기를 "일체중
생의 갖가지 허깨비[13]들이 모두 여래의 두렷하게 깨쳐진[14] 오묘한
마음[15]에서 나온다."고 하였으니 이를 알라 이 마음을 여읜 밖에서
는 부처를 가히 이룰 수 없는 것이로다.

嗟夫라 今之人이여 迷來久矣라 不識自心이 是眞佛하고
차부   금지인   미래구의   불식자심   시진불

不識自性이 是眞法하야 欲求法而遠推諸聖하며 欲求佛
불식자성   시진법   욕구법이원추제성   욕구불

而不觀其心하나니 若言心外有佛하고 性外有法이라 하
이불관기심   약언심외유불   성외유법

야 堅執此情하야 欲求佛道者인댄 縱經塵劫토록 燒身燃
  견집차정   욕구불도자   종경진겁   소신연

臂하며 敲骨出髓하며 刺血寫經하며 長坐不臥하며 一食
비   고골출수   자혈사경   장좌불와   일식

卯齋하며 乃至轉讀一大藏敎하야 修種種苦行하야도 如
묘재   내지전독일대장교   수종종고행   여

蒸沙作飯하야 只益自勞爾니 但識自心하면 恒沙法門과
증사작반   지익자로이   단식자심   항사법문

無量妙義를 不求而得하리니 故世尊云「普觀一切衆生
무량묘의   불구이득   고세존운 보관일체중생

하니 具有如來智慧德相이라」하시고 又云「一切衆生種
   구유여래지혜덕상   우운 일체중생종

種幻化가 皆生如來圓覺妙心이라」하시니 是知커라 離
종환화   개생여래원각묘심   시지   이

此心外에 無佛可成이로다.
차심외   무불가성

단어풀이

1) 성(性) : ① 사람을 비롯하여 우주만유의 본바탕 즉 본체. ② 바탕이라는 뜻과 원인이라는 뜻과 변경할 수 없다는 뜻이 있다[體之義, 因之義, 不改之義].《유식술기(唯識述記)》일본(一本)에「성이란 바탕이다[性者體也]」고 하였고,《탐현기(探玄記)》18에「성이란 원인[까닭]이다[性是因義]」고 하였다. ③《대승의장(大乘義章)》1에「성을 네 가지로 해석할 수 있는데 첫째, 종자의 원인[근본]이란 뜻이요, 둘째, 바탕이란 뜻으로 성이라 하며, 셋째, 변경할 수 없으므로 성이라 하고, 넷째 성별로 성이 되는 것이다[性釋有四義 一者種子因本之義 二體義名性 三不改名性 四性別爲性]」고 하였다. 또《지도론(智度論)》31에「성이란 저절로 있는 것이요, 인연을 기다려 있어지는 것이 아니다[性名自有 不待因緣]」고 하였다. ④《전심법요(傳心法要)》상(上)에「모든 불보살과 일체의 유정물은 큰 열반의 성을 함께 지녔으니 성이 바로 마음이요, 마음이 바로 부처이며 부처가 바로 법(진리)이니 한 생각 참을 여의면 모두 망상이 된다[諸佛菩薩與蠢動含靈同此大涅般性 性即是心 心即是佛 佛即是法 一念離眞 皆爲妄想]」고 하였다. 또 그 하(下)에「천진의 자성에는 미혹과 깨달음이 없다 시방의 허공법계를 통틀어 원래 이것이 내 한 마음 바탕이다[天眞自性 本無迷悟 盡十方虛空界 元來是我一心體]」고 하였다. ⑤ 후천적 또는 경험적인 요소를 포함하지 않고 사람이 나면서부터 갖고 있는 성질, 곧 천부지성(天賦之性)을 말한다.《설문(說文)》에「성이란 사람의 양기로 성은 선한 것이다[性人之陽氣 性善者也]」고 하였고,《중용(中庸)》에「하늘이 명함을

성이라 한다[天命之謂性]」고 하였으며, 순자(荀子)《성악(性惡)》에 「배우지도 않고 일삼지도 않았지만 사람에게 있는 것을 성이라 한다[不可學不可事而在人者謂之性]」고 하였고, 《논형(論衡)》 초품(初稟)에 「성은 나면서 그러한 것이다[性 生而然者也]」고 하였다.

2) 법(法) : ① 진리, 우주의 근본, 인간의 성품. ② 진리를 깨친 성자가 인간을 교화하기 위하여 만들어 놓은 길. 곧 종교의 교법. ③《유식론(唯識論)》1에 「법이란 궤와 지를 말하는데 궤란 궤범으로 만물이 요해(了解)를 내는 것이요, 지란 임지로 자기 모습을 지니고 있는 것이다[法謂軌持 軌謂軌範 可生物解 持謂任持 不捨自相]」고 하였다. ④《유식술기(唯識述記)》 이말(二末)에 「법이란 도리라는 뜻이요 열반이란 뜻도 있는데 원적(圓寂), 입멸(入滅)의 법을 말한다[法者 道理義也 有般涅槃之義 名般涅槃法]」고 하였다. ⑤ 불법(佛法), 정법(正法), 교법(敎法), 계법(戒法), 수법(修法)을 말하기도 한다. ⑥ 진여(眞如), 실상(實相), 이체(理體), 법신불이라고도 한다. ⑦ 천하의 지도(至道)로 사람이 지켜가야 할 준칙(準則)이라 하였다. 관자(管子)《임법(任法)》에 「법이란 천하의 지극한 길이다(法者 天下之至道也)」고 하였고, 또 관자(管子)의 《명법해(明法解)》에 「법이란 천하의 정식이요 만사의 의표이다[法者 天下之程式也 萬事之儀表也]」고 하였다.

3) 도(道) : ① 우주의 대기(大機)가 자동적으로 운행되는 이치. ② 밟아나가는 길. 하늘이 가는 길을 천도(天道)라 하고 땅이 가는 길을 지도(地道)라 하며 사람이 가는 길을 인도(人道)라 한다. ③ 우주의 본체. 우주만물의 근원. 형이상학적인 체성으로 이름도 모양도 냄새도 없어서 감각이나 사유(思

惟)로 파악할 수 없는 자리. ④ 인간의 윤리적 실천 덕목(德目), 삼강오륜(三綱五倫) 등. ⑤ 진리, 법, 공(公), 진여 등. ⑥ 능히 통한다는 의미로[能通之義] 세 가지로 나누어 볼 수 있다. 첫째, 유루도(有漏道)이니 선한 업력은 사람을 통하여 선처(善處)에 이르게 하고 악한 업력은 사람을 통하여 악처에 나아가게 하는데 선악의 두 업을 도라 하고 나아가도록 하는 것도 도라 한다.《정토론주(淨土論註)》상(上)에「도라는 것은 통한다는 것으로 이러한 인은 이러한 과를 얻고 이러한 과는 이러한 인을 갚게 된다. 인을 통해 과에 이르고 과를 통해 인을 갚게 되므로 도라 한다[道者通也 以如此因 得如此果 以如是과 酬如是因 通因至果 通果酬因 故名爲道]」고 하였다. 둘째, 무루도(無漏道)이니 칠각(七覺)이나 팔정(八正) 등의 법에 능히 수행하는 사람을 통해서 열반에 이르게 하므로 도라 한다.《구사론(俱舍論)》25에「도의 뜻은 무엇인가, 열반의 길이다. 이를 타고 능히 열반성에 갈 수 있기 때문이다[道義云何 謂涅槃路 乘此能往涅槃城故]」고 하였고, 또《화엄대소(華嚴大疏)》18에「통하여야 불과에 이르므로 도라 한다[通至佛果故名道]」고 하였다. 셋째, 열반의 바탕[涅槃之體]이니 모두 걸리고 막히는 것을 제거하여 걸림 없이 자유 할 수 있으므로 도라 한다.《열반무명론(涅槃無名論)》에「열반을 도라 한다. 고요하고 텅 비어 형명으로 얻을 수 없고 미묘하고 형상이 없어 마음으로 알 수 없는 것이다[夫涅槃之名道也 寂寥虛曠 不可以形名得微妙無相 不可以有心知]」고 하였고, 또《정토론주(淨土論註)》하(下)에「도라는 것은 걸림이 없는 길이다[道者 無礙道也]」고 하였다. ⑦《중용(中庸)》에「도란 잠깐도 떠날 수 없다[道也者 不可須臾離也]」고 하였는데 장구(章句)에「도란 일용사물에 마땅히 행하여야 할 이치이다[道者日用事物當行之理]」고 하였다. 장자(莊子)《선성(繕性)》에 「도란 이치이다[道理也]」고 하였다. ⑧ 만물의 처음이란 의미로 한비자(韓非子)《주도(主道)》에 「도란 만물의 비롯이다[道者 萬物之始也]」고 하였고, 또 한비자《해로(解老)》에 「도란 만물의 그렇게 되어 있는 것이다[道者 萬物之所然也]」고 하였다. ⑨《주역(周易)》계사상(繫辭上)에 「한 음과 한 양을 도라 한다[一陰一陽之謂道]」고 하였다. ⑩ 인의덕행(仁義德行)을 도라고 한다.《예기(禮記)》의 악기(樂記)에 「군자는 그 도를 얻어서 즐긴다[君子 樂得其道]」고 하였는데 그 주석에 「도란 인의를 말한다[道謂仁義也]」고 하였다. 《신서(新書)》도덕설에 「도란 덕의 근본이다[道者 德之本也]」고 하였다.

4) **겁(劫)** : ① 겁파[劫波 劫跛]라고 하는데 분별시분(分別時分), 분별시절(分別時節), 장시(長時), 대시(大時)라 하여 「무한한 시간」 또는 「오랜 세월」이라는 뜻이다. ②《지도론(智度論)》38에 「겁파를 진나라 말로 분별시절이라 한다[劫簸秦言 分別時節]」고 하였고, 또《석가씨보(釋迦氏譜)》에 「겁파를 이 땅에서 번역하여 장시라 한다[劫波此土譯之名長時也]」고 하였다.《조정사원(祖庭事苑)》에 「일월세수를 시라하고 성주괴공을 겁이라 한다[日月歲數謂之時 成住壞空謂之劫]」고 하였다. 또《법화론(法華論)》에 「하나는 밤이요 둘은 낮이며 셋은 달이요 넷은 시절이며 다섯은 해이다[一者夜 二者晝 三者月 四者時 五者年]」고 하여 겁에는 이런 다섯 가지가 있다고 하였다. ③ 소겁(小劫), 중겁(中劫), 대겁(大劫)을 말하는데 소겁은 사람 목숨 10살로부터 100년마다 1살씩 더하여 8만 4천 살에 이르기까지를 증겁(增劫)이라 하고 사람 목숨 8만 4천 살로부터 100년마다 1살씩 덜어 10살에 이르기까지를 감겁(減

劫)이라 하는데 이러한 기간을 소겁이라 하고,《지도론》에서는 일증겁과 일
감겁을 합하여 일소겁(一小劫)이라 한다. 중겁은 20소겁을 일중겁(一中劫)
이라 하며 일증 일감 하는 동안을 일중겁이라 하기도 한다. 대겁은 성주괴공
(成住壞空)의 4기(期)를 한번 지내는 기간, 또는 4중겁을 일대겁, 80중겁을
일대겁이라고 하기도 한다.

　5) **소신연비(燒身燃臂)** : 불교 수행의 한 방법으로, 자기의 몸을 불태우고
팔을 불로 지진다는 말. 이는 고행의 방법으로 여겨진다.

　6) **고골출수(敲骨出髓)** : ① 뼈를 두드려 골수를 낸다는 의미. ② 수행자가
깨달음을 이루기 위해서 온갖 어려움 고난을 마다하지 않고 깨달음에 도전
하는 자세를 나타내는 의미이다.

　7) **장좌불와(長坐不臥)** : 오래 앉아있을 망정 눕지도 않고 앉자 있더라도
등을 벽에 기댄다거나 몸체를 어디에 의지하지 않고 참선의 기본자세 즉 가
부좌를 하고 오래 있는 것을 말함인데 참선수행을 전문으로 하는 스님들의
예가 종종 있다.

　8) **자혈사경(刺血寫經)** : 자신의 팔을 찔러 피를 내어서 부처님의 경전을
써나가는 것을 말한다.

　9) **일식묘재(一食卯齋)** : 재란 불가에서 "밥을 먹는다"는 뜻이다. 부처님 당
시부터 일일일식(一日一食)을 하였는데 묘시[오전 5시부터 7시까지]에 일종
식(一種食) 하는 것을 말하는 것으로 이는 먹고 싶은 마음을 참고 수행정진
하는 불가의 고행에 해당하는 식생활이다.

　10) **중생(衆生)** : ① 생명이 있는 모든 것들. 지·수·화·풍(地水火風)으로

뭉쳐진 육체를 가진 모든 물건의 총칭으로 유정(有情)이라고도 한다. ② 마음이 어둡고 이치를 깨닫지 못한 범부로 불보살의 구제 대상이 되는 생령들. ③ 여러 사람이 함께 산다는 뜻이다[衆人共生之義].《법화문구(法華文句)》4에 「중아함경 12에 이르기를 "겁초 광음천에 이 세상에는 남과 여, 높고 낮은 이가 없이 함께 세상을 삶으로 중생이라 한다." 하였는데 이것이 최초로 인거된 것이다[中阿含十二云劫初光音天 下生世間 無男女尊卑 衆生共世 故言衆生 此據最初也]」고 하였다. ④ 많은 연(緣)이 거짓으로 화합하여 낳으므로(衆多之法 假和合而生) 이를 중생이라 한다.《법고경(法鼓經)》에 「만법이 화합하여 시설되므로 중생이라 한다[萬法和合施設 名爲衆生]」고 하였고,《대승의장(大乘義章)》6에 「오음의 화합에 의하여 생기므로 중생이라 한다[依於五陰 和合而生 故名衆生]」고 하였다. ⑤ 많은 생사를 거치므로[經衆多之生死] 이를 중생이라 하는데 중사(衆死)라고 하지 않는 것은 낳으면 반드시 죽고 죽으면 반드시 낳기 때문이다.《대승의장(大乘義章)》7에 「많은 생을 이어오므로 중생이라 한다[多生相續 名曰衆生]」고 하였고, 또《반야등론(般若燈論)》에 「유정이란 자주자주 낳으므로 중생이라 한다[有情者數數生 故名衆生]」고 하였고, 또《구사광기(俱舍光記)》일상(一上)에 「많은 생사를 받기 때문에 중생이라 한다. 대개 낳으면 반드시 죽는데 낳음이 죽음까지 겸하므로 중생이라 말한다. 죽었다고 반드시 낳는 것은 아니다. 만일 열반에 들어버리면 중사라고 말할 수 없다[受衆多生死 故名衆生 夫生必死 言生可以攝死 故言衆生 死不必生 如入涅槃 故不言衆死]」고 하였다.

  11) **여래(如來)** : ① 부처님. 성품[마음]과 진리를 깨달아 걸리고 막힘이 없

는 사람. ②《성실론(成實論)》1에 「여래란 여실한 도를 타고 와서 바른 깨달음을 이루었으므로 여래라 한다[如來者 乘如實道來成正覺 故曰如來]」고 하였고, 또《전법륜론(轉法輪論)》에 「여실히 왔기 때문에 여래라 한다 …중략… 열반을 여라 하고 지해를 내라 하는데 정각이요 열반이므로 여래라 한다[如實以來 故名如來 …中略… 涅槃名如 知解名來 正覺涅槃故名如來]」고 하였다. 또《대일경소(大日經疏)》1에 「모든 부처처럼 여실한 도를 타고 와서 바른 깨달음을 이룬 것이니 지금의 부처도 또한 이와 같이 왔으므로 여래라 이른다[如諸佛乘如實道來成正覺 今佛亦如是來 故名如來]」고 하였다.《행종기(行宗記)》상(上) 1의 2에 「진여란 평등하여 본체에 허망을 여의었으므로 여실이라 한다. 이러한 법을 타고 밟아 출현하여 생령을 이롭게 하므로 이러한 이름을 얻었다[眞如平等 體離虛妄 故曰如實 乘履此法 出現利生 故得此號]」고 하였다. 또《비장기(秘藏記)》본(本)에 「여래란 부처를 이룬 뒤에 자비와 원력으로 교화하는 것을 말하는 것이니 여여히 타고 왔으므로 여래라 한다[如來謂成佛以後悲願力故垂化也 乘如而來故曰如來]」고 하였다. ③ 진신여래(眞身如來)란 여(如)는 진여(眞如)로 진여의 도를 타고 와서 그 결과로 정각을 이룬 여래이요, 응신여래(應身如來)란 진여의 도를 타고 와서 삼계에 교화를 베푸는 여래를 말한다. ④ 부처님 10호 중 하나.

12) 지혜(智慧) : ① 대소유무(大小有無)의 이치와 시비이해(是非利害)를 밝게 알아서 걸리고 막힘이 없는 것을 말한다. ② 불생불멸과 인과보응의 이치에 통달한 것을 말한다. ③ 부처만이 얻은 최상의 보물. ④ 반야(般若) 육바라밀(六波羅蜜)의 하나. ⑤ 법의 여실(如實)한 이치에 계합한 평등, 절대,

무념(無念), 무분별일 뿐만 아니라 반드시 상대 차별을 관조하여 중생을 교화하는 힘을 말한다. ⑥《대승의장(大乘義章)》9에 「비춰보는 것을 지라하고 알아서 요달하는 것을 혜라 한다. 이 두 가지는 각각 다르나니 세제를 아는 것을 지라하고 제일의제를 비추는 것을 혜라고 말하는데 통달하고 보면 뜻은 같다[照見名智 解了稱慧 此二各別 知世諦者 名之爲智 照第一義者 說以爲慧 通則義濟]고 하였고, 또 《법화경의소(法華經義疏)》2에 「경론 가운데 혜문에는 공을 비추고 지문에는 유를 비우어야 한다고 많이 설파하였다[經論之中 多說慧門鑑空 智門照有]고 하였다. ⑦ 지란 해와 같고 혜란 달과 같다[智如日 慧如月] 하여 지식이나 상식이나 학식과는 구분되는 최상의 알음알이이다. ⑧ 결단하는 것을 지라하고 간택하는 것을 혜라 한다[決斷曰智 簡擇曰慧]. ⑨ 한비자(韓非子)《해로(解老)》에 「욕심과 이익이 심하면 근심이 되고 근심이 되면 병이 생기고 병이 생기면 지혜가 쇠퇴한다[欲利甚則憂 憂則疾生 疾生而智慧衰]고 하였다.

13) **환화(幻化)** : ① 실체가 없는 것을 현재에 있는 것처럼 환술로 만들어 내는 것. ② 환과 화. 환이란 없다가 갑자기 나타나는 일종의 영상(影像)을 말한다. 여러 가지 인연이 모여서 생긴 것으로 실체도 자성(自性)도 없고 이름만 있는 것을 비유하여 이르는 말. 또 화란 개역(改易)의 뜻으로 사람을 가르쳐 습속(習俗)을 고치는 것이요, 또 개전(改轉)의 뜻으로 변화, 화작(化作) 화현이라 하는 등. 불가사의한 술법으로 가지가지의 모양을 변현(變現)하는 것을 말한다. ③ 환이란 환인(幻人)의 소작(所作)이요, 화란 불보살의 신통력(神通力)의 변화를 말한다. ④《지도론(智度論)》6에 「경에 이르기를 모든

법을 아는 것이 환과 같고 화와 같다(經云解了諸法 如幻如化)」고 하였다. 또 《연밀초(演密鈔)》4에 「환이란 화이다. 없던 것이 갑자기 있어지는 것을 말한다. 전에는 형체가 없었지만 인연이 거짓으로 있어지는 것을 환화라 한다. 또 환이란 속임수이다. 혹 사실이 아닌 것으로써 사람의 눈을 현혹시키기 때문에 환이라 한다[幻者化也 無而忽有之謂也 先無形質 假因緣有 名爲幻化 又 幻者詐也 或以不實事惑人眼目 故曰幻也]」고 하였다. ⑤ 화를 보통 교화(敎化)라고 부른다. 악을 돌려 선을 만들 수 있기 때문이다. 《법화경(法華經)》 방편품에 「부처를 따라서 교화를 받는다[從佛受化]」고 하였고, 또 「일체 생령을 교화하여 모두 불도에 들게 한다[化一切衆生 皆令入佛道]」고 하였으며, 또 《화엄경소(華嚴經疏)》5에 「화란 교화를 말한다[化謂敎化]」고 하였다.

14) 원각(圓覺) : ① 불보살의 원만한 깨달음. 즉 일가 이치와 본성을 깨우쳐 걸리고 막힘이 없는 것. ② 일체 유정은 모두 본각(本覺)이 있고 진심(眞心)이 있다. 무시이래로 항상 머물러 맑다. 또한 밝아 어둡지 아니하고 깨쳐 항상 알고 있다. 본체(本體)에 집약하여 일심(一心)이라 하고 원인에 집약하여 여래장(如來藏)이라 하며 결과에 집약하여 원각(圓覺)이라 하나니 원각이라는 것은 원만하고 신령스런 깨달음이다. ③ 《원각경(圓覺經)》에 「선남자야 위없는 법왕이 대다라니문에 있어 원각이라 하나니 일체 청정과 진여와 보리와 열반 및 바라밀을 유출하여 보살들을 가르쳐 준다[善男子 無上法王有大陀羅尼門 名爲圓覺 流出一切淸淨 眞如 菩提 涅槃及波羅蜜 敎授菩薩]」고 하였고, 또 「선남자야 원각의 정성이 몸과 마음에 나투어 무리를 따라 각각 부응이 된다[善男子 圓覺淨性 現於身心 隨類各應]」고 하였다.

15) 묘심(妙心) : 묘란 불가사의(不可思議)하다는 뜻이요, 절대(絶待)라는 뜻이며 무비(無比)하다는 뜻이다. 또 심체(心體)가 불가사의함을 묘라 한다. 《원각경(圓覺經)》의 핵심을 여래의 "원각묘심(圓覺妙心)"이라 하였고 《사교의(四敎儀)》에 「묘심의 바탕에 갖춘 것이 여의주와 같다[妙心體具 如如意珠]」고 하였다. 또 《오등회원(五燈會元)》1에 「세존께서 말씀하시기를 '나에게 정법안장과 열반묘심과 실상무상과 미묘법문이 있는데 불입문자하고 교외별전한 것이다'[世尊曰 "吾有正法眼藏 涅槃妙心 實相無相 微妙法門 不立文字 敎外別傳"]」고 하였다 즉 우리의 본래 묘한 마음이란 헤아릴 수 없고 추측할 수 없고 낙점할 수 없는 것이다[吾本妙心 是不可量 是不可測 是不可點]

연의(演義)

세상에는 슬픈 일이 많다. 또 슬퍼해야 할 경우도 많이 있다. 부모를 영결한다거나 사랑하는 사람을 이별한다거나 자식을 잃어버리는 등 정신을 가눌 수 없을 정도의 슬픈 일들이 늘 벌려지고 있다. 그렇지만 이러한 슬픔은 한때에 지나가고 길어봤자 일생에 그치는 것이라고 할 수 있다.

그러나 우리들이 정말로 마음을 조이고 가슴을 아파하며 슬퍼해야 할 일은 "내 마음이 부처이요 내 성품이 진리이다"는 사실을 모르고 가리고 어두운 상태로 살고 있으며 더 나아가서는 "진리는 성현들이 가지고 있고 부처는 나에게 없다."라고 단언해버리는 짧은 생각과 엷은 알음알이에 있다고 할 수 있다. 그리하여 자신을 항상 하등(下等)에 놓고 저변(底邊)으로 밀어 넣는 미혹(迷惑)에 있다고 할 수 있다.

그러나 눈이 조금이라도 뜨고 마음이 조금이라도 열린 사람들은 부처를 찾고 진리를 밝히는 데 있어서 "편안한 자세, 편안한 마음"은 절대로 안 된다는 생각을 한다. 반면에 보통사람이 하기 어렵다는 "수행(修行)"이라야 한다하여 몸과 팔을 태우고 뼈를 두드려서 골수를 내며 피를 먹 삼아 경전을 쓰고 길게 앉아서 눕지 아니하며 하루 한 끼만 먹고 팔만대장경을 독파해야 한다는 등 온갖 고행(苦行)을 쌓고 있지만 이것은 "모래로 밥을 짓는 무지한 행동"에 지나지 않는다고 보조 국사는 크게 책망을 한다.

석가모니 부처님은 "중생에게 부처의 지혜와 덕상이 갖추어 있다" 또 "중생의 온갖 행위가 여래의 깨친 마음에서 나오는 것이라"고 하여 우리에게 바로 부처가 있고 진리가 깨어있는 마음이 원겁(原劫)에 이미 갖추어서 넘치거나 모자람이 없이 원비(圓備)되어 있다고 인증을 해 주셨다.

그런데도 우리들은 눈이 어둡고 귀가 멀어 참 말씀을 보거나 들으려 아니하고 밖으로 눈을 팔고 귀를 세우고 있으니 이것이 바로 미혹(迷惑)에서 오는 잘못이다. 만일 이렇게 된다면 절대로 부처의 길, 진리의 길은 갈 수가 없고 중생의 구렁, 거짓의 늪으로 자신도 모르게 빠져들어서 영영 나올 수 없게 된다.

우리는 늘 다짐하면서 살아야 한다. 즉 자신을 다지고 뭉치면서 살아야 한다. 왜냐하면 나에게 바로 진리가 있고 나에게 바로 부처가 있기 때문이다. 나를 떠나고 내 마음을 벗어나서는 부처도 진리도 깨어날 수 없고 일어설 수 없다는 사실을 자인(自認)하고 마음에 간직하며 가슴에 새겨서 뚜벅뚜벅 저 불지(佛地)를 향하여 쉬지 말고 걸어가야 한다.

부미일시왈(附尾一詩曰)

佛祖留心勿他求
불 조 유 심 물 타 구
德相備體莫虛修
덕 상 비 체 막 허 수
衆生幻化源圓覺
중 생 환 화 원 원 각
一大藏經悉語偸
일 대 장 경 실 어 투

부처 마음에 머무르니 다른 데서 구하지 말고
덕상[지혜] 몸에 갖췄으니 헛되게 닦으려 말게
중생들의 허깨비 두렷하게 깨침에 근원하고
일대의 장경은 모두가 도둑질한 말들이어라.

3. 心外無佛
심 외 무 불

....

마음 밖에 부처 없다

과거의 모든 부처님도 자못 이 마음을 밝힌[1] 사람이며 현재의 모든 어진 이와 성현[2]도 또한 마음을 닦은 사람이며 미래에 닦고 배우는 사람들도 마땅히 이와 같은 방법에 의지하리니 원하건대 모든 도를 닦는 사람은 간절히 밖에서 구하지 말지어다. 마음과 성품은 물듦이 없이 본래 저절로 원만하게 이루어진 것이니 다만 망녕된 인연[3]만 여의면 바로 여여[4]한 부처이니라.

過去諸如來도 只是明心底人이며 現在諸賢聖도 亦是修
과 거 제 여 래　　지 시 명 심 지 인　　　현 재 제 현 성　　　역 시 수

心底人이며 未來修學人도 當依如是法하리니 願諸修道
심 지 인　　미 래 수 학 인　　당 의 여 시 법　　　원 제 수 도

之人은 切莫外求어다 心性無染하야 本自圓成하니 但離
지 인　　절 막 외 구　　심 성 무 염　　　본 자 원 성　　　단 리

妄緣하면 卽如如佛이니라.
망 연　　　즉 여 여 불

단어풀이

1) **명심(明心)** : 번뇌 망상이 일어나지 않고 무명흑운이 걷혀버려 천만 사리에 통달한 마음. 곧 진리를 깨달아 지혜가 밝게 빛나는 마음을 말한다.

2) **현성(賢聖)** : 현인(賢人)과 성인(聖人). 어진 성인. 불도(佛道)를 닦은 이름난 승려(僧侶)를 말한다.

3) **연(緣)** : ① 반연(攀緣)의 뜻이니 사람의 심식이 일체경계를 반연하는 것으로 예를 들면 눈[眼識]이 물질경계[色境]를 보는 것과 같은 것이다. 다시 말하면 육근[六根 : 眼, 耳, 鼻, 舌, 身, 意]이 육진[六塵 : 色, 聲, 香, 味, 觸, 法]을 반연하는 것이다. ② 내연(內緣)과 외연(外緣)으로 내연이란 마음속에서 생멸하는 모든 사량 분별이요, 외연이란 밖으로 대하게 되는 모든 경계이다. ③ 인연(因緣)과는 구별되는 것으로 인이란 원인으로 과거나 현재에 선악 간 지은 종자이요, 연이란 인을 도와주는 것으로 지을 수도 있고 그렇지 않을 수도 있다. ④ 기연(機緣).

4) **여여(如如)** : ①《능가경(楞伽經)》에서 말하는 오법(五法)의 하나이다. 「법성의 이체는 평등하여 둘이 아니라 그러므로 이르기를 "여"라 하고 피차 간에 모든 법이 다 "여"함이라. 그러므로 이르기를 "여여"라 한다. 이것이 바른 지혜로 계합하는 이체이다[法性之理體 不二平等 故云如 彼此之諸法皆如 故云如如 是正智所契之理體也]」고 하였다. ② 바른 지혜로 깨닫게 되는 모든 법의 본체, 곧 진여 또는 진여실상(眞如實相)을 말한다. ③《지도론(智度論)》1에 「사람이 등한 세계이므로 유라 하고, 제일의이므로 무라 한다. 여여한 법

성은 실제 세계이므로 무라 하고 제일의이므로 유라 한다[人等世界故有 第一義故無 如如法性實際世界故無 第一義故有]고 하였다. ④《대승의장(大乘義章)》3에 「여여라는 것은 먼저 바른 지혜에 계합된 이치를 말하는 것이니 모든 법의 실체가 같으므로 여라 하고 일여 가운데 실체는 법계의 항하 모래 수와 같은 불법이 갖추어 있어서 법을 따라 여를 분별하지만 여의 뜻은 하나가 아니라 피차가 모두 여하므로 여여라 한 것이다. 여는 허망하지 않다. 그러므로 경중에서 또한 진여라고 한 것이다[言如如者前正智所契之理 諸法同體 故名爲如 就一如中體備法界恒沙佛法 隨法辯如 如義非一 彼此皆如 故曰如如 如非虛妄 故復經中亦名眞如]고 하였다. ⑤《불성론(佛性論)》2에 「여란 두 가지 뜻이 있으니 하나는 여여한 지혜이요 둘은 여여한 경계이지만 아울러 전도되지 않음으로 여여라 이른다[如者有二義 一如如智 二如如境 并不倒 故名如如]고 하였다.

연의(演義)

수행자의 궁극 목적은 과연 무엇일까? 사업을 하는 사람은 돈을 많이 벌자는 것이 목적이요, 정치를 하는 사람은 권력의 최고위에 이르자는 것이 목표이며, 산을 오르는 사람은 정상에 서자는 것이 궁극의 바람이라고 할 수 있는 등등. 이 세상에는 누구나 희망을 가지고 살아가기에 바쁜 걸음을 걷는다.

그러면 수행자의 희망이라 한다면 부처의 경지에 오르자는 것이 궁극의 목적이요, 희망이라고 할 수 있다.

그러나 부처를 이룬다는 것이 나를 떠나서, 또는 밖에서, 또는 누구에게서 찾고 가져오자는 것이 아니라 바로 나에게서, 내 마음에서 찾자는 것이요, 더 나아가서는 마음자리가 "본래 바로 부처"이요, 또는 "깨어있을 때 그것이 바로 부처"임을 여실하게 확인을 해야 한다.

삼세의 부처나 성현들은 무엇으로 부처가 되고 성현이란 이름을 얻었을까? 또 우리는 왜 부처가 되지 못하고 성현도 될 수 없을까? 이것은 한 마디로 "마음을 찾지 않고 깨어나지 않은 어리석고 어둠"에 있다. 즉 부처나 성현들은 마음을 찾아서 닦아가기에 진력(盡力)을 하였지만 반대로 우리는 마음은 어디에 두었는지도 모르고 경전을 보고 고행을 하며 신불(神佛)에게 구하고 밖에서 찾고만 있었으니 어느 겨를에 부처가 될 수 있었겠는가.

그러므로 보조 국사는 "수도하는 사람은 밖에서 찾지 말라"고 간곡히 부탁을 하고 부촉을 해서 우리로 하여금 진일보(進一步)하게 하였다.

우리는 흔히 마음을 달에 비유한다. 이것이 심월(心月)이다. 달은 허공에 떠서 항상 빛을 발산하고 있다. 그러나 구름이 가리면 그 빛이 없는 것과 같다. 그렇지만 빛 자체가 없다거나 달 자체가 없는 것이 아니다. 단지 마음의 달을 보지 못할 뿐이다.

이와 같이 우리도 본래 "여여한 부처"이지만 망녕된 인연, 다시 말하면 행위의 쓰레기이요, 사념(思念)의 티끌이 되는 업장과 무명, 또는 번뇌가 심불(心佛)을 둘러막아 철벽을 만들어 놓았기 때문에 본래의 자기 모습인 부처로 되돌아가 빛을 발산할 수가 없게 되었다.

그러하기에 자신이 망녕된 인연만 버린다면 바로 부처이다. 다시 말하면 밖으로 모든 업연(業緣)을 녹여버리고 안으로 일체 망념을 비워서 마음이 깨어남을 확실하게 안다면 그때가 바로 부처이다.

부미일시왈(附尾一詩曰)

過去聖人旣覓心
과 거 성 인 기 멱 심
未來徒衆亦尋襟
미 래 도 중 역 심 금
內藏具足無求外
내 장 구 족 무 구 외
湯鑊和羹一味斟
탕 확 화 갱 일 미 짐

과거 성인들은 이미 마음을 찾았고
미래 중생도 또한 마음을 찾아야 하리라
안에 갈아 구족하므로 밖에 찾지 말지니
가마솥에 끓는 국은 한 맛으로 짐작되리.

4. 佛性在身
불 성 재 신
·····
불성은 몸 안에 있다

물음: "만일 부처의 성품[1]이 현재 이 몸에 있다고 말한다면 이미 몸 안에 있어서 범부[2]를 떠나지 않았으니 무엇으로 인하여 저는 지금 부처의 성품을 보지 못합니까? 다시 해석해서 모두 열어 깨우치게[3] 하소서"

대답: "그대 몸 가운데 있건만 그대가 스스로 보지 못함이로다. 그대가 하루 열두시[4] 가운데 배고픔을 알고 목마름을 알며 추움을 알고 더움을 알며 혹 성내고 혹 기뻐도 하는데 마침내 이것이 어떤 물건인가. 또한 색신이란 이에 흙과 물과 불과 바람의 네 가지 인연[5]이 모인 바이라. 그 바탕이 완고하여 감정이 없거니 어찌 능히 보고 듣고 깨닫고 알리요. 능히 보고 듣고 깨닫고 아는 것은 반드시 이에 그대의 불성이니라. 그러므로 임제 선사[6]가 이르기를 '사대는 법을 설하고 법을 들을 줄을 알지 못하고 허공도 법을 설하고

법을 들을 줄 알지 못하는 것이요, 다만 그대의 눈앞에 뚜렷이 밝아서 형상이 없는 물건[7]이라야 비로소 법을 설하고 법을 들을 줄 안다' 하니 이른 바 형상 없는 물건 이것이 모든 부처의 법인[8]이며 또한 그대의 본래 마음이니라."

問「若言佛性이 現在此身인댄 既在身中이라 不離凡
夫어니 因何我今에 不見佛性이니꼬 更爲消釋하야 悉令
開悟케하소서」答「在汝身中컨만 汝自不見이로다 汝於
十二時中에 知飢知渴하며 知寒知熱하며 或瞋或喜가 竟
是何物고 且色身은 是地水火風四緣所集이라 其質頑而
無情이어니 豈能見聞覺知리오 能見聞覺知者는 必是汝
佛性이니라 故臨濟云 "四大不解說法聽法이요 虛空不
解說法聽法이요 只汝目前에 歷歷孤明하야 勿形段者라
사 始解說法聽法이라" 하시니 所謂勿形段者는 是諸佛
之法印이며 亦是汝本來心也니라.」

단어풀이

1) 불성(佛性) : ① 우리의 마음이 일원상의 진리와 합일된 상태, 곧 본래성품. ② 중생이 부처로 될 근본 성품, 미(迷)와 오(悟)에 따라 변하는 일이 없

이 본래부터 일체중생에게 갖추어 있는 부처될 성품. 성불할 수 있는 가능성. 일체중생이 다 불성을 갖추고 있기 때문에 누구나 다 성불할 가능성이 있다. ③ 부처의 본래 성질, 각성(覺性). 부처다운 본성, 부처의 대자대비 같은 것을 말한다.

2) 범부(凡夫) : ① 번뇌에 얽어 매여 생사의 고해를 벗어나지 못한 사람. ② 지혜가 얕고 우둔한 중생으로 성자의 반대 개념. ③ 소승(小乘), 대승(大乘)을 물론하고 견도(見道) 이전으로 올바른 이치를 깨닫지 못한 사람. ④ 범어로는 바라(波羅)라 하는데 구역으로는 「범부」라 하고 신역으로는 「이생(二生)」이라 하여 의혹을 끊고 진리를 증득[斷惑證理]하지 못한 사람. ⑤ 《대위덕다라니경(大威德陀羅尼經)》에 「생사와 미혹에 유전하여 바른 도가 아닌데 머물기 때문에 범부라 한다[於生死迷惑流轉 主不正道 故名凡夫]」고 하였고, 또 《법화경》에 「범부는 식견이 얕아 오욕에 깊이 집착한다[凡夫淺識 深着五欲]」고 하였다. 즉 오욕이나 삼독의 경계에 집착하여 공부나 수행이 없이 되는대로 무의미하게 사는 사람들을 말한다.

3) 개오(開悟) : ① 개지오리(開智悟理). 곧 지혜가 열리고 진리를 깨닫는다는 뜻이다. ② 《법화경(法華經)》 서품에 「불법을 비추고 밝혀 중생을 깨치게 한다[照明佛法 開悟衆生]」고 하였고, 또 《팔십화엄경(八十華嚴經)》 4에 「일체 어리석고 몽매한 중생을 깨우친다[開悟一切愚闇衆生]」고 하였으며, 《출요경(出曜經)》 2에 「저 사람들을 교화하여 깨침을 얻게 한다[欲火彼人 令得開悟]」고 하였다.

4) 십이시(十二時) : 하루 곧 일주야(一晝夜)의 시간을 열둘로 나누어 말하

는 것. 낮의 묘(卯), 진(辰), 사(巳), 오(午), 미(未), 신(申)과 밤의 유(酉), 술(戌), 해(亥), 자(子), 축(丑), 인(寅)이다. 지금은 24시간이지만 옛날에는 12시간으로 표시하였다.

5) 사연(四緣) : ① 사대(四大)를 말하는 것으로 지수화풍(地水火風)이다. 이것은 사람의 육신이나 만물을 형성시키는 네 가지 원소 즉 요소가 된다. 우주 만물은 이 사대의 이합집산(離合集散)에 의하여 생기기도 하고 없어지기도 한다. ② 지대는 성질이 굳어서 만물을 지탱하게 하고 수대는 성질이 습윤하여 만물을 추어 잡으며 화대는 성질이 따뜻하여 만물을 익히고 풍대는 성질이 움직여 만물을 생장하게 한다[地大性堅 知止萬物 水大性濕 收攝萬物 火大性煖 調熟萬物 風大性動 生長萬物]고 하였으니 이 네 가지가 일체현상을 조작하는 것이다. ③《원각경(圓覺經)》에「사대가 자신의 모습이라고 망녕되게 인식한다[妄認四大爲自身相]」고 하였고, 또 한 상자에 담겨 있는 뱀이라는 뜻으로 일협사사(一篋四蛇)라고도 하는데 우리의 신체가 사대로 된 것을 비유하여 말한 것이다.

6) 임제(臨濟) : 임제 의현[臨濟義玄(?~687)] 중국 당나라 때의 선승(禪僧), 속성의 형(刑)씨, 조주 남화(曹州南華) 사람. 어릴 때부터 총명하여 불교를 좋아하고 출가한 후 여러 곳을 다니며 경론을 탐구하고 특히 계율(戒律)에 정통하였다. 황벽 희운(黃蘗希運)의 법을 이어 임제종(臨濟宗)을 설립하여 선풍을 크게 진작시켰다. 「임제할 덕산봉(臨濟喝 德山棒)」은 중국 불교의 특색으로 쌍벽을 이루어 후세에 큰 평가를 받고 있다. 시호는 혜조 선사(慧照禪師), 저서는 〈임제혜조선사어록(臨濟慧照禪師語錄)〉 1권이 있다.

7) **물형단자(勿形段者)** : 형은 형상(形象) 또는 형모(形貌)를 말하고 단은 조각(片)이라는 뜻이다. 즉 형상이나 조각으로 우리의 본래 마음을 나타낼 수 없다는 것이다. 왜냐하면 원래 진리나 마음은 원초에 상모(相貌)가 끊어진 자리이기 때문이다.

8) **법인(法印)** : ① 교법의 표치(標幟), 인은 인신(印信), 표장(標章)이라는 뜻. ② 불교를 외도와 구별하기 위한 표지(標識). ③ 묘법의 인새[妙法之印璽]란 뜻으로 묘법은 진실하고 부동불변(不動不變)하기 때문에 인(印)이라 하고, 또 묘법은 왕인(王印)처럼 통달하여 걸림이 없기 때문에 인이라 하며, 또 묘법은 부처님의 정법(正法)을 증명하기 때문에 인이라 한다. 그러므로 모든 부처님과 조사가 서로 인가하여 심심상전(心心相傳)하는 법이므로 법인이라 하는 것이다. ④《가상법화소(嘉祥法華疏)》6에 「통칭 인이라는 것은 모든 법이 옮기고 고칠 수 없다는 것을 인정하는 것이다[通言印者 印定諸法不可移改]」고 하였다. ⑤《법화경(法華經)》비유품에 「너희들 사리불아 나의 이 법인은 세간에 이익주려고 설한 것이니라[汝舍利弗 我此法印 爲欲利益世間故說]」고 하였다.

연의(演義)

《수심결》에는 구문구답(九問九答)이 있다. 보조 국사 스스로 문제를 던지고 스스로 대답하는 자문자답(自問自答)의 문답식 서술 방법을 써서 어리석은 중생들의 눈을 뜨게 하고 귀를 열어주려고 시도를 하였다.

이런 질문의 첫 번째이다. "정말 불성이 이 몸, 곧 나에게 있다 한다면 어째서 나는 볼 수가 없는가?"의 의심에 대한 질문이다. 앞장에서 여러 번 "내 마음이 부처이요, 내 성품이 법[진리]이다"고 분명히 말하고 가르쳐 주었기에 상당한 깨우침이 있을 것으로 생각하였는데 아직도 불성이 나에게 있다는 사실을 알지도 못하고 보지도 못하였다 하니 어리석고 어두운 소치라고 아니 할 수 없다. 그러니 의심을 가질 만도 하다고 보았다.

이에 대한 보조 국사의 대답은 너무도 평범하다. 오히려 세 살 먹은 아이라도 알아들을 수 있는 아주 쉬운 말이다. 우리가 하루 종일 배고프고 목마르고 춥고 덥고 성내고 기뻐할 줄 아는 그 주체, 그 물건이 바로 본래 마음이요 부처의 바탕이 되는 것이라고 대답을 한다.

다시 말하면 배가 고프면 배가 고픈 줄을 알고 목이 마르면 목이 마른 줄을 알며 좋을 때는 기쁜 줄을 알고 싫을 때는 성낼 줄을 아는 이것이 이 육체는 분명 아니다. 반면에 이 육체를 떠나서도 작용할 수 없는 것이지만 도리어 이 육체가 홀로 그렇게 하는 줄로만 알았다.

그러나 이것은 육체의 작용이 아니라 불성이 그 안에 들어서 그렇게 온갖 조화를 부리고 있는 것이라고 하였다. 즉 이 육체란 흙과 물과 불과 바람의 네 가지 원소가 모여서 이루어진 것으로 영원할 수가 없을 뿐만 아니라 자체 작용도 할 수가 없다. 오직 이 가운데 들어있어서 형상도 없고 이름도 끊어진 한 물건. 한 마음이 이 육체를 운전하여 법을 듣기도 하고 법을 설하기도 한다고 가르침을 베푼다.

아무튼 날이 밝아 해가 중천에 떠서 만상을 비추면 눈이 뜨인 사람은 만물을 구별하여 알지만 눈이 어두운 사람은 구분할 수가 없다. 이와 같이 형상 없는 한 물건이 내 몸속에 자리하고 있건만 밝은 마음의 눈이 열리지 않으면 볼 수도 들을 수도 없고 또한 잡거나 알 수도 없다.

부미일시왈(附尾一詩曰)

四大假緣實不淫
사 대 가 연 실 불 음

五蘊空殼亦非尋
오 온 공 각 역 비 심

無形截對孤明物
무 형 절 대 고 명 물

天下獨知原體心
천 하 독 지 원 체 심

사대가 거짓 인연이니 빠지지 말고

오온도 빈 껍질이니 찾지 않을 지라

형상 없고 상대 끊긴 고명한 물건

천하에 홀로 아는 원체의 맘이어라.

5. 佛性在用
불 성 재 용

·······················

불성은 쓰는데 있다

"바로 불성이 현재 내 몸 안에 있거늘 어찌 거짓인 밖에서 찾으리요. 그대가 만일 믿지 않는다면 대략 옛 성인[1]의 도에 들어간 인연을 들어서 그대로 하여금 의심을 제거해 주리니 그대는 진실하게 모름지기 살피고 믿을지어다. 옛날에 이견왕[2]이 바라제 존자[3]에게 묻기를 '어떤 것이 이에 부처입니까?' 존자[4]가 대답하기를 '성품을 봄[5]이 이에 부처입니다' 왕이 말하기를 '스승은 성품을 보았습니까?' 존자가 대답하기를 '나는 불성을 보았습니다.' 왕이 말하기를 '성품이 어느 곳에 있습니까?' 존자가 대답하기를 '성품은 작용하는 데에 있습니다.' 왕이 말하기를 '이것이 어떻게 작용하기에 나는 지금 보지 못합니까?' 존자가 대답하기를 '지금도 작용을 나타내건만 왕이 스스로 보지 못합니다.' 왕이 말하기를 '나에게도 있습니까?' 존자가 대답하기를 '왕이 만일 작용하면 이것 아님 없거니와 왕이 만일 작용하지 않으면 본체[6]를 또한 보기 어렵습니다.' 왕이 말하기를 '만일 작용[7]할 때를 당해서는 몇 곳으로 나타납니까?' 존자가 대답하기를 '만일 나타날 때는 마땅히 그것이 여덟입니다.' 왕이 말하기를 '그 여덟으로 나타남을 나를 위해 설명하십시오.' 존자가 대답하기를 '태 안에 있음을 말하여 몸이라 하고 세상에 처함을 말하여 사람이라 하며 눈에 있음을 말하여 봄이라 하고 귀에 있음을 말하여 들음이라 하며 코에 있어서는 향내를 분별하고 혀[입]에 있어서는 말을 하며 손에 있어서는 붙잡고 발에 있어서는 운전하여 다니는 것으로 두루 나타나면 사바세계에 갖추었고 거두어 추스르면 한 티끌에 있으니 아는 사람은 이것이 불성임을 알고 알지 못하는 사람은 정혼[8]이라 부릅니다.' 하니 왕이 듣고 바로 마음이 열리었다. 또 스님이 귀종 화상[9]에게 물었다. '어떤 것이 이에 부처입니까?' 귀종 화상이 대답하기를 '내가 지금 그대를 향하여 일러주려 하지만 그대가 믿지 않을까 두렵노라.' 스님이 말하기를 '화상[10]의 진실한 말씀을 어찌 감히 믿지 않겠습니까?' 귀종 화상이 말하기를 '바로 그대가 이것 이니라' 스님이 말하기를 '어떻게 보림[11]을 해야 하리까?' 귀종 화상이 말하기를 '하나의 티끌 눈에 있으면 허공의 꽃[12]이 어지럽게 떨어지니라' 하니 그 스님이 말씀 아래 깨우침[13]이 있었느니라."

卽佛性이 現在汝身이거늘 何假外求리요 汝若不信인댄
즉 불 성   현 재 여 신   하 가 외 구   여 약 불 신

略擧古聖의 入道因緣하야 令汝除疑하리니 汝須諦信이
약거고성 입도인연 영여제의 여수제신

어다. 昔異見王이 問婆羅提尊者曰「何者是佛이니꼬」
석이견왕 문바라제존자왈 하자시불

尊者曰「見性是佛이니이다」王曰「師見性否이까」尊者
존자왈 견성시불 왕왈 사견성부 존자

曰「我見佛性이니이다」王曰「性在何處니꼬」尊者曰
왈 아견불성 왕왈 성재하처 존자왈

「性在作用이니이다」王曰「是何作用이관대 我今不見이
성재작용 왕왈 시하작용 아금불견

니꼬」尊者曰「今現作用이언마는 王自不見이니다」王曰
존자왈 금현작용 왕자불견 왕왈

「於我有否이까」尊者曰「王若作用인대 無有不是어니와
어아유부 존자왈 왕약작용 무유불시

王若不用인대 體亦難見이니다」王曰「若當用時하야는
왕약불용 체역난견 왕왈 약당용시

幾處出現이니이꼬」尊者曰「若出現時에는 當有其八이
기처출현 존자왈 약출현시 당유기팔

니이다」王曰「其八出現을 當爲我說하소서」尊者曰「在
왕왈 기팔출현 당위아설 존자왈 재

胎曰身이요 處世曰人이요 在眼曰見이요 在耳曰聞이요
태왈신 처세왈인 재안왈견 재이왈문

在鼻辨香이요 在舌談論이요 在手執捉이요 在足運奔하
재비변향 재설담론 재수집착 재족운분

야 徧現俱該沙界하고 收攝在一微塵이니 識者知是佛性
변현구해사계 수섭재일미진 식자지시불성

이요 不識者喚作精魂이니다」王聞心卽開悟하다 又僧問
불식자환작정혼 왕문심즉개오 우승문

歸宗和尙호대「何者是佛이니꼬」宗云「我今向汝道하
귀종화상 하자시불 종운 아금향여도

려하나 恐汝不信일까하노라」僧云「和尙誠言을 焉敢不
공여불신 승운 화상성언 언감불

信이리이꼬」師云「卽汝是니라」僧云「如何保任이니꼬」
신 사운 즉여시 승운 여하보림

師云「一翳在眼에 空花亂墜니라」하니 其僧言下有省하
사운 일예재안 공화난추 기승언하유성

니라

단어풀이

1) **성(聖)** : ① 종교의 본질을 규정하는 가치. 곧 초월적인 존재로서 불(佛), 신(神), 또는 신성(神性), 불성(佛性). ② 바르다는 뜻이다. 바른 도를 증득한 것을 성이라 한다[證正道 名爲聖]. 《승만보굴(勝蔓寶窟)》하본(下本)에 「성자란 바른 분이니 진리로써 사물을 바르게 하는 것을 성이라 한다[聖者正也 以理正物 名爲聖]」고 하였다. ③《대대례(大戴禮)》애공문오의(哀公問五義)에 「성인이란 지혜는 대도를 통하고 응용변화가 궁색하지 않으며 능히 만물의 정성을 헤아리는 사람이다[所謂聖人者 知通乎大道 應變而不窮 能測萬物之情性者也]」고 하였고《백호통(白虎通)》선인(聖人)에 「성이란 통이요 도요 성이니 도를 통하지 않음이 없고 밝음이 비추지 않음이 없으며 소리를 듣고 정실을 아나니 천지와 덕을 합하고 일월과 밝음을 합하고 사시와 차례를 합하고 귀신과 길흉을 합한 분이다[聖者 通也 道也 聲也 道無所不通 明無所不照 聞聲知情 與天地合德 日月合明 四時合序 鬼神合吉凶]」고 하였다. 이렇게 보면 성인이란 진리와 사물과 심성을 두루 통달하고 깨달은 사람을 말한다.

2) **이견왕(異見王)** : 남천축(南天竺) 향지국(香至國)의 왕으로 달마 대사(達磨大師)의 조카이다. 처음에는 사견(邪見)에 빠져 인과보응의 도리를 부정하고 불법승 삼보를 경멸하였으나 바라제(婆羅提)의 교화를 받고 참회하여 불법을 펴는데 힘을 썼다.

3) **바라제 존자(婆羅提尊者)** : 남천축(南天竺) 육종(六宗) 중의 하나인 무상종(無相宗)의 지자(智者)였으나 달마 대사의 변론을 듣고 본래 마음을 깨

달은 뒤에 사견에 빠져 있는 이견왕(異見王)을 제도하였다. 사라사(娑羅寺)에서 중이 되어 오사바삼장(烏娑婆三藏)에게 수학하였다.

4) 존자(尊者) : 성자. 또는 나한(羅漢)을 높여 부르는 말. 지혜와 덕화가 모두 높은 사람[智德具尊]을 말한다. 《자지기(資持記)》하(下) 3에 「존자란 법랍이 높고 덕이 중하여 사람들의 높임을 받는 분이다[尊者 臘高德重 爲人所尊]」고 하였고 《행사초(行事鈔)》하(下) 3에 「하좌는 상좌를 칭하여 존자라 하고 상좌는 하좌를 칭하여 혜명이라 한다[下座稱上座爲尊者 上座稱下座爲慧命]」고 하였다.

5) 견성(見性) : ① 천지만물의 시종본말(始終本末)과 인간의 생로병사(生老病死)의 이치와 인과보응의 이치를 걸림 없이 아는 것. 즉 텅 빈 마음과 밝은 지혜로 천만사물을 바르게 볼 줄 아는 것이다. ② 선가의 상용어로 자기 마음의 불성을 철견(徹見)하는 것을 말한다. 달마의 《오성론(悟性論)》에 「바로 인심을 가리켜 견성성불하게 하며 교밖에 별전으로 문자를 세우지 않는다[直指人心 見性成佛 敎外別傳 不立文字]」고 하였고 《황벽전심법요(黃蘗傳心法要)》에 「바로 마음이 부처이니 위로는 모든 부처님과 아래로는 일체생령이 모두 불성이 있고 똑같은 심체이다. 달마가 서천으로부터 와서 오직 한 법을 전하였는데 일체중생이 본래 부처라는 것을 바로 가리키고 수행을 빌리지 않았으니 다만 지금 마음을 알고 자기 본성을 볼 것이요. 다시 다른 것을 구하지 말라[卽心是佛 上至諸佛 下至蠢動含靈 皆有佛性 同一心體 所以達磨從西天來 唯傳一法 直指一切衆生本來是佛 不假修行 但如今食取自心 見自本性 更莫別求]」고 하였다. ③ 마음으로 성품을 확연하게 보는 것을 견성이

라 할 수 있다[以心觀性曰見性]. 즉 우리에게 있는 그 마음이 우리에게 있는 본래 성품을 본성으로, 이성(理性)으로, 실성(實性)으로, 체성(體性)으로 철견(徹見)하면 바로 견성을 하였다고 할 수 있을 것이다. ④ 만법의 실상(實相)을 간파하고 우주와 인생의 원리를 조관(照觀)하여 걸림이 없는 것. ⑤ 중생은 견성을 못하였기에 육도를 윤회하고 부처님은 견성을 하였으므로 육도에 자재하는 것으로 견성이 중생과 부처의 갈림이 되는 것이다. ⑥ 부처가 되는 것으로 견성성불(見性成佛)이라 한다.

6) 체(體) : ① 진리의 본래 모습. 진리 그 자체. 우주만물의 일정불변(一定不變)하는 본 모양, 일체 차별 현상의 근본. ② 체란 통달(通達)의 의미도 있다. 즉 이치에 통달하는 것을 말한다. 《술기(述記)》 구말(九末)에 「체란 통하는 것이다[體者通也]」고 하였고 《금광명현의(金光明玄義)》에 「체는 통달한다는 뜻이다[體是達義]」고 하였다.

7) 용(用) : ① 진리의 작용. 진리의 정태(靜態)를 체라 한다면 동태(動態)는 용이다. ② 진리의 작용으로 나타나는 결과.

※ 체용(體用) : 일미[여래의 교법]의 실상을 체라 하고 인과의 제법을 용이라 한다[一味之實相爲體 因果之諸法爲用]. 《법화문구(法華文句)》 3에 「체는 바로 실상으로 분별이 없고 용은 곧 일체 법을 세워 차별이 같지 않나니 땅에서 한 번에 갖가지 싹이 나오는 것과 같다[體卽實相 無有分別 用卽立一切法 差降不同如大地一生種種芽]」고 하였다. 또 진공을 체라 하고 묘유를 용[眞空曰體 妙有曰用]이라 하며 공적을 체라 하고 영지를 용[空寂曰體 靈知曰用]이라 하는 것으로 마음 공부하는 사람은 진공과 공적으로 마음의 본체를

삼고 묘유와 영지로 마음의 작용을 삼아야 한다.

8) **정혼(精魂)** : 정기혼백(精氣魂魄), 정신혼백(精神魂魄), 또는 정식(精識)이라 하며 심신의 이명이라고도 한다. 특히 혼이란 심식(心識)으로서 영은 있으나 형상이 없는 것이요, 백이란 형체(形體)로서 심식의 의주처(依住處)가 되는 것이다. 그러므로 보통 영혼이니 넋이니 하는 의미로 볼 수도 있다.

9) **귀종 화상(歸宗和尙)** : 마조 도일(馬祖道一)의 법을 이어 여산(廬山)의 귀종사(歸宗寺)에 머물렀다. 법명은 지상(智相)이요, 그의 생몰연대는 알 수가 없다. 대사는 눈이 중동[重瞳 : 눈동자가 두 개]이었는데 약 묻은 손으로 눌렀더니 눈알이 붉어져 세상에서 적안 귀종(赤眼歸宗)이라 불렀다. 시호는 지진 선사(至眞禪師)이다. 《경덕전등록(景德傳燈錄)》 7권 및 《선문염송(禪門拈頌)》 29권에 행적이 있다.

10) **화상(和尙)** : 친교사(親敎師), 역생(力生), 의학(依學), 근송(近誦)이라 하는데 본래는 계를 준 스승 즉 수계사(授戒師)를 말하였으나 후세에는 수행을 많이 한 고승 석덕에 대한 존칭으로 불리어지고 있다.

11) **보림(保任)** : 보호임지(保護任持)의 줄인 말. 수행인이 진리를 깨달은 뒤에 안으로 자성이 요란하지 않게 잘 보호하고 밖으로 경계를 만나서 끌리지 않도록 잘 보전하는 공부. 즉 안으로 자성을 보호하여 요란하지 않도록 하고 밖으로 경계에 맡겨 의혹되지 않도록 한다[內保自性而不亂 外任境界而不惑]. 이는 진리를 깨친 뒤에 더욱 힘을 기르고 성체(性體)를 보전하는 공부이다.

12) **공화(空華)** : 허공의 꽃[空中之華]이라는 뜻이다. 눈에 병이 든 사람이

허공에서 꽃을 보는 것으로 허공에는 원래 꽃이 없지만 눈병으로 인해서 허공의 꽃을 보게 되는 것을 말함. 이것을 망심(妄心)이 갖가지 모양을 상념(想念)하지만 모두 실체가 없다는 것을 비유한 말이다.《원각경(圓覺經)》에「사대를 자신으로, 육진의 연영을 자심의 모습으로 망녕되게 인식하는 것이 비유하자면 저 병든 눈으로 허공의 꽃을 보는 것과 같다[妄認四大爲自身 六塵緣影爲自心相 譬如彼病目見空中華]」고 하였다. 여기에 인용된「공화난추」의 화두는《경덕전등록(景德傳燈錄)》10권에 그의 제자인 복주 부용산 영훈 선사(福州芙蓉山 靈訓禪師)와의 문답이다. 이 이야기의 내용은 같지만 문장의 엮음은 조금 다르다.

13) 성(省) : ① 본다[視也], 살핀다[察也], 관한다[觀也], 밝힌다[明也], 자세하다[審也]는 등의 뜻이 있고 또 깨쳐 안다[悟解也]는 뜻도 있다.《송사(宋史)》육구연전(陸九淵傳)에「홀연히 크게 깨닫고 말하기를 "우주 안의 일이 내 안의 일이요, 내 안의 일이 우주 안의 일이다"[忽大省曰宇宙內事 乃己分內事 己分內事 乃宇宙內事]」고 하였는데 여기에서 성(省)을 깨침[悟解]이라고 하였다.

연의(演義)

불성이 내 안에 있다. 아니 내 것이요 바로 나이기도 하다. 그러니 밖으로 달려 나가서 찾으려고 말자. 불성이 나를 떠날 수 없고 나도 또한 불성을 떠나지 않았다. 이러한 사실에 확신이 되어야 모든 의심이 풀려 헛된 눈을 팔지 않고 헛된 짓을 하지 않게 된다.

이견왕과 바라제 존자와의 문답도 "자기에게 있는 불성을 자기의 눈을 떠서 확인하라"는 의미이다. 누가 눈을 뜰 수 있도록 도와는 줄지언정 눈을 뜨는 것은 결국 자기이기 때문이다. 자기의 눈이 떠져야 헛것을 보지 않는다. 그러기로 하면 먼저 눈이 뜬 올바른 사람을 만나서 도움을 받아야 쉽고 바르게 눈을 뜰 수 있게 된다.

우리는 서울을 간다. 어느 날은 기차를 타고 가고 어느 날은 버스를 타고 가며 어느 날은 자가용을 타고 가기도 한다. 그러나 서울에 닿는 것은 마찬가지다. 이와 같이 여러 성자들이 갖가지 방법으로 길을 가르쳤는데 궁극에 가서는 자기 길은 자기가 가야하고 자기 눈은 자기가 떠야 한다는 데로 귀결이 되는 것이니 결국 자기의 불성은 자기가 찾아야 한다.

이견왕은 야무진 사람이다. 존자를 만나자 말자 "무엇이 부처인가, 존자는 불성을 보았는가?"라고 묻는다. 존자는 "성품을 보면 부처이니 나는 불성을 보았다"고 자신 있게 대답한다. 즉 이견왕은 겉모습의 부처가 아닌 참 모습의 부처를 추구하였고 존자의 불성 확인을 통해서 자기의 불성을 확인해 보려는 것이고, 확인만 된다면 불성을 보는데 자신할 수 있다는 의지를 가진 것이라고 할 수 있다.

영훈 선사(靈訓禪師)가 귀종 화상에게 물었다. "어떤 것이 부처인가" 이에 귀종 화상은 눈도 움직이지 않고, 두 말도 하지 않고 "바로 너다"라고 원어(原語)를 토해낸다. 이것은 설명이 필요 없다. 잡것이 섞여서는 안 된다. 바로 나이다. 내가 바로 부처. 직지인심(直指人心)이요 견성성불(見性成佛)이다. 수행을 하고 번뇌를 끊어서 이루어낸 부처가 아니라 일물개현(一物開現)하는 이전부터 이루어진 부처가 바로 나이다.

과거에는 "견성이 바로 부처"라는 쉬운 방법을 택하여 부처가 되려하였다. 물론 견성하는 즉시 성불하는 상근기도 있지만 대개는 "견성하는 공(功)보다 성불하는 공이 더 든다."고 한다. 즉 견성을 하였으면 거기에 그치지 않고 부처를 이루려고 노력하는 것이 바로 "보림공부(保任功夫)"이다. 이 보림공부가 아니면 원만한 부처를 이루어낼 수가 없다.

눈병이 없는 사람은 산은 산으로 보고 물은 물로 본다. 산이 물일 수 없고 물이 산일 수 없는데 눈병이 있는 사람은 산은 물로 보이고 물은 산으로 보이기도 한다. 이와 같이 허공에 무슨 꽃이 있겠는가. 허공 어디에도 꽃나무가 뿌리를 내릴 수가 없는데 어떻게 꽃을 피울 수 있겠는가.

그런데 꽃이 있다고 우기는 사람들이 있다. 곧 눈에 병이 든 사람이다. 아니 마음에 망상이 자리를 잡고 허공에 꽃이 있으니 어서 가서 구경도 하고 꺾기도 하라고 순순히 달랜다. 그러나 "허공에는 꽃이 없다."라고 단언하였다. 마음에서 일어나는 망상의 싹을 문질러 버리고 뿌리마저 뽑아버려야 헛된 꽃을 보지 않게 된다.

부미일시왈(附尾一詩曰)

佛佛生生本自靈
불 불 생 생 본 자 령
心心性性實常醒
심 심 성 성 실 상 성
南邊泰畹嘉華發
남 변 태 원 가 화 발
一番叢枝揷昊星
일 번 총 지 삽 호 성

부처는 부처 중생은 중생 본래 저절로 신령하고

마음은 마음 성품은 성품 참으로 항상 깨어있네

남쪽 가의 큰 밭에는 아름다운 꽃이 피었으니

한 번에 가지를 모아다가 하늘의 별에 꽂으리라.

6. 因案入道
인 안 입 도

공안으로 도에 든다

　위에서 들은 바 옛 성현들의 도에 들어간 인연[1]이 명백[2]하고 간이[3]해서 힘을 덜기에 방해되지 않으리니 이런 공안[4]으로 인연하여 만일 믿음과 알음알이[5]가 있는 곳이라면 바로 옛 성현들로 더불어 손을 잡고 함께 나아가리라[6].

　上來所擧古聖의 入道因緣이 明白簡易하야 不妨省力하
　상 래 소 거 고 성　입 도 인 연　명 백 간 이　　불 방 생 력
니 因此公案하야 若有信解處면 卽與古聖으로 把手共行
　　인 차 공 안　약 유 신 해 처　즉 여 고 성　　파 수 공 행
하리라.

단어풀이

1) 인연(因緣) : 인(因)과 연(緣). 불교의 입장에서는 일체 만물은 모두 상대적 의존관계에 의해서 형성된다고 한다. 동시적 의존관계[주관과 객관]와 이시적(異時的) 의존관계[원인과 결과]로 나누어진다. 어떤 결과를 만들어내는 직접적인 원인을 인(因)이라 하고, 인과 협동하여 결과를 만드는 간접적인 원인을 연(緣)이라 한다. 가령 농사의 경우에 종자를 인이라 하고, 비료나 노동력 등을 연이라 한다. 이 경우 아무리 인이 좋다 할지라도 연을 만나지 못하면 결과를 가져올 수 없다. 그러므로 인도 물론 좋아야 하지만 연도 또한 좋아야 좋은 결과를 가져올 수 있는 것이다. 그래서 사람이 행복하게 살려면 상생 상화의 선연을 맺어야 하는 것이다.

2) 명백(明白) : 의심(疑心)할 것 없이 아주 뚜렷하고 환함을 말한다.

3) 간이(簡易) : 간단(簡單)하고 쉬움을 말한다.

4) 공안(公案) : ① 선가에서 스승이 제자에게 깨침을 얻도록 인도하기 위하여 제시한 문제. 즉 선종의 스님들이 심지(心地)를 밝게 깨달은 기연(機緣)이요. 또는 학인을 지도하던 사실을 기록하여 후세에 공부의 규범이 되도록 한 것이다. ② 선가에서 불조가 교화하는 기연에 응하여 제기된 월격(越格)의 언어와 동작을 후인들이 공안이라 하였고 또 인연이라고도 하였다. ③ 《운서정와집(雲棲正訛集)》에 「공안이란 관공서의 안독이니 시비를 판단하기 때문이요, 모든 조사의 묻고 대답한 기연은 또한 생사를 판단하므로 이름을 한 것이다[公案者 公府之案牘也 所以剖斷是非 而諸祖問答機緣 亦只爲剖斷

生死 故以名之」고 하였다. 즉 관공서의 안독인 율령(律令)은 지극히 엄하여 누구도 범할 수 없는 법이다. 이와 같이 불조들이 수시(垂示)한 종문(宗門)의 정령(正令)은 미오(迷悟)를 판단할 수 있기 때문에 공안이라고 한 것이다. 대략 1,700공안을 말하고 있다. ④ 고칙(古則), 화두(話頭), 의두(疑頭), 성리(性理) 등과 같은 뜻이다. ④《벽암록(碧巖錄)》98칙 창평(昌評)에 「옛 사람이 사실 어쩔 수 없어 근기를 대하여 수시하였는데 뒤에 사람들이 공안을 인연이라고 불렀다[古人 事不獲已 對機垂示 後人喚作公案因緣]」고 하였다.

5) 신해(信解) : ① 부처님의 설법을 듣고 처음에는 믿고 뒤에 아는 것. 또 둔근(鈍根)은 믿고 이근(利根)은 아는 것. 또 믿는 사람은 사견(邪見)이 부서지고 아는 사람은 무명(無明)이 부서진다. ②《법화경(法華經)》서품에 「갖가지 믿음과 아는 것과 갖가지 모습이라[種種信解 種種相貌]」고 하였고 동(同) 가상(嘉祥)의 소(疏) 2에 「신해는 처음에는 신이 되어야 하고 나중에는 해가 되어야 한다. 둔근은 신이요 이근은 해이다[信解者 始名爲信 終稱爲解 又鈍根爲信 利根爲解]」고 하였고 동7에 「믿으면 사견이 부시지고 알면 무명이 부서진다[信破師見 解破無明]」고 하였다. ③ 믿음과 알음알이, 불도에 입문하는 기본이 신이라 한다면 입문한 뒤의 결과는 해라 할 수 있다. ④《대일경소(大日經疏)》에 신해란 범어(梵語)로 아비목저(阿毘目底)라 하는데 번역하여 「밝게 이치를 보고 마음에 의심과 사려가 없는 것이다[明見其理 心無疑慮]」고 하였다. ⑤ 영명(永明)은 「믿기만 하고 알려고 아니하면 무명만 증장되고 알기만 하고 믿지 아니하면 사견만 증장 된다[信而不解 增長無明 解而不信 增長邪見]」고 경책하였다.

6) **파수공행(把手共行)** : ① 불보살과 함께 손을 잡고 불법을 같이 수행하여 간다는 뜻. ② 계율을 잘 지켜 나아가면 삼세제불과 같은 길을 걸어갈 수 있게 된다는 뜻이다.

연의(演義)

눈을 뜨자. 마음을 열자. 그러기로 하면 눈 뜬 선지자들이 걸어 갔던 길로 나아가고 그 방법을 따르는 것이 가장 좋고 옳은 방도라고 할 수 있다. 이런 길을 제시한 것이 바로 공안(公案)이다. 진리를 깨치고 마음을 열수 있는 바르고 빠른 길이라고 할 수 있다.

공안이란 무엇인가. 선가(禪家)에서 스승이 제자에게 깨침을 얻도록 인도하기 위하여 제시한 문제로 인연화두(因緣話頭)라고도 한다. 공안이란 말의 기원은 관공서의 문서에서 나왔다. 공안의 형성은 중국 당나라 때의 선문답에서 시작했고, 송나라 때에 와서는 매우 성행했다. 공안의 수는 흔히 1,700 공안이라고 하지만 정확하게는 1,701개이다.

따라서 공안[화두]은 깨침의 기연이 된다. 수많은 선사가 이 공안의 참구·연마로 깨쳤고, 수많은 제자들을 이 공안으로 깨침의 세계로 인도했다. 공안은 선승들의 언행을 간단하게 표현한 것으로 여러 공안이 표현은 각각이지만 그 해답의 궁극처는 하나이다.

곧 우리의 본래마음과 그 마음을 깨치는 길을 인도하는 것이라고 할 수 있다.

또한 공안은 글자 해석을 통해서는 그 뜻을 깨칠 수 없다. 마음의 체험을 통해서 깨쳐야 한다. 수많은 화두 중에서 어느 것 하나를 깨칠 때까지 참구·연마해야 한다. 글자 해석이 아니기 때문에 어느 공안이든지 하나만 깨치면 다른 공안도 따라서 깨치게 된다.

또한 근래에 와서는 글자의 해석을 통해서 공안을 깨치려 하는 경우가 흔히 있는데, 이는 불법의 진리를 크게 그르치는 것이라고 할 수 있다.

또한 모든 공안이 자기의 근기(根機)와 맞지 않을 수도 있다. 그래서 요청되는 것이 믿음[信]이다. 믿음은 바탕이요 초석이다. 또 만사를 이루어 가는 원동력(原動力)이다. 믿음이 확고하여야 앎의 길이 열리게 된다. 이 앎이란 상식적인 것이요, 전문적인 지식이 아니라 진리를 깨닫고 마음을 열린 고도의 지혜를 말하는 것이라고 할 수 있다.

그러므로 옛 선지자들이 걸어갔던 길을 우리 모두 손에 손을 맞잡고 노래하며 부처의 세계로 나아가야 하는데 그 길을 제시하는 방법이 바로 공안에 있다고 할 수 있다.

부미일시왈(附尾一詩曰)

一朶笑花開大程
일 타 소 화 개 대 정

二江流水遂深瀛
이 강 유 수 수 심 영

能持信解無休步
능 지 신 해 무 휴 보

把手古賢居舊京
파 수 고 현 거 구 경

한 송이 꽃 웃으면 큰 길이 열리고

두 강물 흘러서 깊은 바다를 이루네

믿음 알음 간직하여 쉬는 걸음 없으면

옛 어진 이와 손잡고 옛 서울에 살리라.

7. 神在何處
신 재 하 처

신통변화가 어느 곳에 있는가

물음 : "그대가 말하는 성품을 봄이 만일 참으로 성품을 본 것이라면 바로 이에 성인이라. 마땅히 신통[1]의 변화[2]를 나투어 사람들로 더불어 다름이 있을 것이거늘 어찌하여 지금에 마음을 닦는 무리는 한 사람도 신통의 변화를 나타내지 아니합니까?"

問「汝言見性이 若眞見性인댄 卽是聖人이라 應現神通
문 여언견성 약진견성 즉시성인 응현신통
變化하야 與人有殊어늘 何故로 今時修心之輩는 無有一
변화 여인유수 하고 금시수심지배 무유일
人도 發現神通變化耶이까?」
인 발현신통변화야

단어풀이

1) **신통(神通)** : ① 신이란 추측할 수 없다는 뜻이요, 통이란 걸림이 없다는 뜻이다[神爲不測之義 通爲無礙之義]. 또한 신기하고 묘하여 추측할 수 없는 것을 신이라 하고 통하고 사무쳐 걸림이 없는 것을 통이라 한다[神妙不測曰神 通達無礙曰通], 변화가 신묘하고 통달하여 걸림이 없다[變化神妙 通達無礙]. ② 보통 인간으로서는 할 수 없는 묘술 즉 축지법(縮地法). 시해법(屍解法), 호풍환우(呼風喚雨), 이산도수(移山度水) 등. ③ 마음을 깨닫고 신령하게 아는 것을 말한다(心領神會). 항창자(亢倉子)의《용도(用道)》에「고요하면 정신이 통하고 궁하면 뜻이 통한다[靜則神通 窮則意通]」고 하였다. ④ 신통에 세 가지가 있다. 첫째, 보득통(報得通)이니 과보에 의하여 자연히 신통을 얻게 되는 것으로 삼계의 제천(諸天)이 오통(五通)을 얻고 귀신들도 소통(小通)을 얻게 되는 것이요. 둘째, 수득통(修得通)이니 삼승[三乘 : 聲聞, 緣覺, 菩薩]의 성자가 계정혜 삼학(戒定慧 三學)을 닦아서 육통(六通)을 얻고 외도나 선인들이 선정(禪定)을 닦아서 오통을 얻는 것이요. 셋째, 변화통(變化通)이니 부처님께 있는 신통의 힘으로 갖가지 무애자재의 변화를 부리는 것을 말한다. ⑤ 대개 육통(六通)을 말하는데, 육종신통력(六種神通力), 또는 육신통(六神通)이라 한다. 첫째, 신경지증통(神境智證通)으로 신여의통(身如意通), 신통(神通), 신족통(神足通)이라고도 한다. 불가사의(不可思議)한 통력(通力), 경계를 변현할 줄 앎으로 신경통이라 하고 왕래를 자재하는 통력으로 유섭(遊涉)하므로 신족통이라 하며 자신이 변현자재 할 통력을 얻었으

므로 신여의통이라 하는데 각각 한 방향의 능한 점을 말한 것이나 신경통이 으뜸이 되는 것이요. 둘째, 천안지증통(天安智證通)이니 색계(色界)에서 천안근(天眼根)을 얻어 비추는 곳마다 걸림이 없는 것이요. 셋째, 천이지증통(天耳智證通)이니 색계에서 천이근(天耳根)을 얻어 듣는 것 마다 걸림이 없는 것이요. 넷째, 타심지증통(他心智證通)이니 다른 사람의 마음과 생각을 알아 걸림이 없는 것이요. 다섯째, 숙명지증통(宿命智證通)이니 자기와 육도 중생의 숙세(宿世)의 생애를 알아 걸림이 없는 것이다. 이 오통(五通)은 유루(有漏)의 선정(禪定)이나 약력(藥力)이나 주력(呪力)에 의하여 얻을 수 있으므로 외도(外道)난 선인(仙人)들도 성취할 수 있다. 여섯째, 누진지증통(漏盡智證通)이니 이는 삼승(三乘)의 극치로 모든 누[漏 : 일체번뇌]가 끊어져 걸림이 없는 것으로 오직 삼승의 성자만이 성취할 수 있다. ⑥ 첫째, 천안통(天眼通)은 육안으로써는 볼 수 없는 것을 보는 신통력, 둘째, 천이통(天耳通)은 보통 사람의 귀로써는 들을 수 없는 음성을 듣는 신통력, 셋째, 타심통(他心通)은 다른 사람의 마음을 훤히 들여다보는 신통력, 넷째, 숙명통(宿命通)은 지나간 세상의 생사문제를 자유자재하게 아는 신통력, 다섯째, 신족통(神足通)은 여의통(如意通)이라고도 하는데 불가사의하게 경계를 변하여 나타내기도 하고 자유자재로 날아다니기도 하는 신통력, 여섯째, 누진통(漏盡通)은 자유자재로 번뇌를 끊어버리는 신통력이다. ⑦ 온갖 물질문명 즉 과학의 발달이나 육근의 동작이나 일상생활이 바로 신통이라고 할 수 있다.

 2) 변화(變化) : 사물의 성질, 모양, 상태 따위가 바뀌어 달라짐을 말한다.

연의(演義)

　이 질문은 "도를 닦는 사람은 신통변화를 부린다."는 우리들 보통의 고정관념을 나타낸 물음이다. 다시 말하면 도나 마음을 닦으면 견성하게 되고 견성하면 성인이요, 성인은 신통을 자유자재로 부려서 우리들과는 다르고 또 보통 사람들로서는 도저히 할 수 없는 기행이적을 마음대로 행하고 나타낼 수 있는 불가사의한 능력을 지닌 사람이 아니냐고 물어 보았다.

　그런데 어찌하여 근래에 견성을 하였다는 사람들이 신통변화를 나타내지 않고 있으니 과연 그들을 공부하는 사람, 도를 닦는 사람, 마음을 수련하는 사람이라고 말할 수 있겠는가.

　다시 말하면 견성을 한 사람은 무조건 신통의 변화를 나타내야 하는데 그렇지 않고 있으니 견성을 못한 사람과 다르지 않다고 보는 의문을 지울 수가 없다는 의미이다.

부미일시왈(附尾一詩曰)

呼風喚雨世途驚
호 풍 환 우 세 도 경

渡水移山界下聲
도 수 이 산 계 하 성

都實乳兒虛所作
도 실 유 아 허 소 작

難征大道聖人程
난 정 대 도 성 인 정

바람 부르고 비 불러 세상 놀라게 하고

물 건너고 산 옮겨서 천하에 소리를 내도

모두가 실로 젖먹이의 헛된 짓거리이니

큰 도 성인의 길에는 나가기 어려우리라.

8. 莫墮邪正
막 타 사 정

사와 정에 떨어지지 말라

대답 : "그대는 가볍고 미친 말[1]을 발하지 아니할지라. 삿된 것과 바른 것[2]을 분간하지 못하면 이것이 미혹하고 전도[3]된 사람이 되나니 지금 도를 배우는 사람이 입으로는 참 이치를 말하지만 마음으로는 물러나 굴복[4]을 내어 도리어 분별없는 잘못[5]에 떨어지는 사람은 모두 그대처럼 의심하였던 것이니 도를 배우면서 앞과 뒤를 알지 못하고 진리를 말하면서 근본과 끝을 분간하지 못하는 것은 이를 삿된 견해[6]라 이르는 것이요, 닦고 배우[7]는 것이라 이르지 못할 것이니 오직 자기만 그르치는 것이 아니라 아울러 또한 남까지도 그르치나니 그것을 가히 삼가지 아니하랴."

答「汝不得輕發狂言하라 不分邪正이 是爲迷倒之人이
답　여부득경발광언　　　불분사정　시위미도지인

니 今時學道之人이 口談眞理호대 心生退屈하야 返墮無
　금시학도지인　　구담진리　심생퇴굴　　반타무

分之失者는 皆汝所疑니 學道而不知先後하며 說理而不
분지실자 개여소의 학도이부지선후 설리이불

分本末者는 是名邪見이요 不名修學이니 非唯自誤라 兼
분본말자 시명사견 불명수학 비유자오 겸

亦誤他니 其可不愼歟아.」
역오타 기가불신여

단어풀이

1) **광언(狂言)** : 상식을 벗어나 미친 듯이 말함. 또는 그런 말.

2) **사정(邪正)** : ① 사도(邪道)와 정도(正道). 즉 대도정법과 사마외도. ②
삿된 것과 바른 것. 《신서(新書)》 도술(道術)에 「바르고 곧아 왜곡되지 않음
을 정이라 하고 정의 반대를 사라 한다[方直不曲謂之正 反正爲邪]」고 하였다.
③ 사란 바르지 못한 것[不正也]. 치우친 것[僻也], 거짓된 것[僞也], 망녕 된
것[佞也], 사악한 것[邪惡也], 사사로운 것[私也] 등의 뜻이 있고 정은 기울어
지지 않는 것[不傾斜也], 당연한 것[當也], 착한 것[善也], 평등한 것[平也], 순
일하여 섞이지 않는 것[純一不雜也], 바르지 못한 것을 바르게 하는 것[正其
不正也] 등의 뜻이 있다. ④ 사기(邪氣)와 정기(正氣). ⑤ 사란 신통변화를 말
하고 정이란 견성성불을 말한다. 즉 참된 수도는 아니 하고 신통변화만을 좇
는 수행을 하는 것은 사이요, 이와 반대로 착실한 수행을 통해서 본성을 깨치
고 정도를 행하는 것을 정이라 한다. 뒤에 선후(先後)와 본말(本末)이라는 말
이 나오는데 선과 본은 견성성불이라 한다면 후와 말은 신통변화를 말한다
고 할 수 있다.

3) 미도(迷倒) : 미심전도(迷心顚倒)란 뜻이니 일과 이치를 망녕된 마음으로 바르게 깨닫지 못하고 전도몽상된 것을 말한다. 《석문귀경의(釋門歸敬儀)》상(上)에 「식심이 미혹하고 전도되면 항상 삼독이 얽어맨다[識心迷倒 常毒常纏]」고 하였다.

4) 퇴굴(退屈) : ① 수행하는 사람이 공부를 해나가다가 순역경계에 부딪쳐서 나아가지 못하고 물러서거나 굴복하는 마음. ② 역경(逆境)에 굴복하고 순경(順境)에 빠져 더 이상 정진하지 못하는 것. ③《원각경(圓覺經)》에 「그대 선남자들은 마땅히 말세에 수행하는 사람들을 보호하여 악마나 모든 외도가 몸과 마음을 번뇌케 하여 퇴굴이 나오지 않도록 하라[汝善男子 當護末世是修行者 無令惡魔及諸外道惱身心 令生退屈]」고 하였다. ④ 세 가지의 퇴굴이 있다. 첫째, 보리광대굴(菩提廣大屈)이니 위없는 도가 광대하고 심원하다는 것을 듣고 퇴굴의 마음을 내는 것이요. 둘째, 만행난수굴(萬行難修屈)이니 보시의 만행을 매우 닦기 어렵다는 것을 듣고 퇴굴의 마음을 내는 것이며, 셋째, 전의난증굴(轉依難證屈)이니 이전의(二田依)의 묘과[妙果 : 전(轉)은 전사(轉捨), 전득(轉得)의 뜻. 의는 소의(所依)의 뜻으로 제8식 가운데 번뇌장(煩惱障)을 전사하고 그 실성인 열반을 전득하며 소지장(所知障)을 전사하고 그 가운데 있는 무루의 진지(眞智)를 전득하는 것을 이전의의 묘과라 한다]를 증득하기 어렵다는 것을 듣고 퇴굴의 마음을 내는 것을 말한다.

5) 무분지실(無分之失) : 무분은 분별할 줄 모르는 것. 또는 자격이 없는 것이요. 실은 실수 또는 잘못이라는 뜻이다. 즉 나는 자격이 없다고 자기를 낮추는 잘못, 또는 그러한 일을 할 수 없다고 쉽게 포기하여 버리는 잘못을 말

한다.

6) **사견(邪見)** : ① 오견(五見)의 하나. 주로 인과의 도리를 무시하는 옳지 못한 견해. 온갖 망견(妄見)은 다 정리(正理)에 어긋나는 것이므로 사견이라 하거니와 특히 인과의 도리를 무시하는 것은 그 허물이 중대하므로 사견이라 한다. ② 올바르지 못하고 요사스러운 잘못된 의견. 진리를 깨치지 못하여 망녕되고 삿된 생각으로 사물을 보고 판단하는 것. 진리를 깨닫지 못하여 무명번뇌에 가린 잘못된 견해 등을 말한다.

7) **수학(修學)** : 닦음과 배움. 학업(學業)을 닦음.

연의(演義)

가볍고 미친 사람이란 어떠한 사람일까. 아마 생각이 걸러지지 않고 아무 때나 툭 튀어나오는 사람이요, 말과 이치가 맞지 않고 마음과 행위가 따로 가는 사람이라고 할 수 있다. 이는 견성을 하면 바로 도인이요, 도인은 신통변화를 자유자재로 부릴 수 있는 사람이라는 견해를 가지고 공부도 그렇게 하고 또 그러한 사람을 도인으로 보려는 사람은 모두 보조 국사의 견책을 받아야 할 가볍고 미친 사람들이라고 할 수 있다.

다시 말하면 바른 것과 삿된 것. 먼저 할 것과 뒤에 할 것. 근본과 지말을 가려 공부하지 않고 신통변화만을 찾거나 내세운다면 미혹한 사람이요 전도된 사람이며 사견에 빠져버린 사람이라고 할 수 있다.

보조 국사는 요사이 공부하는 사람들이 스스로 퇴보하고 스스로 굴복하고 있다고 본다. 즉 "나와 같은 사람은 진리를 깨닫고 마음을 닦아서 부처가 될 수 없다."고 마음에 작정하고 자포자기하여 정진 없이 퇴굴의 마음을 내고 있다고 크게 경계를 한다.

따라서 공부하는데 스스로 다 되어 버린 것처럼 처신하는 것도 문제요 병증이지만 스스로 낮추고 굽히는 것은 더 큰 큰 병통이 아닐 수 없다. 그래서 보조 국사는 《정혜결사문(定慧結社文)》에 "마음을 닦는 사람은 스스로 비굴하지도 말고 스스로 높이지도 않아야 한다[修心之人 不自屈 不自恃]"고 하였다.

그러므로 공부하는데 경문(警文)으로 삼아야 할 것은 "스스로 퇴굴심 갖지 말고 뚜벅뚜벅 걸어가는 것뿐이라"고 가슴에 새기고 나아간다면 자기불(自己佛)에 도달하게 되는 것은 명약관화(明若觀火)한 일이다.

부미일시왈(附尾一詩曰)

狂人邪說響雷椎
광 인 사 설 향 뇌 추
眞者正言吶我欺
진 자 정 언 눌 아 기
自在神通心所得
자 재 신 통 심 소 득
莫生退屈莫生疑
막 생 퇴 굴 막 생 의

미친 사람 삿된 말 우레 방망이 울리고

참된 사람 바른 말 나를 속인다 외치네

자재하는 신통이란 마음으로 얻는 바이니

퇴굴을 내지 말고 의심도 내지 말지라.

제2 頓悟漸修
돈 오 점 수

먼저 깨고 뒤에 닦자

9. 入門頓漸
입 문 돈 점

문에 드는 것은 돈오와 점수이다

무릇 도에 들어가는 문이 많지만 요약하여 말하건대 돈오[1]와 점수[2]의 두 문을 벗어나지 않나니 비록 말하자면 돈오돈수[3]가 이에 가장 높은 근기가 들어가는 것이라고 하지만 만일 과거를 미룰진대 이미 이에 많은 생애에 깨달음에 의지하여 닦아서 점점 훈습하여 오다가 금생에 이름에 들은 즉시 깨달아 일시에 마쳐 버린 것이지만 사실로써 논하건댄 이도 또한 먼저 깨닫고 뒤에 닦는 근기이니 이 돈오와 점수의 두 문은 이에 일천 성현의 궤철[4]이라. 곧 예로 좇아 모든 성인[5]이 먼저 깨닫고 뒤에 닦지 아니함이 없어서 닦음으로 인하여 이에 증득[6]한 것이니 말하는바 신통 변화는 깨달음에 의하여 닦아서 점점 훈습하여 나타나는 바이요, 깨달을 때에 바로 발현[5]되는 것을 이르는 것은 아니니라.

夫入道多門이나 以要言之컨댄 不出頓悟漸修兩門耳니
부입도다문   이요언지   불출돈오점수양문이

雖曰頓悟頓修는 是最上根機得入也나 若推過去인댄 已
수왈돈오돈수   시최상근기득입야   약추과거   이

是多生에 依悟而修하야 漸薰而來라가 至於今生에 聞卽
시다생   의오이수   점훈이래   지어금생   문즉

發悟하야 一時頓畢이나 以實而論컨댄 是亦先悟後修之
발오   일시돈필   이실이론   시역선오후수지

機也니 則而此頓漸兩門은 是千聖軌轍也니라 卽從上諸
기야   즉이차돈점양문   시천성궤철야   즉종상제

聖이 莫不先悟後修하야 因修乃證이니 所言神通變化는
성   막불선오후수   인수내증   소언신통변화

依悟而修하야 漸薰所現이요 非謂悟時에 卽發現也니라
의오이수   점훈소현   비위오시   즉발현야

단어풀이

1) **돈오(頓悟)** : ① 법신불 일원의 진리를 한 번에 깨달아 버리는 것. ② 하나인 큰마음을 가진 중생이 바로 대승(大乘)을 듣고, 대법을 수행하여 불과(佛果)를 증득하는 것. ③ 소승에서 대승에 이르는 얕고 깊은 차례를 거치지 않고 처음부터 대승의 깊고 묘한 교리를 듣고 단번에 깨닫는 것. ④ 밖으로 우주만유의 본래 이치와 안으로 자성의 원리를 한 번에 깨달아 걸리고 막힘이 없는 것. 즉 이치의 대소유무(大小有無)와 일의 시비이해(是非利害)에 구애됨이 없는 것. ⑤《돈오입도요문론(頓悟入道要門論)》상(上)에 「"무엇을 돈오라 하는가." 대답하기를 "돈이란 단번에 망념을 제거한 것이요, 오란 얻을 바가 없는 것을 깨달은 것이다." 또 말하기를 "돈오란 이생을 떠나지 않고 바로 해탈을 얻는 것이다."[云何爲頓悟 答頓者頓除妄念 悟者悟無所得 又云頓悟

者 不離此生卽得解脫]고 하였다.

2) 점수(漸修) : ① 하나인 큰 마음을 가진 중생이 바로 대승을 듣고 대법을 수행하여 불과를 증득한 뒤에 때때로 있어지는 미세유주(微細流注)를 닦아내는 것. ② 돈오한 진리 즉 우주의 원리와 심성의 원리에 비추어 일체 의혹(疑惑)을 닦아내는 것. ③ 돈오에 의하여 닦아가는 것이요, 깨닫기 전에 닦는 [未悟前修] 오렴수(汚染修)를 말하는 것이 아니다.

◎ 이상에서 「돈오점수」라는 단어풀이만을 대강하였으나 《법집별행록(法集別行錄)》과 《선원제전집도서(禪源諸詮集都序)》에 밝혀져 있는 돈오점수의 의지를 전재하여 공부하는 사람들의 자료를 삼고자 한다.

《별집별행록》에는

(1) 돈오점수 : 이것은 해오에 계합되는 것으로 심성이 깨쳐진 이후에 점수를 배워서 거기에 계합되어 가는 것을 이름이니, 오란 태양이 비추어 만상이 밝아지는 것과 같고, 수란 명경을 털어서 점점 밝아지는 것과 같은 것이다[頓悟漸修 此約解悟 謂豁了心性 後漸修學 令其契合 卽悟如日照 頓郎萬法 修如拂鏡 漸瑩漸明].

(2) 점수돈오 : 처음에는 경계를 추어 잡을 때 마음뿐이지만 다음으로 마음이 본래 조촐함을 관하고 뒤에는 마음과 경계가 함께 고요한 것을 이름이니 언뜻 일어나도 나지 않고 앞과 뒤가 끊어져서 맑기가 잔잔한 바다와 같고 넓기가 허공과 같음이라. 이것은 증득에 요약되는 것으로 오

라 이름 함이니 곧 수란 거울을 빛내는 것과 같고 오란 거울의 광명과 같은 것이다[頓悟漸修 謂初攝境唯心 次觀心本淨 後心境雙寂 瞥起不生 前後際斷 湛猶停海 廣若虛空 此約證名悟 卽修如瑩鏡 悟似鏡明].

(3) 점수점오 : 또한 이것을 증오라 하나니 곧 수와 오가 아울러 대에 올라 발을 옮기는 것이 점점 높아질수록 보이는 것이 점점 멀어지는 것과 같은 것이다[漸修漸悟 亦是證悟 卽修之與悟 並如登臺 足履漸高 所鑑漸遠].

(4) 돈오돈수 : 이것은 세 가지 의지에 통하나니 선오후수는 확연히 깨달았으므로 오라 이르고 볼 것도 없고 맑힐 것도 없으며 거둘 것도 없고 추어 잡을 것도 없어서 텅 비어 도에 합하는 것을 수라 하나니라. 이것은 곧 해오라 정으로써 문을 삼나니 또한 털지도 않고 밝히지도 않아도 거울이 스스로 밝은 것과 같은 것이다[頓悟頓修 此通三義 若先悟後修 謂廓頓了 名之爲悟 不看不澄 不收不攝 曠然合道 名之爲修 此卽解悟 以定爲門 亦猶不拂不瑩 而鏡自明].

(5) 선수후오 : 전에[깨달음] 의하여 닦아서 홀연히 심성을 보는 것을 오라 하나니 이것을 증오라 하는 것으로 곧 수란 약을 먹는 것과 같고 오란 병이 낫는 것과 같은 것이다[先修後悟 謂依前而修 忽見心性 名之爲悟 此爲證悟 卽修如服藥 悟如病除].

(6) 수오일시 : 무심하여 비침을 잊고 공적영지를 임의로 운전하는 것을 일컬음이라 곧 정과 혜를 함께 운전하는 것으로 명경이 무심하지만 만상을 단번에 비치는 것과 같나니 곧 오가 해증에 통하는 것이다[修悟一時 謂無心忘照 任運寂知 則定慧雙運 如明鏡無心 頓照萬像 則悟通解證].

(7) 본구오수 : 본래 일체 부처님의 덕을 갖춤을 오라하고 한 생각에 십도

만행이 구족함을 수라 하나니 곧 수란 대해의 물을 마시는 것과 같고

오란 백 천의 맛을 얻음과 같은 것이라. 또한 해중에 통하는 것이다[本

具悟修 本具一切佛德 名之爲悟 一念具足十度萬行 名之爲修 卽修如飮大

海水 悟如得百川味 亦通解證].

《선원제전집도서》에는

(1) 점수돈오 : 점점 닦아 공을 이루어 활연히 깨닫는 것이니 나무를 베임

에 한 조각 한 조각씩 떼어내다가 일시에 거꾸러뜨리는 것과 같으며 또

멀리 서울에 가고자 함에 한 걸음 한 걸음 가다가 하루에 이르는 것과

같은 것이다[漸修功成 而豁然頓悟 如伐木 片片漸斫 一時頓倒 又如遠詣

都城 步步漸行 一日頓到也].

(2) 돈수점오: 사람이 활 쏘는 것을 배움에 돈이란 화살마다 바로 뜻을 기

울여 과녁에 두는 것과 같고 점이란 오래오래 하면 바야흐로 비로소 점

점 가까워지고 점점 맞게 되는 것이니, 이것은 운심의 돈수를 말하고

공행의 돈필을 말함이 아니다[如人學射 頓者 箭箭直注意在於的 漸者 久

久方始漸親漸中 此說運心頓修 不言功行頓畢也].

(3) 점수점오 : 구층의 누대에 오름에 발을 옮기는 것이 점점 높으면 보이

는 것이 점점 멀어지는 것과 같은 것이다. 그러므로 어떤 사람이 시를

지어 말하기를 "천 리에 눈을 돌려보고자 한다면 다시 한 층 누를 오르

면 된다."라고 하였다[如登九層之臺 足履漸高 所見漸遠 故有人詩云 欲

窮千里目 更上一層樓也].

(4) 돈오점수 : 번뇌를 끊는다는 말을 요약하면 해가 단번에 솟음에 서리와
이슬이 점점 사라지는 것과 같고 덕을 이룬다는 말을 요약하면 어린 아
이가 나옴에 사지와 육근을 다 갖추었으나 키워야만 곧 지기와 공용을
점점 이루는 것과 같은 것이다[約斷障說 如日頓出 霜露漸消 約成德說
如孩子生 卽頓具四肢六根 長卽漸成志氣功用也]

(5) 돈오돈수 : 이는 상상지를 말함이니 근성[근기가 뛰어나므로 깨닫는 것]
욕락[하고자 하는 바가 뛰어나므로 닦는 것]이 함께 수승하여 한번 들음
에 천 가지를 깨치고 대총지를 얻어서 한 생각도 나지 아니하고 앞과 뒤
가 끊어진 것이다[此說 上上智 根性欲樂俱勝 一聞千悟 得大摠持 一念不
生 前後際斷].

3) 돈오돈수(頓悟頓修) : ① 한번에 법신불 일원의 위력을 얻고 일원의 체
성에 합일하는 경지. ② 깨달음과 동시에 모든 수행도 완전히 되어버려 더
깨치고 닦을 것도 없는 경지. ③ 처음부터 대승의 깊고 묘한 이치를 듣고 단
번에 깨치고 한꺼번에 알고 한꺼번에 수행을 마쳐버린 불보살의 경지. ④ 최
상근기의 도에 드는 길. ⑤ 오수일시(悟修一時)가 되고 지행합일(知行合一)
이 되어버린 경지로 다생 겁래에 깨치고 닦아오다 지금의 생을 받으면서 잠
깐 매하였으나 진리를 듣는 즉시에 오수(悟修)를 마쳐 버린 최상근기이다.

4) 궤철(軌轍) : ① 차가 지나간 바퀴 자국. 궤촉(軌躅). ② 법칙(法則). 규
율(規律). ③ 과거의 사적(事跡).

5) 제성(諸聖) : 모든 성인. 여러 성인.

6) 증(證) : ① 무루의 바른 지혜로 소연(所緣)의 진리에 계합하는 것. ② 《대승의장(大乘義章)》1에 「자기의 뜻[마음]이 실상에 계합하는 것을 증이라 한다[己情契實 名之爲證]」고 하였고 동9에 「증이란 지혜를 얻은 별명이다[證者 是知得之別名也]」고 하였다. ③ 증득(證得), 증오(證悟) 등의 뜻으로 진리의 당체를 확연히 깨달아 걸리고 막힘이 없이 증명이 되어 버린 경지이다.

연의(演義)

보조 국사는 깨달음을 중요하게 여겼다. 즉 우리 자신이 부처이요, 진리가 갊아 있다는 엄연한 사실을 깨쳐야 한다고 강조를 한다. 여기에는 두 길이 있다. 하나는 깨달음과 동시에 닦는 것도 마쳐버린 최상의 근기로 돈오돈수(頓悟頓修)를 말하는 것이요, 다른 하나는 깨달은 뒤에 그 깨달음에 비추어 닦아서 완성의 경지로 나아가는 돈오점수(頓悟漸修)의 길이라고 말을 할 수 있다.

그러나 보조 국사는 이 두 길에서 돈오점수의 길을 택하여 수행의 길을 삼았다. 즉 최상의 근기인 돈오돈수는 여러 생을 깨달음과 동시에 닦음도 마친 경지이나 이 몸을 받으면서 잠깐 어두워졌던 것이니, 수행을 했던 단초가 있으므로 진리를 듣는 동시에 과거의 오수(悟修)가 되살아나 모든 것을 돈발(頓發)한 승지(勝地)로 누구나 이렇게 될 수 없는 특별한 길이기 때문이다. 그렇지만 돈오점수의 길은 가장 보편적인 수행의 길로 과거로부터 현재, 미래에 이르기까지 모든 수행인들이 밟아나가야 할 바른 궤도(軌道)요 성인이 되는 정로(正路)라고 할 수 있다.

다시 말하자면 수행을 깨달음[悟]→닦음[修]→증득[證]의 순서로 볼 때 마음이 부처이요 성품이 진리라는 깨달음이 먼저 이루어져야 한다. 이러한 뒤에 여기에 비추어 마음을 막고 진리를 어둡게 하는 묵은 업장과 쌓인 먼지를 털고 닦아버릴 수가 있는 것이며 따라서 완성된 자기 진리, 자기 부처를 활용하여 세상에 이익을 줄 수가 있게 된다.

예를 들자면 바위 속에 금이 들어있다 할 때 금이 들어있다는 확신을 하는 것은 깨달음이요, 그 금을 캐기 위하여 노력하는 것은 닦음이며, 그 캐어낸 금을 가지고 자유롭게 쓰는 것은 증득인 것이라고 할 수 있지만, 만일 금이 들어있는 줄도 모르고 캐내려고 노력하는 것과는 하늘과 땅 차이가 있는 것이라고 할 수 있다.

부미일시왈(附尾一詩曰)

佛祖衆生如掌摛
불 조 중 생 여 장 이

悟醒迷惑似拳垂
오 성 미 혹 사 권 수

兩門頓漸門楹折
양 문 돈 점 문 영 절

開眼盲人不受欺
개 안 맹 인 불 수 기

부처와 중생은 손바닥 펼치는 것이요

깨침과 어둠은 주먹을 쥐는 것일세

두 문의 돈오점수 문기둥이 부러지고

눈뜬 이든 맹인이든 속임을 받지 않네.

10. 理悟事除
이 오 사 제

···

이치는 깨쳐야 하고 습기는 제거해야 한다

경에 이르기를 "이치[1]란 바로 단번에 깨닫는 것이라 깨달음을 타고 아울러 소멸하지만 습기[2]는 한꺼번에 제거되지 않는 것으로 차례[3]를 인하여 다해진다." 하였으니 그러므로 규봉 선사[4]가 깊이 먼저 깨닫고 뒤에 닦는 뜻을 밝혀 말하기를 "얼음 연못이 전부 물인 것을 알지만 볕의 기운을 빌려야 녹여진다 하고 범부가 바로 부처임을 깨달았지만, 법의 힘[5]을 바탕 해서 훈습하고 닦아야[6] 하나니 얼음이 녹으면 물의 흐름이 윤택하여 바야흐로 물대고 씻는 공덕이 나타나는 것이요, 망념이 다하면 마음이 신령하게[7] 통달하여 응당 신통과 광명의 작용이 나타난다."고 하니 이에 사상의 신통과 변화는 하루에 능히 이뤄지는 것이 아니요. 이에 점차로 훈습하여 나타나는 것임을 알아야 할지니 하물며 사상의 신통은 통달은 사람의 입장에는 오히려 요망하고 괴이한 일이며, 또한 이에 성인 말변의 일[8]이라 비록 혹 나타날지라도 가히 요긴하게 쓰지 않는 것이거늘 지금 미혹하고 어리석은 무리는 망녕되게 한 생각 깨칠 때 바로 한량없는 묘용과 신통과 변화가 따라 나타난다 하나니, 만일 이러한 견해를 일으킨다면 이른바 앞과 뒤[9]를 알지 못하는 것이며 또한 근본과 지말[10]을 분간하지 못한다 하리니 이미 앞과 뒤, 근본과 지말을 알지 못하고 불도를 구하고자 할진대 모가 진 나무를 가지고 둥근 구멍에 맞추려는 것과 같나니 어찌 크게 어긋남[11]이 아니리요.

如經云「理卽頓悟라 乘悟倂消어니와 事非頓除라 因次
여 경 운   이 즉 돈 오   승 오 병 소   사 비 돈 제   인 차

第盡이라」하니 故로 圭峰이 深明先悟後修之義曰「識
제 진   고 규 봉   심 명 선 오 후 수 지 의 왈   식

氷池而全水나 借陽氣以鎔消하고 悟凡夫而卽佛이나 資
빙 지 이 전 수   차 양 기 이 용 소   오 범 부 이 즉 불   자

法力而薰修니 氷消則水流潤하야 方呈漑滌之功이요 妄
법 력 이 훈 수   빙 소 즉 수 유 윤   방 정 개 척 지 공   망

盡則心靈通하야 應現通光之用이라」하니 是知事上神
진 즉 심 영 통   응 현 통 광 지 용   시 지 사 상 신

通變化는 非一日之能成이요 乃漸薰而發現也로다 況事
통 변 화   비 일 일 지 능 성   내 점 훈 이 발 현 야   황 사

上神通은 於達人分上에는 猶爲妖怪之事며 亦是聖末邊
상 신 통   어 달 인 분 상   유 위 요 괴 지 사   역 시 성 말 변

事라 雖或現之라도 不可要用이거늘 今時迷癡輩는 妄謂
사   수 혹 현 지   불 가 요 용   금 시 미 치 배   망 위

一念悟時에 卽隨現無量妙用神通變化라 하나니 若作是
일 념 오 시   즉 수 현 무 량 묘 용 신 통 변 화   약 작 시

解인댄 所謂不知先後며 亦不分本末也니 旣不知先後本
해   소 위 부 지 선 후   역 불 분 본 말 야   기 부 지 선 후 본

末하고 欲求佛道인댄 如將方木하야 逗圓孔也니 豈非大
말   욕 구 불 도   여 장 방 목   두 원 공 야   기 비 대

錯이리오.
착

단어풀이

1) **이(理)** : ① 우주만유의 본체로 곧 천조의 대소유무(大小有無)를 말한다. 대는 우주만유의 본체. 소는 우주만유 천차만별의 현상. 유무는 우주만유의 변화. ② 경험적 인식을 초월한 상항불역(常恒不易), 보편평등(普遍平等)의 진여(眞如)를 말한다. ③《사교의(四敎儀)》에「진실로 여래는 이치에 의하여 말씀을 세워 군생으로 하여금 수행하여 이치를 증득하도록 하셨다. 그러므로 부처님의 거룩한 가르침은 출세법이 되는 것이라[良以如來依理而立言 遂令群生修行而證理 故佛聖敎出世法]」고 하였다. ④ 자연의 법칙 또는 사물의 원리. 또는 절대 평등한 본체. ⑤ 사물의 조리(條理)를 말하기도 한다. 《주역(周易)》의 계사상(繫辭上)에「엎드려 땅의 이치를 살폈다[俯以察於地理]」고 하였는데 주석에 "땅에는 산과 내와 언덕과 습기가 있고 각각 조리가 있다. 그러므로 이라 한다[地有山川原濕 各有條理故稱理也]"고 하였다. ⑥ 사(事)에 대가 되는 것. ⑦ 언어의 표현이 끊어지고 마음의 사량이 없는 자리[言語道斷 心行處滅]. ⑧ 일체의 인연이나 현상을 초월한 무위처(無爲處). ⑨ 생함도 멸함도 없는 무위를 이성이라 한다[不生不滅之無爲曰理性]고 하였다.

2) **사(事)** : ① 인간의 육근동작에 있어서의 시비이해(是非利害), 시비이해란 인간의 정신적, 육체적 활동의 총칭. 인간은 육근동작을 통해서 시비이해 속에서 살아간다. ② 현상세계의 일체 차별의 모양, 형상으로 나타난 모든 현상. 삼라만상의 형형색색. ③ 이(理)에 대가 되는 것. ④ 생멸의 유위법을 사상이라 한다[生滅之有爲法曰事相]. ⑤ 사람들의 행위가 모두 일이다[凡人

所作爲者曰事]. ⑥ 물에는 본말이 있고 사에는 종시가 있다[物有本末 事有終始]. ⑦ 인식이나 사량으로서 능히 미칠 수 있는 현상. ⑧ 인연 소생법(因緣所生法). ⑨ 습기(習氣), 습성(習性), 업장(業障), 무명(無明).

3) **차제=차례[次第=次例]** : ① 순서 있게 벌여 나가는 관계나 그 관계에서 본 하나. ② 여럿을 각각 선후로 구분하여 벌인 것. 또는, 그 구분에 따라 각각에게 돌아오는 기회. ③ 물건이나 재물 따위를 여럿으로 나눌 때, 어떤 사람에게 해당하는 몫.

4) **규봉(圭峯)** : 780~841. 화엄종의 제5조. 이름은 종밀(宗密). 속성은 하(何)씨. 당나라 과주(果州)의 서충(西充) 사람. 젊어서 유학을 통하고 수주(遂州) 도원 선사(道圓禪師)로 인하여 출가하여 선을 배움. 하루는 임관(任灌)의 집안 재에 참석하여《원각경(圓覺經)》을 읽는데 읽기를 마치기 전에 깨달음이 있었다. 이에 도원 선사가 말하기를「이 경은 부처님께서 너에게 주셨는가 보다[此經佛授汝耳]」고 하였다. 뒤에《화엄경소(華嚴經疏)》를 보고 기뻐하며 말하기를「내가 원각경을 만나 마음이 열리고 이제 이 화엄경소를 만났으니 어찌 다행함이 아니겠는가[吾逢圓覺 心地開通 今遇此疏 何其幸哉]」하였다. 선사는 주로 선교일치(禪敎一致), 선교융통(禪敎融通)을 주창하였는데 특히 선교일치 사상은 보조 국사의 사상과도 상통되어 우리나라 선종에 큰 영향을 끼쳤다. 더욱 선교일치 사상을 담은《선원제전집도서(禪源諸詮集都序)》는 우리나라 선종(禪宗)의 교과서로 사용되기도 한다. 61세 되던 1월에 입적, 당나라 선종(宣宗)이 정혜 선사(定慧禪師)라는 시호를 내렸다.《원각경소(圓覺經疏)》,《신화엄경론(新華嚴經論)》,《원인론(原人論)》등 많은 저

서가 있다.

5) **법력(法力)** : ① 일원상의 진리를 신앙하고 수행하여 얻은 힘. 삼학 수행을 통해서 얻은 삼대력, 또는 법위. ② 불법을 수행하여 얻은 힘. ③ 진리·법이 갖춘 힘. ④ 법률의 효력.

6) **훈수(薰修)** : 덕화(德化)를 받아서 수행함을 말한다.

7) **심령(心靈)** : ① 마음속의 영혼·정신·심혼(心魂). ② 육체를 떠나서 존재한다고 생각되는 마음의 주체. ③ 정신과학으로서는 설명할 수 없는 신비하고 불가사의한 마음의 현상. ④ 심식(心識)이 영묘 불가사의(不可思議)하기 때문에 심령이라 한다.

8) **말변사(末邊事)** : 본(本)이 아닌 말(末), 주(主)가 아닌 종(從)이 되는 보잘것없는 일. 중요하거나 급히 할 일이 아니라 천천히 해도 되고 그만두어도 될 일. 특히 신통묘술은 정법을 수행하는 사람에게는 있어서는 말변사가 되는 것이니 구하지 않아야 하고 설령 구해졌다 할지라도 재미를 붙이지 말고 버리기를 주저하지 않아야 한다.

9) **선후(先後)** : ① 먼저와 나중을 아울러 이르는 말. ② 앞서거니 뒤서거니 함.

10) **본말(本末)** : ① 사물이나 일의 처음과 끝. ② 사물이나 일의 중요한 부분과 중요하지 않은 부분.

11) **대착(大錯)** : ① 큰 잘못. ② 크게 틀리다. ③ 큰 실수. ④ 큰 착오.

연의(演義)

　이치는 하나다. 우주의 이치가 되었든 심성의 이치가 되었든 사물의 이치가 되었든 간에 그 고리는 하나로 연결 지어져 있다. 그래서 이치는 한번에 깨칠 수가 있다. 즉 마음을 깨치면 우주의 이치를 알고 우주의 이치를 깨치면 마음의 이치를 알게 되어 둘이 아니게 된다.

　그러나 일[다생의 습성. 현상의 유위법]은 천 갈래 만 갈래로 나뉘어 있다. 설령 한 가닥을 잡았다 하여 전체가 풀리는 것은 아니다. 즉 우리가 오랜 세월을 걸쳐오면서 의식적이든 무의식적이든, 직접적이든 간접적이든 간에 갖가지로 만들어 놓은 업장(業障), 습관(習慣), 무명(無明) 등을 단번에 소멸시키거나 닦아서 없앨 수는 없으니 깨침의 법력(法力)에 바탕을 두고 길잡이로 삼아서 나아가야 한다.

　가령 연못에 얼은 얼음은 바로 물이요, 반면에 물은 바로 얼음이다. 또한 무명업장에 덮여있는 범부가 바로 부처이요, 부처가 무명업장에 덮이면 바로 범부이다. 이런 사실은 확연히 알아야 한다. 누가 무어라 해도 이런 상황을 확실히 알면 돈오(頓悟)로 곧 깨달음이다.

　그렇지만 공부는 깨침에만 있는 것이 아니다. 깨쳤으면 닦아야 한다. 무명업장을 닦아내야 한다. 그리하여 완성된 인품을 이루어야 한다. 이렇게 이룬 인격을 가지고 베풀어 주는 데까지 나아가야 한다. 즉 앎과 행이 하나 되어야[知行一致] 한다는 의미이다. 사실 선학자(禪學者)들의 병통이란 아는 데만 그치고 행을 무시하는 데 있다. 이것은 참으로 아는 것이 아니다. 아는 만큼 행이 따라야 하고 깨친 만큼(頓悟) 닦음(漸修)이 있어야 한다고 강조를 하였으니 이 길에 게으름이 없어야 한다.

신통이라는 것은 그 사람이 도가 있고, 또는 없는 기준이 될 수 없다. 설사 도를 깨치지 못하였다 할지라도 일방적인 수행을 하면 혹 신통 묘술을 부릴 수도 있다. 그렇지만 깨달은 사람의 입장에서는 신통이 모두 요망하고 괴이한 일이며 하찮고 쓸데없는 일로 간주하고 있기 때문에 설사 나타난다 할지라도 공부의 척도(尺度)로 삼지는 않는다.

반면에 도에 눈이 감긴 사람들은 그 사람의 속 깊은 공부보다는 현실에 나타나는 기이한 행동이나 신기한 묘술을 보고 도가 있다고 판단을 한다. 그리하여 신통 변화를 나투지 않으면 도가 없다고 단정하는 견해를 가지고 있으니 이것은 앞뒤나 본말을 알지 못하는 어리석은 무리의 범안(凡眼)이요, 범심(凡心)이라고 보조 국사는 규정을 내리고 있다.

따라서 이러한 소견이나 주견을 가지고 부처님의 도를 깨치거나 닦고자 한다면 이것은 마치 네모가 진 나무를 가지고 둥근 구멍에 끼워 맞추려는 어리석음을 범하게 되어 어긋날 뿐만 아니라 불가

능한 헛짓거리이다.

부미일시왈(附尾一詩曰)

理物一團誠易醒
이 물 일 단 성 이 성
事根萬緖實難熒
사 근 만 서 실 난 형
機飛車走神通現
기 비 차 주 신 통 현
佛祖衆生何異形
불 조 중 생 하 이 형

이치의 한 뭉치는 정말 깨치기 쉽지만

일의 많은 실마리는 밝히기가 어려워라

비행기 날고 차는 달려 신통을 나투니

부처와 중생이 어찌 형상이 다르리오.

11. 不斷佛種
부 단 불 종
·····················
부처 종자 끊지 말자

이미 방편[1]을 알지 못하기 때문에 어렵고 아득한 생각[2]을 일으키어 스스로 퇴굴을 내어서 부처 종자의 성을 끊는 사람이 많다고 하지 않을 수 없다. 이미 스스로 밝지 못함에다 또한 다른 사람의 깨달은 곳이 있음을 믿지 아니하여 신통이 없는 사람을 보면 이에 가볍고 업신여기는[3] 마음을 내어 어진 이를 속이고 성인을 속이나니 진실로 가히 슬프도다.

旣不知方便故로 作懸崖之想하야 自生退屈하야 斷佛種
기 부 지 방 편 고   작 현 애 지 상   자 생 퇴 굴   단 불 종
性者가 不爲不多矣라 旣自未明일새 亦未信他人의 有
성 자   불 위 부 다 의   기 자 미 명   역 미 신 타 인   유
解悟處하야 見無神通者면 乃生輕慢하야 欺賢誑聖하나
해 오 처   견 무 신 통 자   내 생 경 만   기 현 광 성
니 良可悲哉로다.
   양 가 비 재

단어풀이

1) **방편(方便)** : ① 권도(權道)로 지혜를 통달하게 하는 것을 방편이라 한다. 권도란 중생을 이익 주는 수단이요 방법이다. ② 방은 방법이요 편은 편용(便用)으로 편리하게 활용하여 일체 중생의 기틀에 계합하게 하는 방법. ③ 방은 방정한 이치[方正之理]. 편은 교묘한 말[巧妙之言辭]로 각기 근기를 대하여 바른 이치와 교묘한 말을 베풀어 쓰는 것. ④ 방은 중생의 방역[衆生之方域]. 편은 교화의 편법[敎化之便法]이니 모든 근기의 방역에 순응하여 적당한 교화의 편법을 쓰는 것. ⑤ 불보살이 중생을 교화하기 위하여 사용하는 교묘하고 자비가 넘친 수단 방법. ⑥《대집경(大集經)》11에「능히 중생을 고르게 하여 모두 무상대도에 나아가게 하는 것을 방편이라 한다[能調衆生 悉令趣向 阿耨多羅三藐三菩提 是名方便]」고 하였다. ⑦《법화의소(法華義疏)》4에「방편이란 좋은 교묘를 이름이니 선교란 지혜를 쓰는 것이다[方便是善巧之名 善巧者智之用也]」고 하였다. 또《법화문구(法華文句)》3에「방이란 비밀스러운 것이요, 편이란 교묘한 것이다[方者秘也 便者妙也]」. ⑧ 근기가 아직 성숙하지 못하여 깊고 묘한 교법을 받아들일 수 없음으로 그를 깊고 묘한 진실한 도에 꾀여 들이는 수단 방법으로서 권도(權道)로 시설한 낮고 보잘것없는 법문, 권가방편(權假方便), 선교방편(善巧方便). ⑨ 어떠한 목적을 달성하기 위하여 이용되는 편리한 수단. ⑩ 방편이란 중생의 근기를 따라서 혹은 행동으로 혹은 말로 혹은 격외(格外)로 혹은 무언으로 혹은 봉할(棒喝) 등을 가지고 갖가지 방법을 베풀어서 미혹에서 깨침으로, 범부에서 불보살로, 망

녕에서 진실로, 강급에서 진급으로, 지옥에서 극락으로 이끄는 수단이요 방법이다.

2) **현애지상(懸崖之想)** : 현이란「멀리 떨어져 있다. 매달다. 비어 있다. 떠 있다」는 뜻이요. 애는「산 가, 낭떠러지, 끝 가, 높고 험하다」는 뜻이다. 즉 높고 험악한 산이 공중에 매달려 있어서 도저히 오를 수 없다고 생각하는 것이니, 스스로 부처나 도를 이룰 수 없다고 자포자기하며, 또 선을 그어 정진하려는 생각이 없는 것을 말한다. 만일 수도하는 사람이 이러한 생각을 가지면 진취가 없으리니 삼가야 한다.

3) **경만(輕慢)** : 경시오만(輕視傲慢)이라는 말로 가볍게 보고 거만하다는 뜻이며 또한 경솔히 업신여긴다는 뜻이다.

연의(演義)

《사기(史記)》진섭세가(陳涉世家)에「왕과 제후와 장군과 재상이 어찌 종자가 있느냐[王侯將相寧有種乎]」라는 문구가 있다. 이 말은 원래부터 부귀와 빈천, 죄고와 복락을 누리는 사람의 종자가 보리나 볍씨처럼 종자에서 종자로 이어지고 있는 것은 아니하고 할 수 있다.

또《논어(論語)》위령공(衛靈公)에 공자(孔子)께서「어찌 할까 어찌 할까 하지 않는 사람은 나도 어찌 할 수 없다[不曰如之何如之

何者 吾末如之何也已矣]고 말씀했다. 이 말은 모든 문제에 있어서 스스로 고민하지 않는다면 가르치고 일러 줄 수 없다는 의미이다.

또 《맹자(孟子)》의 등문공상(滕文公上)에 안연(顔淵)이 「순임금은 어떠한 사람이며 나는 어떤 사람인가, 함이 있는 사람은 같으니라[舜何人也 予何人也 有爲者若是]」고 하였다. 순은 중국 고대에 어진 임금이다. 우리가 비록 범인으로 있을지라도 어진 사람이 되기 위하여 노력하고 공부하며 수행한다면 능히 어진 사람이 될 수 있고 선지자(先知者)가 될 가능성이 얼마든지 있는 것이라고 할 수 있다.

그러므로 도를 닦는 사람이 뜻을 세우고 분발하며 부처가 되기로 다짐한다면 능히 성취할 수 있으니 "너무 높은 절벽이라 오를 수 없다"는 생각이나 "나 같은 중생이 어찌 부처가 되리오."하는 묵어 트이지 못한 생각을 하지 말고, 나도 오를 수 있고, 또한 이룰 수 있다는 자견심(自堅心)과 자긍심(自矜心)을 가지고 정진한다면 자족할 좋은 결과를 얼마든지 가지게 된다.

부미일시왈(附尾一詩曰)

若作懸崖不永登
약 작 현 애 불 영 등
自生退屈未修增
자 생 퇴 굴 미 수 증
本心元覺無迷惑
본 심 원 각 무 미 혹
莫做叩扉乞食僧
막 주 고 비 걸 식 승

만일 현애상 지으면 길이 오르지 못하고

스스로 퇴굴을 낸다면 닦아 더하지 못하리

본래 마음은 원래 깨어서 미혹이 없으니

사립문 두드리며 빌어먹는 중 되지 말지라.

12. 頓悟之路
돈 오 지 로
돈오의 길

물음 : "스님께서 돈오와 점수의 두 문은 모든 성인의 궤철이라 말하였는데 깨달음이 이미 돈오라면 어찌 차츰 닦음을 빌리며 닦음이 만일 점수라면 어찌 단번에 깨침을 말합니까. 돈오와 점수의 두 뜻을 다시 설명을 베풀어서 남은 의심이 끊어지게 하소서."

대답 : "돈오라는 것은 범부가 미혹하였을 때에 사대로 몸으로 삼고 망상으로 마음으로 삼아 자기의 성품이 이에 참 법신[1]인 줄 알지 못하며 자기의 영지[2]가 이에 참 부처인 줄을 알지 못하고 마음 밖에서 부처를 찾아 세찬 물결 따라 달리다가 홀연히 선지식[3]의 길에 들어가는 지시를 입어 한 생각에 빛을 돌이켜서[4] 자기의 본래 성품을 보면 이 성품에는 원래 번뇌[5]가 없고 샘이 없는 지혜[6]의 성품이 본래 스스로 구족하여 곧 모든 부처로 더불어 나뉜 털끝만큼도 다르지 않은 것이니, 그러므로 돈오라고 하는 것이오."

問「汝言頓悟漸修兩門은 千聖軌轍也라하니 悟旣頓悟
문 여언돈오점수양문 천성궤철야 오기돈오
인댄 何假漸修며 修若漸修인댄 何言頓悟리오 頓漸二義
하가점수 수약점수 하언돈오 돈점이의
를 更爲宣說하사 令絶餘疑케하소서.」答「頓悟者는 凡
갱위선설 영절여의 답 돈오자 범
夫迷時에 四大爲身하고 妄想爲心하야 不知自性이 是眞
부미시 사대위신 망상위심 부지자성 시진
法身하며 不知自己靈知가 是眞佛也하고 心外覓佛하야
법신 부지자기영지 시진불야 심외멱불
波波浪走라가 忽被善知識의 指示入路하야 一念廻光하
파파랑주 홀피선지식 지시입로 일념회광
야 見自本性함이 而此性地에는 元無煩惱하고 無漏智性
견자본성 이차성지 원무번뇌 무루지성
이 本自具足하야 卽與諸佛로 分毫不殊일세 故云頓悟也
본자구족 즉여제불 분호불수 고운돈오야
오.」

단어풀이

1) **법신(法身)** : ① 삼신[三身 : 法身, 報身, 化身]의 하나. 법은 진여. 법계의
이(理)와 일치한 부처님의 진신(眞身). 빛깔도, 형상도, 시작도, 끝도, 유(有)
도, 무(無)도 없는 본체신(本體身). 인간으로 출현한 서가모니불이 아닌 영원
한 몸. 곧 불의 본체. ② 일원상의 진리 그 자체. ③ 우주의 본체인 진여실상,
청정법계의 진여. ④《유식론(唯識論)》에 10에「곧 이 자성을 또한 법이라고
도 하는데 큰 공덕의 법에 의지하기 때문이다[卽此自性亦名法身 大功德法所
依止故]고 하였고《술기(述記)》십말(十末)에「소지장을 여의고 가없는 덕
을 갖추었으므로 법신이라 하고 …중략… 공덕법이 의지함으로 법신이라 한

다[離所知障 具無邊德 名爲法身 …中略… 功德法衣名法身]고 하였으며《의림장(義林章)》칠본(七本)에「성유식설에는 청정법계를 자성신이라 하였고, 장엄론 등 설에는 자성신의 본성이 떳떳하기 때문이라 하였으면 찬불론설에는 불의 자성신이 생멸이 없기 때문이다[成唯識說 淸淨法界爲自性身 莊嚴論等說 自性身本性常故 讚佛論說 佛自性身無生滅故]고 하였다. 또《승만경보굴(勝鬘經寶窟)》하말(下末)에「법신이란 곧 실상진여법이다. 이 실상정법이 숨은 것을 여래장이라 하고 이 실상법이 나타나므로 몸이라 한다[法身者 卽是實相眞如法也 此實相正法隱 名如來藏 此實相法顯 故名身]고 하였고《유마경(維摩經)》혜원소(慧遠疏)에「부처님은 일체 공덕의 법을 이루었으므로 법신이라 한다[佛以一切功德法成 故名法身]고 하였다. 또《가상법화소(嘉祥法華疏)》4에「정법으로 몸을 삼음으로 법신이라 한다[以正法爲身 故名法身]고 하였다.

2) **영지(靈知)** : ① 영묘불가사의(靈妙不可思議)한 지혜 또는 반야지(般若智). ② 정신 또는 정신의 지혜. ③ 신령스런 앎. 이 앎은 우리의 본마음 바탕에 구족되어 있는 신령스런 지혜. ④ 자성이 마음의 체(體)라 한다면 영지는 마음에 본래 갖추어 있는 용(用)을 말한다.

3) **선지식(善知識)** : ① 불법을 잘 수행하여 대중을 교화 제도하는 고승석덕. ② 남녀, 노소, 선악, 귀천을 가리지 않고 모두 불연을 맺어주는 사람. ③ 부처님의 교법을 설하여 사람들이 고통을 벗어나 이상경(理想境)에 이르게 하는 사람. ④ 지식이란 그 마음을 알고 그 나타남을 안다[知識者 知其心識 其形]는 것으로 박지박식(博知博識)을 말하는 것이 아니라 사람들을 이익주

고 선도하는 것을 말한다. ⑤《법화경(法華經)》묘장엄왕품(妙莊嚴王品)에 「선지식이란 큰 인연이니 교화하고 인도하여 부처님을 뵙게 하고 무상대도에 발심하게 하는 것을 말한다[善知識者 是大因緣 所謂化導令得見佛 發阿耨多羅三藐三菩提心]」고 하였다. ⑥ 선우(善友), 친우, 선친우(善親友), 승우(勝友)라고도 한다.

4) **회광(廻光)** : 빛을 돌이킨다는 뜻으로 자기의 본래 면목을 돌이켜 살펴보는 것. 바깥 경계에 끌려가는 정신을 안으로 돌려 자성 본원을 비추는 것. 자성을 깨치는 것이 우주의 진리를 깨치는 길이 되므로 모든 것을 자기의 본래 마음에 돌려 구하여야 한다.

5) **번뇌(煩惱)** : ① 사념(邪念), 망념(妄念), 잡념(雜念), 미혹(迷惑), 무명(無明) 등, 경계에 끌려 다니거나 몸과 마음을 괴롭히고 소란케 하는 정신작용의 총칭. ② 나라고 생각하는 사정(私情)에서 일어나는 나쁜 경향의 마음작용. 곧 눈앞의 고락(苦樂)에 미혹(迷惑)하여 탐욕, 진심, 우치의 삼독에 의하여 마음에 동요를 일으켜 몸과 마음을 뇌란케 하는 정신작용. ③ 번심뇌신(煩心惱身) 곧 마음을 번거롭게 하고 몸을 괴롭게 한다는 뜻이다.《지도론(智度論)》7에 「번뇌를 간략하게 말하자면 삼독이요 넓혀 말하자면 삼계 구시팔사를 번뇌라 한다[煩惱名 略說則三毒 廣說則三界九十八使 是名煩惱]」고 하였으며《지관(止觀)》8에 「번뇌란 어둡고 번거로운 법[길]이니 마음과 정신을 괴롭히고 어지럽게 하며 또 마음에 번거로움을 일으켜 마음으로 하여금 괴로움을 얻게 하는 것이다[煩惱是昏煩之法 惱亂心神 又與心作煩 令心得惱]」고 하였고《유식술기(唯識述記)》일본(一本)에 「번은 시끄럽다는 뜻이고 뇌

는 어지럽다는 뜻이니 유정을 시끄럽고 어지럽게 하므로 번뇌라 한다[煩是擾義 惱是亂義 搖亂有情故名煩惱]고 하였다. ④ 사(事)에 대한 정의(情意)의 미(迷)인 수혹(修惑)과 이(理)에 대한 지(智)의 미인 견혹(見惑)을 말한다. ⑤ 108번뇌, 8만4천 번뇌 등.

  6) 무루지(無漏智) : ① 진리를 크게 깨쳐 모든 번뇌를 다 끊어버린 지혜. ② 진리를 증득하여 모든 번뇌의 허물을 여읜 청정한 지혜. ③ 삼승인(성문, 연각, 보살)이 모든 번뇌를 여의어 물들지 않은 청정한 지혜. ④ 미혹을 끊고 진리를 증득한 지혜[斷惑證理之智]. ⑤ 누(漏)란 번뇌의 이명으로 "물이 샌다는 뜻[漏泄之義]"이니 삼독의 번뇌가 육근 문을 새게 한다는 것이고, 또 "적바림에서 빠진다는 뜻[漏落之義]"이니 번뇌가 삼악도에 빠져들도록 한다는 것이다. 그러므로 무루지란 새어나가지 않고 빠지지 않는 완전한 지혜를 말한다.

연의(演義)

  깨달음 곧 돈오란 무엇인가, 어떻게 하는 것이 참된 깨침인가. 이에 앞서 보조 국사는 "범부가 미혹하여 지수화풍으로 모여진 육신을 본래 자기 몸으로 알고 망녕된 생각을 자기 마음으로 삼은 상태"를 일차적으로 깨닫지 못한 입장이라고 지적을 한다. 그리고 자기의 본래 면목(本來面目), 본래 진신(本來眞身)이 분명히 있는 그 진체(眞體)는 알지 못하고 거짓 인연들이 모여진 이 몸을 영원한 것으로 아는 외적인 오류에서 벗어나고 또 내적으로 갖가지 사량들이 봄비가 온 뒤 풀처럼 솟아오르는데 이것을 자기의 본래 마음이라 하여 주착(主着)하는 데서 벗어나는 것을 비로소 깨달음이라고 규정을 하고 있다.

다음으로 "자기의 성품이 법신이요 영지가 부처"임을 모르고 있다. 즉 법신 그 자체가 바로 본래 청정하고 본래 구족(具足)한 나의 성품 자리요, 신령스러운 알음알이가 참 부처인 것으로 나를 떠나서 있지 않고 밖에 있지 않으며 중생을 벗어나 있는 것이 아닌데 그것을 모르고 밖으로만 찾아 헤매며 물결처럼 출렁이고 있다.

이럴 때 필요한 것이 선지식의 가르침이다. 즉 도에 눈을 뜨고 진리에 마음이 열린 사람의 지도를 받아서 한 생각을 돌려야 모든 미혹과 어둠을 훌훌 털어버리고 깨어날 수 있게 된다. 그리하여 본래 성품에 도달하면 지혜와 덕상(德相)이 무진무궁하게 갊아 있어 삼세의 모든 부처님과 조금도 다름이 없게 되어 있다.

다시 말하면 천 년간이나 어둠이 쌓인 방이 있다 할 때 그 어둠을 몰아내는 데는 성냥불을 켜면 된다. 즉 성냥불을 켬과 동시에 그 어둠이 바로 물러나는 것이지 천년이나 묵었다 하여 어둠이 천천히 벗겨지는 것은 절대로 아니다.

이것이 바로 깨달음이요 돈오이다. 깨달음에 시간이 필요 없다. 순간이다. 영겁이 한 찰나(刹那)이다. 즉 범부가 부처로 바뀌는 것이 한순간 한 찰나에 있는 것이지 긴 시간에 있는 것은 아니다.

결국 "마음이 부처"임을 확실히 알 때 바로 돈오라 할 수 있다.

부미일시왈(附尾一詩曰)

迷惑凡夫四大家
미 혹 범 부 사 대 가

悟醒佛祖六塗花
오 성 불 조 육 도 화

內藏寶物無求外
내 장 보 물 무 구 외

一念廻光坼嘔啞
일 념 회 광 탁 구 아

미혹한 범부는 사대가 집이요

깨달은 부처는 육도가 꽃이네

안에 보물 갈았으니 밖에서 찾지 말고

한 생각 빛 돌이키면 벙어리 말문 터지리.

13. 漸修之路
점 수 지 로
······················
점수의 길

점수란 비록 본래 성품이 부처로 더불어 다르지 않다는 것을 깨달았으나 비롯이 없이 익혀온 습기[1]를 갑자기 단번에 제거하기 어려운 것이라. 그러므로 깨달음에 의지하여 닦아서 점차로 익혀 공을 이루고 성태[2] 기르기를 오래 하여 성인을 이루나니, 그러므로 점수라고 하는 것이니 비유하자면 어린 아기가 처음 태어나는 날에 모든 육근[3]이 갖추어서 다른 이[어른]로 더불어 다름이 없지만 그 힘이 충실하지 아니하여 자못 세월이 지나야 바야흐로 큰 사람[大人][4]을 이루는 것과 같으리라.

漸修者는 雖悟本性이 與佛無殊나 無始習氣를 卒難頓
점수자　　수오본성　　여불무수　　무시습기　　졸난돈
除라 故依悟而修하야 漸薰功成하야 長養聖胎하야 久久
제　　고의오이수　　　점훈공성　　　장양성태　　　구구
成聖일새 故云漸修也니 比如孩子初生之日에 諸根具足
성성　　　고운점수야　　비여해자초생지일　　제근구족

이 與他無異나 然其力未充하야 頗經歲月하야사 方始成
　　여 타 무 이　　연 기 력 미 충　　파 경 세 월　　　　방 시 성
人이니라.
인

단어풀이

1) **습기(習氣)** : ① 습관을 만들어 낼 수 있는 종자. ② 번뇌의 체(體)를 정
사(正使)라 함에 대하여 습관의 기분으로 남은 것을 습기라 한다. 곧 향을 담
았던 그릇은 향을 비웠어도 오히려 향기가 남아있는 것과 같은 경우를 말한
다, 또는 버릇이라고도 한다. ③ 대승에서 망혹(妄惑)을 현행(現行)과 종자
(種子)와 습기의 세 가지로 나눈다. 이미 망혹의 현행을 항복받고 또 망혹의
종자가 끊어졌을지라도 오히려 망혹의 기분이 있어 혹상(惑相)이 나타나는
것이니 이것을 습기라 한다. ④ 삼승(三乘)에서 성문(聲聞)은 다 끊지 못하고
연각(緣覺)은 조금 침해를 받으며 부처는 모두 끊어버린 경지. ⑤《술기(述
記)》이말(二末)에「습기라는 것은 현행의 기분으로 훈습하여 이루어지기 때
문에 습기라 한다[言習氣者 是現行氣分 薰習所成 故名習氣]」고 하였다.

2) **성태(聖胎)** : ① 부처가 될 수 있는 종자. ② 본래 성품, 또는 본래 마음.
③ 십주 십행 십회향(十住, 十行, 十廻向)의 삼현위(三賢位)를 성태라 한다.
자기 종자를 인(因)으로 삼고 착한 벗을 연(緣)으로 삼아 정법을 듣고 닦고
익히고 길러서 초지(初地)에 도를 보고 불가에 태어나기 때문이다. ④《인왕
경(仁王經)》중(中)에「불보살이 되어 처음 마음을 기르는 것은 성태가 되기

때문이다[是爲菩薩初長養心 爲聖胎故]」고 하였다.

3) 근(根) : ① 사물의 근본, 원인. ② 감각기관, 감각기능. 곧 안이비설신의 (眼耳鼻舌身意)의 육근. ③ 능생(能生)의 뜻과 증상(增上)의 뜻이 있다. 초목은 증상의 힘이 있으므로 가지와 잎이 무성하다. 또 눈에는 안근(眼根)이 있는데 강한 힘(强力)이 있어 능히 안식(眼識)을 내나니 이것이 곧 안근이다. 또 인성(人性)은 선과 악을 내는 작업의 힘이 있는데 이것을 근성(根性)이라고 한다. 이렇게 내는 힘을 일러서 능생이라 한다.

4) 성인(成人) : ① 성년(成年)이 됨. ② 또는, 성년이 된 사람. 대인(大人). ③ 인간 발육의 최종기인 청년기에 계속하여 심신의 발육을 마치고 어른이 된 사람.

연의(演義)

깨달음. 곧 돈오란 우리의 본래 마음이나 성품이 부처와 다름이 없다는 사실을 확실하게 아는 것이라 한다면 닦음이란 그 깨달음에 의하여 모든 습성을 제거해 나가는 것을 말한다. 다시 말하자면 보조 국사는 수도하는 사람이 어느 날 갑자기 깨달았다 하여 모든 습기가 한 번에 제거되는 것이 아니므로 닦음이 절대로 필요하다고 생각하는 입장이다.

삼국통일의 명장인 김유신[金庾信 595~673]은 어려서부터 무술을 닦아서 열다섯 살에 화랑(花郞)이 되었다. 그런데 김유신은 술집 여자인 천관(天官)이란 기녀를 찾아다녔다. 이것을 안 어머니는 크게 꾸짖었다. 이에 유신은 다시 안 갈 것을 맹세하였다. 그런데 어느 날 김유신을 태운 말이 무심코 늘 다니던 천관의 집으로 가게 되었다. 이것이 바로 습기이요, 습성이며 습관이다. 한순간에 길든 습관이 아니라 오랜 세월을 두고 익혀온 습성이기 때문에 하루아침에 말의 습관이 달라질 수 없다. 이처럼 우리도 많은 생애에 익혀 놓았던 습성이 깨달은 즉시 없앨 수 없으므로 닦음이 절대로 필요하다고 아니할 수 없다.

사람은 누구나 성태가 원래 갖추어 있다. 즉 성인이 될 자질이 갊아 있다. 그러나 그 성태를 잘 기르고 못 기름에 따라 성인도 범인도 될 수 있으므로 성인의 길로 나아가는 데는 닦음이 수반되어야 한다고 일러준다.

어린아이와 어른은 눈, 코와 입 등 무엇 하나 다르지 않다. 다만 힘의 차이에 따라 팔, 다리를 움직이는 것이 다를 뿐이다. 이처럼 돈오와 점수라는 관계에 있어서 아이가 세상에 태어나는 것을 돈오한 것이라 한다면 그 아이가 어른이 되기까지의 성장하는 과정을 점수라고 볼 수 있다.

즉 깨침만으로 부처라 할 수 없고 그 깨침에 따라 철저히 닦아 힘을 길러야 완성된 부처가 되었다고 할 수 있다.

부미일시왈(附尾一詩曰)

耆長孩幼實同軀
구 장 해 유 실 동 구

佛祖凡夫亦共骬
불 조 범 부 역 공 우

頓悟漸修非二路
돈 오 점 수 비 이 로

蝸頭兩角莫爭觀
와 두 양 각 막 쟁 유

어른과 아이의 몸은 한가지이요

부처와 범부도 뼈대는 하나이네

돈오와 점수는 두 길이 아니거늘

달팽이 두 뿔 보기를 다투지 말라.

제3 空寂靈知
공 적 영 지

텅 비어 고요하고 신령한 알음알이

14. 自己靈知
자 기 영 지

자기의 신령스런 알음알이

물음 : "무슨 방편을 지어야 한 생각 기틀[1]을 돌이켜 문득 자기 성품을 깨치겠습니까?"

대답 : "다만 그대 자신의 마음[2]이거늘 다시 무슨 방편을 짓겠는 가? 만일 방편을 지어서 다시 알기[3]를 구할진대 비유하자면 어떤 사람이 자기의 눈을 보지 못하고 눈이 없다고 이르면서 다시 보기를 찾는 것과 같음이로다. 이미 이에 자신의 눈이거니 무엇을 다시 보려는가. 만일 잃지 않은 줄을 알면 곧 눈을 봄이 되는 것이라. 다시 보기를 구하는 마음이 없을지니 어찌 보지 못한다는 생각이 있으리오. 자기의 신령한 알음알이도 또한 다시 이와 같아서 이미 자신의 마음이거니 어찌 다시 알기를 구하리오. 만일 알기를 구하고자 할진대 문득 알음알이를 얻을 수 없으리니 다만 아는 것으로는 안 된다는 것을 알면 이에 곧 성품을 보는 것이리라."

問「作何方便하야사 一念廻機하야 便悟自性이니이꼬.」
문 작 하 방 편   일 념 회 기   변 오 자 성

答「只汝自心이어늘 更作什麼方便고 若作方便하야 更
답 지 여 자 심   갱 작 십 마 방 편   약 작 방 편   갱

求解會인댄 比如有人이 不見自眼하고 以謂無眼이라 하
구 해 회   비 여 유 인   불 견 자 안   이 위 무 안

야 更欲求見이로다. 旣是自眼이어니 如何更見이리오 若
갱 욕 구 견   기 시 자 안   여 하 갱 견   약

知不失인댄 卽爲見眼이라 更無求見之心이어니 豈有不
지 불 실   즉 위 견 안   갱 무 구 견 지 심   기 유 불

見之想이리오 自己靈知도 亦復如是하야 旣是自心이어
견 지 상   자 기 영 지   역 부 여 시   기 시 자 심

니 何更求會리오 若欲求會인댄 便會不得이니 但知不會
하 갱 구 회   약 욕 구 회   변 회 부 득   단 지 불 회

하면 是卽見性이니라.」
시 즉 견 성

단어풀이

1) 기(機) : ① 근기(根機) 또는 기연(機緣)의 뜻. 본래 자기에 있는 마음
이 가르침을 받아 격발(激發)되어 마음이 움직이는 것. ②《법화현의(法華玄
義)》육상(六上)에서는 미(微), 관(關), 의(宜)의 세 가지 뜻으로 해석한다. 첫
째, 미란 움직이려는 기미, 혹은 먼저 보인다는 뜻으로 중생의 선(善)이 숨어
있는 상태로써 미미하게 장차 발동하고 실현하려는 낌새를 가졌다는 뜻이
요. 둘째, 관이란 중생은 불보살의 교화에 관계되는 것으로 곧 양자가 상관
된다는 뜻이며, 셋째, 의란 불보살은 어떠한 수단으로든지 적당히 인도하여
계발(啓發)할 수 있다는 뜻이다. ③《대명록(大明錄)》에「문과 의를 함께 밝
힌 것을 이라 하고 말을 잊고 홀로 계합하는 것을 기라 한다[文義俱明者謂之

理 忘言獨契者謂之機]」고 하였다.

2) 자심(自心) : 자기의 마음. 자신의 마음을 말한다.

3) 해회(解會) : ① 해란 깨닫는다[曉悟也], 연다[開也], 통달한다[達也]는 등
의 뜻이 있고 회란 계합한다[契合也], 깨친다[領悟也]는 등이 뜻이 있다. ② 해
에는 두 가지 뜻이 있다. 첫째 해석한다는 뜻으로 문의를 풀어 의심과 막힘을
사라지게 한다[釋之義 卽釋文義而消疑滯也]. 둘째 안다는 뜻으로 의리를 보고
들음으로 말미암아 마음에 알음알이가 생기는 것이다[知解之義 卽謂由見聞
義理而生之心解也]고 하였다. ③ 회에는 네 가지 뜻이 있다. 첫째, 개회한다는
뜻이요[開會之義], 둘째, 집회한다는 뜻이며[集會之義], 셋째, 알아서 얻는다
는 뜻이요[會得之義], 넷째, 회통한다는 뜻이다[會通之義].

연의(演義)

도를 찾고 마음을 깨치고 부처를 이루는데 좋은 방법이 없는가.
즉 한 생각을 돌려 진리를 바로 깨달을 수는 없는가에 대한 물음이
라고 할 수 있다.

그러나 보조 국사는 바로 자기 안에 있는 자기 물건이요, 자기 마
음인데 어디서 깨치고 어디서 찾으려 하는가, 오히려 깨치고 찾으
려는 사량(思量)이 어둠이요, 망상이요, 분별이요, 유위(有爲)이요
유심(有心)이라고 한다. 다시 말하면 원래 깨쳐 있는 진리이요 본

래 밝혀 있는 마음인데 어떤 방법을 동원하고 어떤 수단을 강구하여 그 자리를 도모할 것이 아니라 그 수단과 방법을 찾고자 하고 쓰고자 하는 그 마음부터 놓아버려야 하며 더 나아가서는 근원에 대한 염원이나 궁극의 "깨침"까지도 놓아 버려야 한다.

사람이 자기가 자기의 눈은 볼 수 없다. 내 눈을 내가 볼 수 없다 하여 내 눈이 없는 것은 아니다. 그런데 우리는 눈을 찾고 있다. 있는 자기 눈은 놓아두고 보이지 않는 자기의 눈을 찾으려 한다.

옛사람 시 한 수 읽어보자.

"하루 종일 봄 찾아도 봄이 보이지 않기에
언덕 오르내리다가 짚신만 해어졌네
집에 돌아와 우연히 매화나무 아랠 지나노라니
봄이 가지마다 한창이어라"

盡日尋春不見春
진 일 심 춘 불 견 춘
芒鞋踏破隴頭雲
망 혜 답 파 농 두 운
歸來偶過梅花下
귀 래 우 과 매 화 하
春在枝頭已十分
춘 재 지 두 이 십 분

봄을 찾아 돌아다닐 필요 없다. 봄은 바로 울타리 안 매화나무

가지에 있다. 찾으려는 분별만 없었다면 봄을 만날 수 있었을 것이지만 먼저 찾으려 하였기에 봄을 볼 수도 없고 찾을 수도 없었다.

이처럼 눈을 못 보았다 해서 눈이 없는 것이 아니라 보고 있는 그 자체가 바로 자신의 눈이다. 안 보인다고 생각하고 없다고 사량하는 것이 바로 눈을 볼 수 없는 병임을 알아야 한다.

우리의 마음[성품]은 인식의 대상이 아니다. 또 깨칠 대상이 아니며 얻을 대상도 아니다. 그러므로 부처를 이루려 하고[成佛], 성품을 보려 하고[見性], 진리를 깨치려 하고[悟理], 마음을 닦으려[修心] 하는 것은 모두 수도를 하는 길에 큰 병중이 되느니 이러한 증세부터 고쳐야 한다.

부미일시왈(附尾一詩曰)

闔眼忘形化理觀
합 안 망 형 화 리 관
藏身專志本心看
장 신 전 지 본 심 간
千年獨坐天星數
천 년 독 좌 천 성 수
孤鴈高飛碧水湍
고 안 고 비 벽 수 단

눈 감고 형체 잊어 조화의 이치를 보고

몸 감추고 뜻을 오롯하여 본래 마음 볼지라

천년을 홀로 앉아 하늘의 별들만 세일 제

외로운 기러기 높이 날고 푸른 물 여울지네.

15. 莫存知量
막 존 지 량

아는 것으로 헤아리려 말라

물음 : "최상 근기[1]의 사람은 들으면 곧 쉽게 알려니와 중근기나 하근기의 사람은 의혹이 없지 아니하니 다시 방편을 설하여 미혹한 사람이 나아가 들게 하소서."

대답 : "도는 알고 알지 못하는데 소속한 것은 아니니[2] 그대는 미혹을 가지고 깨쳐지기를 기다리는 마음[3]을 제거하고 나의 말을 들어라. 모든 법은 꿈과 같고 또한 허깨비와 같은 것이라. 그러므로 망녕된 생각의 본래는 고요하고 티끌 경계[4]가 본래 비어서 모든 법이 다 텅 빈 곳에 신령한 알음알이[5]가 어둡지 않나니 곧 이 텅 비고 고요하여 신령스럽게 아는 마음[6]이 이에 그대의 본래 면목[7]이며 또한 이에 삼세의 모든 부처님과 역대의 조사[8]들과 천하의 선지식들이 은밀히 서로 전수한 법인이라. 만일 이 마음을 깨달으면 참으로 이른바 단계나 사다리를 밟지 아니하고 지름길로 부처

의 경지에 올라 걸음걸음이 삼계를 뛰어넘으며 본집에 돌아옴[9)]에 단번에 의심이 끊어져서 문득 인간과 천상의 스승[10)]이 되고 자비와 지혜[11)]가 서로 바탕 해야 자기도 이롭고 남도 이롭게[12)] 함이 구족하여 인천의 공양[13)]을 받기를 견디리니 날마다 만 냥의 황금을 소비하리니 그대가 만일 이와 같을진대 참다운 대장부[14)]라 일생의 능히 할 일을 이미 마쳤다[15)] 하리라.”

問「上上之人은 聞卽易會이어니와 中下之人은 不無疑
문 상상지인 문즉이회 중하지인 불무의

惑하니 更說方便하사 令迷者趣入케하소서.」答「道不屬
혹 갱설방편 영미자취입 답 도불속

知不知니 汝除却將迷待悟之心하고 聽我言說하라. 諸
지부지 여제각장미대오지심 청아언설 제

法如夢하며 亦如幻化라 故妄念本寂하고 塵境本空하야
법여몽 역여환화 고망념본적 진경본공

諸法皆空之處에 靈知不昧하나니 卽此空寂靈知之心이
제법개공지처 영지불매 즉차공적영지지심

是汝本來面目이며 亦是三世諸佛과 歷代祖師와 天下善
시여본래면목 역시삼세제불 역대조사 천하선

知識의 密密相傳底法印也니라 若悟此心이면 眞所謂不
지식 밀밀상전지법인야 약오차심 진소위불

踐階梯하고 徑登佛地하야 步步超三界하며 歸家頓絶疑
천계제 경등불지 보보초삼계 귀가돈절의

라 便與人天爲師하야 悲智相資하야 具足二利하야 堪受
변여인천위사 비지상자 구족이리 감수

人天供養호대 日消萬兩黃金하리니 汝若如是인댄 眞大
인천공양 일소만량황금 여약여시 진대

丈夫라 一生能事를 已畢矣니라.」
장부 일생능사 이필의

단어풀이

1) **상상지인(上上之人)** : ① 상근기보다 한 근기 높은 최상의 근기. 가장 뛰
어난 지혜로 부처를 쉽게 이룰 수 있는 사람. 즉 대도정법을 보고 들으면 바
로 판단과 신심이 생겨나는 근기. ② 상인(上人)이라고도 할 수 있다. 즉 안
으로 덕과 지혜가 있고 밖으로 수승한 행을 하는 사람이다[內有德智 外有勝
行], 《마하반야경(摩訶般若經)》에 「한 마음으로 대도를 수행하고 마음이 흐
트러지고 어지럽지 않는 사람을 상인이라 한다[一心行阿耨菩提 心不散亂 是
名上人]」고 하였다.

2) **도불속지부지(道不屬知不知)** : ① 여기서 지는 안다는 뜻이다. 즉 인식
할 수 있는 세계이요, 헤아릴 수 있는 세계이다. 그러나 도라는 것은 인식의
세계를 초월하여 있으므로 알고 모르는데 있는 것은 아니다. ② 도를 깨치는
데 있어서는 지식의 있고 없음에 관계가 되는 것은 아니다.

3) **대오지심(待悟之心)** : 깨침을 기다리는 마음. 깨쳐지기를 바라는 마음,
언제 깨칠 수 있을까 하는 마음. 이러한 마음을 가지면 수행공부에 방해가
되므로 도가에서 크게 금하고 있다.

4) **진경(塵境)** : ① 육진[六塵 : 色聲香味觸法]은 마음의 대경(對境)이 된다
는 뜻으로 진경이라 한다. ② 진이란 일체 세간의 사법(事法)으로 진성(眞性)
을 오염시키는 4진[色香味觸], 5진[色聲香味觸], 6진을 말한다. 《법계차제(法
戒次第)》에 「진이란 곧 때가 덮여간다는 뜻이니 육진이 능히 참된 성품을 물
들이고 더럽히기 때문이다[塵卽垢染之義 謂此六塵能染汚眞性故也]」고 하였

고, 《대승의장(大乘義章)》 팔말(八末)에 「먼지를 진이라 하는데 마음을 더럽히기 때문이다[能坌名塵 坌汚心故]」고 하였다. ③ 경을 경계(境界)라고도 한다. 인식작용의 대상. 혹은 대경의 뜻으로 오식[五識 : 色聲香味觸], 또는 육식[오식에다 法識]에 대한 오경 혹은 6경을 말한다. 마음이 반연(攀緣)하는 경계이다.

5) 공적영지(空寂靈知) : ① 모든 형상이 없는 것을 공이라 하고 일어나고 멸함이 없는 것을 적이라 한다[無諸相曰空 無起滅曰寂]. 또한 신령하고 밝은 것을 영이라 하고 분명하게 저절로 깨침을 지라 한다[神之精明者稱靈 了了自覺曰知]. ② 공공적적(空空寂寂)한 자리와 소소영령(昭昭靈靈)한 자리를 한데 묶어 이르는 말이다. 즉 텅 비고 고요하여 아무것도 없는 가운데 밝고 신령스럽게 나타나는 지혜. ③ 우주의 본체와 사람의 성품은 원래 적요(寂寥)하여 신묘불측(神妙不測)하고 영지불매(靈知不昧)한 자리. ④ 공적에서 영지가 나오고 영지가 나오면 광명이 발생한다. 그러므로 공적영지의 광명은 우주의 광명이요 진리의 광명이며 인간 본성의 광명이요 일원의 광명이다. ⑤ 공적은 체(體), 영지는 용(用)을 말한다.

6) 본래면목(本來面目) : ① 사람마다 본래 갖추어 있는 자성불(自性佛). ② 천연 그대로 있고 조금도 인위적인 조작을 더하지 않는 자태. ③ 본지풍광(本地風光) 또는 자기본분(自己本分)이라 하는데 선문(禪門)의 극치를 보여주는 말이다. 현교(顯敎)에서는 본각(本覺)이라 하고 밀교(密敎)에서는 본초(本初)라 한다. ④ 육조 혜능(六祖慧能) 대사가 처음으로 사용한 말로 《육조단경(六祖壇經)》에 「혜능이 말하기를 "선도 생각하지 말고 악도 생각하지 말

라. 이러한 때에 무엇이 혜명 상좌의 본래면목인가"[能云 "不思善不思惡 正與
麼時 那個明上座本來面目"]라 하였다.

7) **조사(祖師)** : ① 일종일파(一宗一派)의 선덕(先德)으로서 후세 사람들
의 귀의 존경을 받는 스님, 또는 일종일파를 세운 스님. ② 조란 시작(처음)
이라(祖者始也)는 뜻으로 법을 세워 사람들의 사표가 되는 분. ③ 불교나 도
교에서 종파를 창립한 사람을 조사라 한다[釋老二氏 稱其創立宗派之人曰祖
師]. ④ 부처님의 법통을 이어 끊어지지 않도록 한 분. 즉 부처님의 정법안장
(正法眼藏)을 전수하는 분으로 인도의 28조와 동토의 6조를 합하여 33조사
라 하는데 이는 인도의 28조인 달마 대사가 동토의 초조(初祖)가 되기 때문
이다.

8) **귀가(歸家)** : 집에 돌아간다는 뜻. 즉 본집에 돌아가는 것으로 진리의 세
계에 돌아가고 우리의 본래 성품에 돌아가는 것이다. 우리는 본래 맑고 밝고
고요한 자기 성품을 잃고 미혹에 빠져 윤회를 하는 것이 집 잃고 헤매는 것과
다름이 없다. 그러므로 부지런히 수행하여 윤회의 방랑생활을 청산하고 본
성 자리의 본가에 돌아가야 한다.

9) **인천(人天)** : 인도와 천도. 인취(人趣)와 천취(天趣), 곧 육취 중에서 인
간계와 천상계. 육취란 중생들의 업인(業因)의 차별로 말미암아 취향(趣向)
하게 되는 여섯 장소. 지옥취(地獄趣), 아귀취(餓鬼趣), 축생취(畜生趣), 아수
라취(阿修羅趣), 인취(人趣), 천취(天趣)의 여섯. 《열반경(涅槃經)》 25에 「마
음의 인연 때문에 육취에 윤회하여 모든 생사를 받게 된다[以心因緣故 輪廻
六趣具受生死]」고 하였다.

10) 사(師) : ① 모범이 되는 사람. ② 제자에게 법을 전해 주는 사람. 남을 가르쳐 이끌어주는 자리에 있는 사람. ③ 율문 중에 득계사(得戒師), 수업사(受業師)가 있고 그 밖에 친교사(親敎師), 의지사(依止師), 사승사(嗣承師), 법당사(法幢師), 교수사(敎授師), 인청사(引請師), 선사(禪師), 강사(講師) 등의 명칭이 있다. ④ 일반적으로 출가한 승려에 대한 통칭으로 쓴다. ⑤《석씨요람(釋氏要覽)》상(上)에「사에는 두 가지가 있다. 하나는 친교사니 곧 출가의 의지가 되고 둘을 의지사니 삼학을 품수하는 의지가 된다[師有二種 一親敎師 卽是依之出家 二依止師 卽是依之稟受三學]」고 하였다.

11) 비지(悲智) : 자비(慈悲)와 지혜(智慧)의 약어. 이것은 불보살이 갖추는 한 쌍의 덕으로 비지를 두 문이라 한다. ① 지란 위로 도를 구하는 것으로 자리에 속하고 비는 아래로 중생을 교화하는 것으로 이타에 속한다.[智者 上求菩提 屬於自利 悲者 下化衆生 屬於利他]. ② 사람의 두 손에 짝을 하면 비는 왼손이요, 지는 오른손이다[悲爲左手 智爲右手]. ③ 진언(眞言)의 양부(兩部)에 짝을 하면 비는 태장계가 되고 지는 금강계가 된다[悲爲胎藏界 智爲金剛界]. ④ 미타의 두 협사(脇士)에 짝을 하면「비는 좌협의 관음보살이요, 지는 우협의 대세지보살이다」[悲爲左脇之觀音 智爲右脇之勢至]. ⑤《법사찬(法事讚)》상(上)에「서가모니나 모든 부처님의 모두 큰 서원을 타고 비지를 함께 갖춰 함정[정식을 가진 모든 것. 일체 유정물]을 버리지 않는 것이다[釋迦諸佛 皆乘弘誓 悲智雙具 不捨含情]」고 하였다. ⑥ 비란 다른 사람의 고통 받는 것이 불쌍하여 구제하여 주고자 하는 마음[惻愴他人之苦而欲救濟之心也]이라 하였다. 그러나 자비는 함께 쓰이는 말이다. 즐거움을 주는 것을 자라

하고 고통을 덜어내는 것을 비라한다[與樂曰慈 拔苦曰悲]. 《지도론(智度論)》 27에 「대자란 일체 중생에게 즐거움을 주는 것이요, 대비란 일체 중생의 괴로움을 덜어주는 것이다[大慈與一切衆生樂 大悲拔一切衆生苦]」고 하였고, 《대승의장(大乘義章)》11에 「사랑하고 어여쁘게 여기는 것을 자라하고 슬프고 불쌍히 여기는 것을 비라 한다[愛憐名慈 惻愴曰悲]」고 하였다. ⑦ 삼연자비(三緣慈悲)를 말하는데 첫째, 중생연자비(衆生緣慈悲)이니 친불친(親不親)을 가리지 않고 친한 사람으로 보는 자비로 도에 뜻을 두면서도 아직 번뇌를 끊어버리지 못한 사람이 일으키는 것이요, 둘째, 법연자비(法緣慈悲)이니 만유의 온갖 법이나 오온이 가연의 화합임을 알고 물심(物心)의 본체가 공(空)한 줄 알아서 번뇌가 없어진 성자가 일으키는 것이며, 셋째, 무연자비(無緣慈悲)니 온갖 차별된 견해를 여의고 모든 법의 실상을 아는 부처님만이 가진 자비, 부처님이 저절로 일체 중생에 대하여 고통을 없애고 낙을 주려는 힘이 있음을 말하는 것이다. 결국 동체대자(同體大慈), 동체대비(同體大悲)로 보아 삼계의 일체중생을 하나도 버릴 수 없고 하나도 구제하지 않을 수 없는 것이다. ⑧ 지혜에 대해서는 2장 12)번 참조.

12) 이리(二利) : ① 자리이타(自利利他). ② 남도 이롭고 자신도 이로운 것. 다른 사람의 이로움을 나의 이로움으로 삼는 것. ③ 나도 잘살고 남도 곧 세상도 잘 사는 것. ④ 자리는 자각(自覺), 이타는 각타(覺他). ⑤ 위로 도를 구하는 것은 자리가 되고 아래로 중생을 교화하는 것은 이타가 된다[上求菩提爲自利 下化衆生爲利他]. 또 소승의 행은 자리가 될 뿐이고 대승의 행은 이타를 겸한다[小乘之行 唯爲自利 大乘之行 乃兼利他]. ⑥ 《무량수경(無量壽

經)》상(上)에 「자기도 이롭고 남도 이롭게 하는 것은 남과 나를 겸해서 이롭게 하는 것이다[自利利人 人我兼利]」고 하였다. ⑦ 나를 이롭게 하는 것은 자기완성의 지혜를 닦는 길이라면, 남을 이롭게 하는 것은 은혜와 자비를 베푸는 복락의 길이다.

13) 공양(供養) : ① 공경하는 마음과 정성스런 마음을 다하여 불, 법, 승 삼보나 스승, 조상, 어른에게 음식, 재물, 향화(香華), 등명(燈明) 등을 바치는 것. 공시(供施), 공급(供給), 공(供)이라고도 하는데 공급하여 자양(資養)한다는 뜻이다. ② 이종공양(二種供養)은 첫째 재공양(財供養)이니 향화(香華), 음식, 재물 등을 공양하는 것으로 재시(財施)라 하는 것이요, 둘째 법공양(法供養)이니 수행방법을 설하여 중생을 이익 주는 것으로 법시(法施)라 하는 것이다. ③ 삼종공양은 첫째, 이공양(利供養)이니 향화나 음식 등을 바치는 것으로 재공양이라 하는 것이요, 둘째, 경공양(經供養)으로 공경하는 것을 보고 찬탄하는 것으로 법공양이라 하는 것이며, 셋째, 행공양(行供養)이니 수행의 묘법을 받아 가지는 것으로 관행공양(觀行供養)이라 한다. ④ 각종 의식을 거행한 후에 참석자들이 음식을 먹는 일.

14) 대장부(大丈夫) : ① 공부와 사업에 뛰어나 복혜(福慧)가 구족한 수행자. ② 불법수행이 원숙하여 부처와 같은 지견(知見)을 터득한 수행자. ③ 지조(志操)와 기절(氣節)이 있는 남자. ④ 《맹자(孟子)》 등문공하(孟子滕文公下)에 「부귀에 마음이 빠지지 않고 빈천에 절조(節操)가 옮기지 않으며 권세와 무력에 지기(志氣)가 굽혀지지 않는 이를 대장부라 한다[富貴不能淫 貧賤不能移 威武不能屈 此之謂大丈夫]」고 하였다. ⑤ 《도덕경(道德經)》 38에 「이

러므로 대장부는 그 후한데 처하고 그 박한 데는 처하지 않는다[是以 大丈夫 處其厚 不處其薄]」고 하였다.

15) 능사필의(能事畢矣) : 모든 일이 끝나서 더 이상 어떻게 해볼 도리가 없음을 뜻한다. 다시 말하면 수행을 하는 사람이 자기의 성품을 회복하고 진리를 깨쳐서 막히고 걸림이 없는 사람이 되고 보면 일생뿐 아니라 영생의 일을 원만하게 마치게 된다는 의미이다.

연의(演義)

도가 내면에서 익어버린 사람은 무엇을 듣고 보고 만날지라도 안고 수긍할 수 있지만 설익거나 어렴풋한 사람은 항상 의혹을 가지고 찾고 보려 한다. 그렇지만 도라는 것이 쉽게 얻어지고, 보고 잡히는 것이 아니요, 또 알든 모르든 인식하는 대상이 아니므로 깨우쳐서 내 것으로 삼으리라는 헛된 마음을 가져서는 안 된다. 즉 현실에 나타나 있고 인식할 수도 있는 범주에 들어 있는 법이라면 이 법의 바탕에는 이미 실체가 없는 허망한 허깨비와 같은 것이니, 사량(思量)으로 추측하고 지량(知量)으로 인지(認知)하려는 행위를 놓고 또 버려야 한다.

다시 말하면 정처 없이 내면에서 일고 있는 생각들은 허망한 것이다. 그 생각이 노니는 행동의 대상이 되는 우주의 온갖 것들도 모두 원초적으로 실체가 비워져 버린 것들이기 때문에 생각을 멈추고 닫아서 허깨비들의 장난에 생각이 놀아나지 않도록 조심하여야 한다.

법은 원래 텅 비어있다. 텅 비어있는 상태가 참 법의 실체이다. 여기에는 오직 신령한 알음알이만 가득하다. 이렇게 신령한 알음알이를 적재(積載)하고 있는 것이 바로 우리들의 마음이다. 또 본래 모습이요 면목으로 모든 부처와 모든 조사와 모든 선지식이 은밀하게 전하는 진리이요 법이니, 이러한 진리를 깨쳐서 얻어야 한다.

이러한 진리를 깨쳐 얻었을 때 바로 중생계를 벗어나 부처의 경지에 들어가서 모든 의심을 풀고 본집으로 돌아가 삼계를 주름잡고 살며 육도와 사생을 제도하는 스승이 되고 육근을 운용하여 은혜와 자비를 베풀어 일체 생령을 광대무량(廣大無量)한 낙원(樂園)으로 인도할 수 있는 권능을 가지고 나와 더불어 남도 이롭고 내 집과 더불어 세상도 이롭게 할 수 있으니, 이러한 사람이 진정한 대장부이요, 자신 일생의 일을 다 마쳐버린 사람이라고 할 수 있다.

부미일시왈(附尾一詩曰)

諸法皆空不昧知
제 법 개 공 불 매 지

一心遍滿未窺絲
일 심 편 만 미 규 사

離家乞食今來到
이 가 걸 식 금 래 도

坤女乾男供養施
곤 녀 건 남 공 양 시

모든 법 공한 곳에 영지 어둡지 않고

한마음 두루 하여 실 끝 엿볼 수 없네

집 떠나서 빌어먹다가 이제 이르니

땅의 여자, 하늘의 남자 공양 베푸누나.

16. 運轉是誰
운 전 시 수

운전하는 것은 이 누구인가

물음 : "저의 입장을 의거하면 어떤 것이 이에 텅 비고 고요하여 신령하게 아는 마음입니까?"

대답 : "그대가 지금 나에게 묻는 것이 이것이 그대의 텅 비고 고요하여 신령하게 아는 마음이니 어째서 돌이켜 비추지[1] 아니하고 오히려 밖에서 찾는가. 내가 이제 그대의 입장에 의거해서 본래 마음[2]을 바로 가리켜서 그대가 문득 깨치게 하리니, 그대는 모름지기 마음을 깨끗이 하여 내 말을 들어라. 아침부터 저녁까지 열두시 가운데에 혹은 보고 혹은 들으며 혹은 웃고 혹은 말하며 혹은 성내고 혹은 기뻐하며 혹은 옳고 혹은 그르다 하여 갖가지로 베풀고[3] 운전[4]을 하니 또한 말하여 보라. 필경 이 누가[5] 능히 이처럼 운전하고 베풂을 하는 것인가?"

問「據吾分上인댄 何者是空寂靈知之心耶이까.」 答
문   거오분상   하자시공적영지지심야   답

「汝今問我者 是汝空寂靈知之心이니 何不返照하고 猶
여금문아자   시여공적영지지심   하불반조   유

爲外覓고 我今據汝分上하야 直指本心하야 令汝便悟케
위외멱   아금거여분상   직지본심   영여변오

하리니 汝須淨心하야 聽我言說하라 從朝至暮히 十二時
        여수정심   청아언설   종조지모   십이시

中에 或見或聞하며 或笑或語하며 或瞋或喜하며 或是或
중   혹견혹문   혹소혹어   혹진혹희   혹시혹

非하야 種種施爲運轉하니 且道하라 畢竟是誰能伊麼運
비   종종시위운전   차도   필경시수능이마운

轉施爲耶아.」
전시위야

단어풀이

1) **반조(返照)** : 해가 질 때 반사되는 빛 곧 햇빛이 서산에서 동쪽을 되비치는 빛인데 여기에 근거하여 경계에 끌려 다니는 정신을 되돌려 자성 본원 즉 자기의 본래 면목을 찾는 것을 비유하는 말. 자성을 찾는 것을 자성반조(自性返照), 서원을 되새겨 보는 것을 서원반조(誓願返照), 목적을 다시 강조해 보는 것을 목적반조(目的返照)라 한다.

2) **본심(本心)** : ① 본원자심(本原自心)이다. 《육조단경(六祖壇經)》에 「오조는 본성을 깨쳤음을 알고 혜능에게 말하기를 "본래 마음을 알지 못하면 법을 배워도 이익이 없다"[祖知悟本性 謂惠能曰不識本心 學法無益]」고 하였다. 또 《돈오입도요문론(頓悟入道要門論)》 상(上)에 「묻기를 "그 마음은 무슨 물건과 같습니까?" 대답하기를 "그 마음은 푸르지도 않고 노랗지도 않으며 붉

지도 않고 희지도 않으며 길지도 않고 짧지도 않으며 가지도 않고 오지도 않으면 더럽지도 않고 깨끗하지도 않으며 나지도 않고 없어지지도 않아서 담연하고 항상 고요한 이것이 본래 마음의 형상이며, 또 본래 몸이니 본래의 몸이란 부처님의 몸이니라[問其心以何物 答其心不靑不黃 不赤不白 不長不短 不去不來 不垢不淨 不生不滅 湛然常寂 此是本心形相也 亦是本身 本身者 卽佛身也]」고 하였다. ② 마음의 본연으로 양심과 같다[謂心之本然 猶之良心].

　3) 시위(施爲) : 어떤 일을 베풀어 이룸을 말한다.

　4) 운전(運轉) : ① 기계나 자동차 따위를 움직여 부림. ② 사업이나 자본 따위를 조절하여 움직임.

　5) 이마(伊麼) : 이처럼. 이와 같은. 그렇다면. 대저.

연의(演義)

　옛날 도덕이 높은 스승이 산중에 기거하고 있었다. 하루는 어떤 선승이 고명을 듣고 찾아와 물었다. "도 있는 데를 일러 주소서" 하였다. 그 스승은 한 마디로 대답하였다. "도가 그대의 묻는 곳에 있느니라[道在汝問處]."

　과연 공적하고 신령스럽게 아는 지혜, 자기의 본래 앎[自己本智]이 어디 있는가. 그것을 가르쳐 주어 어둡고 희미한 거죽을 걷어버리고 맑고 밝은 지혜의 눈을 뜨도록 도와 달라고 한다.

그러나 스승은 도가 그대가 묻는데 있다고 한 것처럼 나에게 묻고 있는 그것. 그 물건이 바로 우리의 공적하고 신령스럽게 아는 마음이요 지혜이다. 이 마음밖에 다른 마음이 없는 것이니, 제발 이 마음을 마음 밖에서 찾으려 말고 바로 안으로 돌려서 본래의 마음을 자기가 찾고 보아야 한다.

불교에 "경전 밖에 따로 전하여 문자를 세우지 않고 사람의 마음을 바로 가리켜서 성품을 보고 부처를 이루게 하니라[敎外別傳 不立文字 直指人心 見性成佛]"고 하였다. 마음을 보고 마음을 찾는 것이 어찌 문자에 있겠는가. 문자란 달을 가리키는 손가락에 불과한 것이니 손가락이 곧 달이 아닌 것처럼 경전의 문자가 마음이 아니라 마음을 펼쳐놓은 형상이요, 그림자에 지나지 않는다. 그러하니 이러한 겉마음을 찾으려 말고 안에 깊이 갈무리되어 있는 자기만의 속마음을 바로 보고 깨우쳐야 한다.

우리가 일상의 생활을 하는데 과연 종일토록 무엇이 운전하는가. 이를 각자의 마음이라 한다. 이 마음이 보고 마음이 듣고 마음이 웃고 마음이 말하고 마음이 성내고 마음이 기뻐하고 마음이 옳고 마음이 그르다고 판단을 한다. 이렇게 하는 것이 자기의 마음이요, 또한 실체(實體)이다. 이 마음은 곧 공적하고 신령스럽게 아는 이 마음을 떠나서는 눈을 뜨거나 숨을 쉴 수가 없는 것이라고 할 수 있다.

부미일시왈(附尾一詩曰)

虛中藏寶孰人傾
허 중 장 보 숙 인 경

肉裡隱心何者明
육 리 은 심 하 자 명

細瑣微塵三界轉
세 쇄 미 진 삼 계 전

風雲花月滿潭淸
풍 운 화 월 만 담 청

허공 속에 감춘 보물 누가 기우릴 것이며

육신 속에 숨은 마음을 누가 밝혀내랴!

잘고 작은 티끌에는 삼계가 구르고

바람, 구름, 꽃, 달 맑은 못에 가득하네.

17. 動用卽心
동 용 즉 심

······

움직이고 활용하는 것이 바로 마음

만일 육신[1]이 운전한다고 말할진댄 어찌하여 어떤 사람이 한 생각의 명을 마침[2]에 모두 무너지고 불어터지지[3] 않았는데 바로 눈은 스스로 보지를 못하고 귀는 능히 듣지를 못하며 코는 향기를 분별하지 못하고 혀는 말하지 못하며 몸은 움직이지 못하고 손은 잡지 못하며 발은 운전하여 달리지 못하는가. 이러니 능히 보고 듣고 움직이는 것은 반드시 이에 그대의 본래 마음[4]이요, 이에 그대의 육신이 아님을 알아야 할 것이라. 하물며 이 육신은 사대의 성분이 텅 비어서 거울 가운데 형상과 같으며, 또한 물에 비친 달과 같나니, 어찌 능히 똑똑하고 분명하게 항상 알며 밝고 밝아 어둡지 아니하여 드디어 항하의 모래 수와 같은 묘용을 통하여 느끼리오.[5] 그러므로 이르기를 "신통과 아울러 묘용[6]이 물을 긷고 나무를 운반[7]하는 것이라."고 하니라.

若言色身運轉인댄 何故有人이 一念命終에 都未壞爛호
대 卽眼不自見하며 耳不能聞하며 鼻不辨香하며 舌不談
論하며 身不動搖하며 手不執捉하며 足不運奔耶아 是知
能見聞動作이 必是汝本心이요 不是汝色身也로다. 況
此色身은 四大性空하야 如鏡中像하며 亦如水月하니 豈
能了了常知하며 明明不昧하야 感而遂通恒沙妙用也리
오 故云「神通並妙用이 運水及搬柴라.」고 하니라.

단어풀이

1) 색신(色身) : ① 빛깔과 형상이 있어서 눈으로 볼 수 있는 몸. 곧 육신.
② 불보살의 상호신(相好身). 빛깔도 형상도 없는 법신(法身)에 대하여 빛깔
과 형상이 있는 신상(身相)을 말한다. ③ 사대[四大 : 地水火風], 오진[五塵 :
色聲香味觸] 등의 색법(色法)에 의하여 이루어진 몸. ④ 색신에는 두 종류가
있다.《불지경론(佛地經論)》7에「첫째, 실색신이니 모든 부처님 여래가 인
중에 무량의 덕을 닦아 무량의 상호장엄을 느끼는 과에 이르는 것을 실색신
이라 하고, 둘째, 화색신이니 모든 부처님 여래가 대자비와 원력으로 말미암
아 중생을 위하여 갖가지 신형으로 변화하는 것을 화색신이라 한다[一實色
身 諸佛如來 因中修無量之德 至於果感無量之相好莊嚴 是爲實色身 二化色身
諸佛如來 由大悲願力爲衆生變化種種之身形 是名化色身]고 하였다.

2) 명종(命終) : 목숨이 다함. 곧 목숨이 끊어짐을 말한다.

3) 궤란(潰爛) : 썩어 문드러짐을 말한다.

4) 본심(本心) : ① 본디부터 변함없이 그대로 가지고 있는 마음. ② 꾸밈이나 거짓이 없는 참마음을 말한다.

5) 감이수통(感而遂通) : 점괘(占卦)에서 신이 감응하여 모든 일을 알린다는 의미이다. 《주역(周易)》 계사전(繫辭傳) 10장에 「역은 생각도 없고 하는 것도 없어 고요히 움직이지 않다가 느끼어 드디어는 천하의 일을 통한다. 천하의 지극한 신비로움이 아니면 그 누가 여기에 참여할 수 있겠느냐[易 無思也 無爲也 寂然不動 感而遂通天下之故 非天下之至神 其孰能與於此]」라고 하였다.

6) 묘용(妙用) : ① 신묘불가사의(神妙不可思議)한 진리의 작용. 곧 진공묘유(眞空妙有)의 조화. 진리는 공허하고 텅 비어 있으나 그 없는 가운데 묘용이 나타나 온갖 조화를 자유자재로 부린다. ② 이무애 사무애(理無礙 事無礙)의 큰 힘을 얻은 불보살의 능력. 즉 대자대비로 만능만덕(萬能萬德)을 갖춘 불보살의 능력을 말한다.

7) 운수반시(運水搬柴) : 물을 긷고 땔나무를 한다는 뜻으로, 수행승의 일상생활을 표현하는 말. 이러한 생활 속에 그대로 진리가 들어 있는 것으로 불법의 진리가 먼 데 있는 것이 아니라 이러한 일상생활 속에 있다는 것을 나타내는 말이다.

연의(演義)

"그렇게 된 까닭은 반드시 그렇게 될 수 있는 까닭[원인, 이유]이 있으므로 그렇게 되는 것이라[所以然者 必有所以然之而然之也]"고 할 수 있다. 나무가 자라는 것은 나무가 자랄 수 있는 원인이 있기 때문이요. 물이 흐르는 것은 물이 흐를 수 있는 원인이 있기 때문이며, 하늘이 푸른 것은 하늘이 푸를 수 있는 이유가 있기 때문이요. 꽃이 피는 것은 꽃이 필 수 있는 이유가 있기 때문이라고 할 수 있다.

즉 이 우주를 비롯하여 만물들이 그렇게 되는 것은 반드시 그럴 만한 까닭이 있고 원인이 있고 이유가 있으므로 그렇게 된다고 할 수 있다.

이처럼 우리의 육신이 움직일 수 있는 것은 우리의 육근을 움직이게 하는 그 어떤 것이 내면에 있어서 그러한 것이지 만일 그것이 없으면 돌과 같고 나무토막과 같아 조금도 다름이 없다. 그러므로 이러한 작용을 할 수 있도록 하는 그것이 바로 우리들의 본래 마음[本心]이라고 하는 것이다.

다시 말하면 이 육신의 근육이나 온갖 신경의 조직이 보고 듣고 분별하고 말하고 움직이고 잡고 걷는 것이 아니라 항상 알고 항상 밝은 본래 마음이 있어서 묘용의 온갖 조화를 부리는 것이라고 할 수 있다.

따라서 신통이라는 것도 방 거사[龐居士 : 이름은 蘊, 馬祖의 제자로 당나라 때 유명한 거사의 말처럼 "신통과 묘용이 물 긷고 나무를 나르는 것이다."라고 하여 우리의 육근을 움직이는 일상생활이 바로 신통이요 묘용이지 별스러운 것이 아니다.

보조 국사가 《진심직설(眞心直說)》의 진심소재(眞心所在)에 〈위부 원화엄(魏府元華嚴)〉의 말을 인용하여 "불법이 날마다 쓰는 곳과 다니고 머물고 앉고 눕는 곳과 차를 마시고 밥을 먹는 곳과 말하며 서로 묻는 곳과 일하는 데에 있다[佛法在日用處 在行住坐臥處 喫茶喫飯處 言語相問處 所作所爲]"고 하였다. 또 《육조단경(六祖壇經)》에 "불법이 세간에 있으니 세간을 떠나지 않고 깨칠 수 있다. 세상을 여의고 도를 찾으면 토끼에게서 뿔을 구하려는 것과 흡사하다[佛法在世間 不離世間覺離世覓菩提 恰似求兎角]"고 하였다.

이렇게 보면 불법 즉 도나 진리나 법이라는 것이 멀리 있는 것이 아니라 바로 세간에 있고 일상생활의 그대로가 도이요 진리요 법의 나타남이며 마음의 움직임이라고 할 수 있다.

부미일시왈(附尾一詩曰)

四大山中一物藏
사 대 산 중 일 물 장

五陰城裡十方揚
오 음 성 리 시 방 양

若人獲得玆珍寶
약 인 수 획 자 진 보

宇宙空間無礙堂
우 주 공 간 무 애 당

사대산 가운데 한 물건 갈무리 하였고

오음성 속에 시방이 드러나누나

만일 사람이 이 보배를 얻는다면

우주 공간이 걸림 없는 집 되리라.

18. 佛祖壽命
불 조 수 명

부처와 조사의 수명

또한, 진리에 들어가는 실마리가 많지만, 그대에게 한 문을 가리켜서 그대가 근원으로 돌아가게 하리니 "그대는 또한 까마귀가 울고 까치가 지저귀는 소리를 듣는가?" 대답하기를 "듣습니다." 말씀하기를 "그대는 그대의 듣는 성품에 들음을 돌이킴에 또한 허다한 소리가 있는가를……." 말하기를 "여기에 이르러서는 일체의 소리와 일체의 분별[1]을 구하여도 가히 얻을 수 없나이다." 말씀하기를 "기특하고 기특하다.[2] 이것이 관음보살[3]이 진리에 들어간 문이로다." 내가 다시 너에게 묻노니 네가 이르대 '이 속에 이르러서는 일체의 소리와 일체의 분별을 다 가히 얻을 수 없다 하니 이미 가히 얻을 수 없을진대 이러한 때[4]를 당하여서는 이것이 허공이 아니겠는가?' 대답하기를 "원래 공하지 아니하여 밝고 밝아 어둡지 아니하나이다." 말씀하기를 "어떤 것이[5] 이에 텅 비지 않은 본체인가?"

말하기를 "또한 형상과 모양이 없으므로 말로 가히 미칠 수 없나이
다." 말씀하기를 "이것이 모든 부처님과 모든 조사의 생명⁶⁾이니 다
시 의심하지 말지어다."

且入理多端이나 指汝一門하야 令汝還源케 하리니 「汝
還聞鴉鳴鵲噪之聲麼아」曰「聞이니이다.」曰「汝返聞
汝聞性에 還有許多聲麼아.」曰「到這裏하야는 一切聲
과 一切分別을 求不可得이니다.」曰「奇哉奇哉라 此是
觀音入理之門이로다.」「我更問爾하노니 爾道호대 到這
裏하야는 一切聲과 一切分別을 總不可得이라하니 旣不
可得인댄 當伊麼時하야는 莫是虛空麼아.」曰「元來不
空하야 明明不昧니이다.」曰「作麼生是不空之體요.」
曰「亦無相貌라 言之不可及이니다.」曰「此是諸佛諸
祖壽命이니 更莫疑也어다.」

단어풀이

1) **분별(分別)** : ① 대소유무(大小有無)의 이치와 시비이해(是非利害)의 일
을 사량하여 식별하는 것. 다시 말하면 모든 사리를 사량하고 식별하는 것을
분별이라[思量識別事理曰分別]한다. ②《발지론(發智論)》에「법은 분별에 돌

아가고 성인은 열반에 돌아간다[法歸分別 聖歸涅槃]」고 하였고, 또《성실론
(成實論)》3에「법은 분별에 돌아가고 진인은 적멸에 돌아간다[法歸分別 眞人
歸滅]」고 하였으며《유식술기(唯識述記)》칠말(七末)에「분별이라는 것은 유
루의 삼계심과 심소법을 말하는 것으로 망녕된 분별을 자기의 본체로 삼기
때문이다[言分別者 有漏三界心心所法 以妄分別爲自體故]」고 하였다.

  2) 기재기재(奇哉奇哉) : 기이하고 기이하다. 기특하고 기특하다. 신기하
고 신기하다.

  3) 관음(觀音) : ① 대자대비심을 근본 서원으로 하는 보살. 구역으로는 광
세음(光世音) 또는 관세음이라 하고 신역으로는 관세자재(觀世自在) 또는 관
자재(觀自在)라 하는데 줄여서 관음이라 하며 관세음보살(觀世音菩薩)을 말
한다. 미타삼존의 한 분으로 아미타불의 왼쪽 보처(補處)에 해당한다. 관세
음이란 세상의 음성을 관(觀)한다는 뜻이며 관자재란 지혜로 관조하므로 자
재한 묘과(妙果)를 얻는다는 뜻이다. 또 중생에게 온갖 두려움이 없는 무외
심(無畏心)을 베푼다는 뜻에서 시무외자(施無畏者)라 하며 세상을 구제하므
로 구세대사(救世大士)라고도 한다. 또 세상을 널리 교화함에 있어서 그때그
때 중생의 근기에 맞추어서 여러 가지 형태로 나타나는데 이를 보문시현(普
門示現)이라 하고 삼십삼신(三十三身)이 있다고 한다. 또한 천수천안 관세음
보살(千手千眼觀世音菩薩), 십일면관음보살(十一面觀音菩薩)이라고도 한다.
② 우리의 본래 마음. 곧 깨친 마음을 관세음. 또는 관자재보살이라고도 하
는데 이는 깨친 마음은 곧 부처와 같은 것이다. 한량없는 대자대비심을 갖추
어 일체중생을 제도한다는 뜻이다. ③《보리심의(菩提心義)》10에「이 부처

님을 무량수불이라고 부르는데 …중략… 저 부처님의 수명이 무량하고 광명
이 무량하며 권속이 무량하여 일체가 모두 무량하다. 그러므로 시호가 되었
다. 본명은 관자재왕여래로 눈이 네 큰 바다와 같아 법계중생을 두루 관하여
그 기연을 따라 고통을 덜고 즐거움을 준다. 그러므로 이름을 한 것이라[此
佛亦名無量壽佛 …中略… 彼佛壽命無量 光明無量 眷屬無量 一切皆無量 故以
立諡號 而本名曰觀自在王如來 眼如四大海 遍觀法界衆生 隨其機然 拔苦與樂
故爲名也]고 하였다.

4) **이마시(伊麼時)** : 이러한 때.

5) **자마생(作麼生)** : 무엇, 어떤 것.

6) **수명(壽命)** : ① 생명, 명수(命數), 타고난 목숨. ②《지도론(智度論)》78
에 「중생에게 두 가지 명이 있으니 하나는 명근이요, 둘은 지혜명이다[衆有
二種命 一者命根 二者智慧命]고 하였다. ③ 진리를 깨닫고 성품을 회복하고
혜복(慧福)을 갖춘 불보살의 영생, 즉 불조(佛祖)의 혜명(慧命). ④ 정법안장
(正法眼藏). ⑤ 불조가 서로 전하는 법인(法印)을 말하기도 한다.

연의(演義)

보조 국사는 앞장에서 우리들의 일상적인 작용이 바로 공적영지
의 마음이 나투어지는 것이라고 말하였다. 즉 우리가 보고 듣고 말
하고 웃고 성내고 기뻐하는 갖가지 작용이 그대로 공적영지가 나

타나는 것이라고 하였다면 이 장에서는 그 작용의 근원이 되고 원천이 되는 진리를 가르쳐 주어서 그 근원처에 돌아가도록 하려고 한 것이라 할 수 있다.

우리는 진리를 깨닫는 길이 사실 많다. 즉 진리의 문을 열고 들어가는 방법이 많이 있다. 서울을 가는데 기차를 타고 가도 되고, 버스를 타고 가도 되며, 걸어서 가도 되고, 자전거를 타고 가도 된다. 진리로 들어가는 길이 많이 있으므로 어느 길을 통하더라도 얼마든지 진리에 도달할 수 있다.

여기서 관음보살께서 진리에 들어가신 방법을 제시하여 우리도 그 진리의 근원에 돌아가도록 설득을 한다. 저 언덕, 저 산에서 까마귀와 까치가 운다. 소리가 부리를 통하여 나온다. 그 울려 나오는 소리를 우리는 귀를 통해서 듣는다. 귀에 병이 없으면 누구나 들을 수 있다. 그러나 귀만 홀로 떼어놓고 그 소리를 들으려 한다면 과연 들을 수 있을까. 아마 들을 수 없게 된다.

그렇다면 그 소리를 듣는 그 무엇이 분명 있을 것 같다. 그것이 무엇인가, 또 들었다면 그 소리가 어디에 남아 있는가.

그러나 아니라고 부정을 한다. 듣는다는 그 깊은 속에 들어가서는 듣는 자도 없고 들을 소리도 없으며 듣는다는 분별을 내는 자도 없다. 마치 바람이 스쳐간 대숲과 같고 기러기가 지나간 연못과 같다. 《채근담(菜根譚)》에 "바람이 대숲에 불지만 바람이 지나가면 대숲에는 바람소리가 머물러 있지 않고, 기러기가 연못을 지나지

만 기러기가 지나가면 연못에는 그림자가 머물러 있지 않는다[風來疏竹 風過而竹不留聲 雁度寒潭 雁去而潭不留影]"고 하였다.

그러면 그 자리는 허무한 것인가. 아니면 공무(空無)한 것인가. 분명 아니라 한다. 일체의 소리도 없고 분별도 없는 자리이지만 원래 밝고 신령한 조화와 지혜가 가득한 보고(寶庫)이요, 근원처로써 모자라거나 남음이 없는 본래 갖추어진 자리라고 할 수 있다.

그러나 볼 수도 없고 잡을 수도 없는 자리이요, 말로 설명할 수도 없고 그림으로 그릴 수도 없는 자리이며, 행동으로 표현할 수도 없는 자리로 이 자리가 바로 모든 부처와 모든 조사가 영겁을 간직하고 다니는 보물이요, 영생을 죽지 않고 사는 생명이다. 이러한 수명은 우리 모두에게도 똑같이 값아 있으니 조그마한 의심을 내지 말고 잘 간직하여 영생을 살아가야 한다.

부미일시왈(附尾一詩曰)

理體空虛絶狀名
이 체 공 허 절 상 명

原心明淨盡癡盲
원 심 명 정 진 치 맹

本無圓角如如物
본 무 원 각 여 여 물

能質乾坤萬像生
능 질 건 곤 만 상 생

진리 바탕은 텅 비어 모양 이름 끊어지고

원래 마음도 밝고 맑아 어리석고 어둠 다했네

본래 둥글고 모가 없는 여여한 물건은

능히 하늘과 땅 바탕하여 온갖 물상을 내누나.

19. 本來無物
본 래 무 물
본래 한 물건도 없다

이미 모양이 없을진대 또한 크고 작음[1]이 있겠는가, 이미 크고 작음이 없을진대 또한 갓이 있겠는가, 갓이 없으므로 안과 밖이 없고 안과 밖이 없으므로 멀고 가까움이 없으며 멀고 가까움이 없으므로 저것과 이것이 없는 것이니 저것과 이것이 없으면 가고 옴도 없고, 가고 옴이 없으면 나고 죽는 것도 없고 나고 죽음[2]이 없으면 예와 지금이 없고 예와 지금이 없으면 미혹과 깨침[3]도 없고 미혹과 깨침이 없으면 범부와 성인도 없고 범부와 성인이 없으면 더럽고 깨끗[4]한 것도 없고 더럽고 깨끗함이 없으면 옳고 그른 것도 없고 옳고 그름이 없으면 일체 이름과 말씀을 모두 가히 얻을 수 없으니 이미 다 이와 같아서 일체의 감관과 경계[5], 일체의 망녕된 생각[6]과 내지 갖가지 모양과 갖가지 이름과 말씀을 다 가히 얻을 수 없을진대 이것이 어찌 본래 비고 고요하며[7] 본래 물이 없는 것이라고 아니하리오.

旣無相貌인댄 還有大小麽아 旣無大小인댄 還有邊際麽
기 무 상 모　환 유 대 소 마　기 무 대 소　　환 유 변 제 마

아 無邊際故로 無內外하고 無內外故로 無遠近하고 無
　무 변 제 고　　무 내 외　　무 내 외 고　　무 원 근　　　무

遠近故로 無彼此니 無彼此則無往來하고 無往來則無生
원 근 고　　무 피 차　　무 피 차 즉 무 왕 래　　　무 왕 래 즉 무 생

死하고 無生死則無古今하고 無古今則無迷悟하고 無迷
사　　　무 생 사 즉 무 고 금　　　무 고 금 즉 무 미 오　　　무 미

悟則無凡聖하고 無凡聖則無染淨하고 無染淨則無是非
오 즉 무 범 성　　　무 범 성 즉 무 염 정　　　무 염 정 즉 무 시 비

하고 無是非則一切名言을 俱不可得이니 旣總無如是하
　　무 시 비 즉 일 체 명 언　　구 불 가 득　　　기 총 무 여 시

야 一切根境과 一切妄念과 乃至種種相貌와 種種名言
　일 체 근 경　　일 체 망 념　　내 지 종 종 상 모　　종 종 명 언

을 俱不可得인댄 此豈非本來空寂이며 本來無物也리오.
　구 불 가 득　　차 기 비 본 래 공 적　　본 래 무 물 야

단어풀이

1) 대소(大小) : ① 우주의 본체와 현상을 설명하는 말. 대란 우주만유의 근본적인 본체를 말하고, 소란 천차만별의 형형색색으로 나타나 있는 현상의 차별세계를 말한다. 따라서 대라는 것은 우주의 진리, 우주의 본체, 우주의 실체를 말하는 것이고, 소라는 것은 우주의 삼라만상을 말한다. ② 대승(大乘)과 소승(小乘). ③ 사물의 큼과 작음.

2) 생사(生死) : ① 삶과 죽음. 태어나고 죽는 일. 인간과 만물의 생로병사. ② 중생의 일생시종(一生始終). ③ 일체중생이 혹업(惑業)의 부름이 되어 나

면 죽고 죽으면 낳는 것. 《능엄경(楞嚴經)》3에 「나면 죽고 죽으면 낳는 생생 사사가 불 수레바퀴가 도는 것 같아서 쉼이 없다[生死死生 生生死死 如旋火 輪 未有休息]」고 하였다. ④식(識)에 있어서 《승가타경(僧伽吒經)》에 「부처 님께서 말씀하시되 "선남자여 식이 멸하는 것을 죽음이라 하고 복덕 인연의 식이 일어나는 것을 생이라 한다"[佛言善男子 識滅名死 福德因緣識起名生]」 고 하였다. ⑤《성실론(成實論)》7에 「현재 세상에 처음으로 모든 오음을 얻 음을 생이라 하고, 또한 오음의 베풂이 물러나는 것을 생이 소멸하였다고 하 니라[現在世中初得諸陰名生 亦設五陰退沒名生]」고 하였다. ⑥ 영식(靈識)이 육체에서 벗어나는 것. ⑦ 수행상에 있어서 모든 번뇌 망상을 소멸하고 보리 [菩提 : 道·覺]를 얻으면 생이요 번뇌 망상에 묻혀 있으면 죽음이다. 생사가 곧 열반, 열반이 곧 생사이다.[生死卽涅槃 涅槃卽生死]. ⑧ 중생은 생사에 윤 회하여 얽매이고 불보살은 생사에 해탈하여 자유 한다.

  3) 미오(迷悟) : ① 미는 무명번뇌로 인하여 진리를 깨닫지 못하는 것. 오는 번뇌 망상을 끊어버리고 본래 성품을 회복하는 것. ② 미는 중생, 오는 부처. ③ 미오는 하나다[迷悟一如]. 즉 미라는 자체 성분은 없다. 없으면 공(空)이다. 이미 미라는 성분이 공한데 어찌 오가 있겠는가. 그래서 오도 공이다[迷空悟 亦空]. 이것은 공체가 하나[空體一]로 곧 일여이다. 또는 미는 얼음이요, 오는 물이다[迷如氷悟如水]. 이것 또한 미오가 동체[迷悟同體]라는 것을 말한다.

  4) 염정(染淨) : ① 더럽고 깨끗하고 아름답고 추악한 것. 물심(物心)의 모 든 현상을 더럽다, 깨끗하다, 아름답다, 추하다고 분별하는 것. ② 애착의 생 각과 애착하는 경계를 염이라 하고 해탈의 생각과 해탈의 경계를 정이라 한

다. ③ 염이란 무명의 법이요 정이란 법성(法性)의 법이다. ④《십불이문지요초(十不二門指要鈔)》하(下)에 「마음이 묶여서 모든 법을 변조하여 일과 다가 서로 걸려 생각 생각이 주착하는 것을 염이라 하고 막힌 마음을 여의고 모든 인연에 부응하여 일과 다가 자재하고 생각 생각이 놓고 떠나는 것을 정이라 한다[以在纏心 變造諸法 一多相礙 念念主着 名之爲染 以離障心 赴應衆緣 一多自在 念念捨離 名之爲淨]」고 하였다.

5) 근경(根境) : 근진(根塵)이라고도 한다. 색(色)의 소의(所依)로 경을 취하는 것을 근이라 하고, 근의 소취(所取)가 되는 것을 경이라 한다. 근에는 오근[五根 : 眼耳鼻舌身]과 육근[六根 : 오근에 意를 더함]의 구별이 있고 경에는 오경[五境 : 色聲香味觸]과 육경[六境 : 오경에 法을 더함]의 구별이 있다.

6) 망념(妄念) : 허망한 집념(執念), 범부가 육진(六塵)의 경계에 탐착하는 마음, 망녕된 생각을 말한다.

7) 공적(空寂) : ① 공공적적(空空寂寂)의 준 말. 우주 만물이 모두 실체가 없고, 상주(常住)하는 것이 없다는 말. 텅 비어 아무것도 없다는 뜻이다. ② 마음이 텅 비어 고요한 것. 우주 만물이 모두 잠들어 고요한 것을 말한다. ③ 《유마경(維摩經)》불국품(佛國品)에 「세간에 집착하지 않으니 연꽃과 같아서 항상 공적의 행에 잘 들어가니라[不著世間如蓮華 常善入於空寂行]」고 하였다. ④《심지관경(心地觀經)》1에 「지금 삼계의 대도사가 법좌에 가부좌로 올라 삼매에 들어서 홀로 응연히 공적의 집에 처하여 몸과 마음의 움직이지 않음이 수미산과 같으니라[今者三界大導師 座上跏趺入三昧 獨處凝然空寂舍 身心不動如須彌]」고 하였다.

연의(演義)

공적 영지는 본래 마음. 본래 성품의 모습이다. 즉 일체의 사량 분별(思量分別)과 계교망념(計較妄念)이 끊어지고 허공처럼 텅 비어서 말의 길이 끊어지고 마음의 행하는 곳이 없는[言語道斷 心行處滅] 자리로써 다만 공적의 심천(深淺)이 있고 영지의 명암(明暗)이 있을 뿐이다.

다시 말하면 공부를 잘한 사람은 공적이 깊고 영지가 밝을 것이나 그렇지 않은 사람은 공적이 얕고 영지가 어두울 수밖에 없게 된다.

공적이란 비고 고요하다는 뜻이요, 또한 없다는 뜻이다. 이 없음이란 없다는 것마저도 없는 것으로써의 없음이다. 이것이 우리 곧 마음의 바탕이다.

또한, 이 공적이라는 말은 불교의 술어로 "모든 상이 없음을 공이라 하고, 일어나고 소멸함이 없음을 적이라 한다[無諸相曰空 無起滅曰寂]"고 하였으니 우리는 모든 상을 여의고 기멸(起滅)도 없는 경지에 들어갈 수 있어야 한다.

보조 국사는 이 없는 자리를 설명하는 데 있어서

첫째, 크고 작음, 안과 밖, 멀고 가까움, 저것과 이것, 가고 옴, 나고 죽음, 예와 지금, 미혹과 깨침, 범부와 성인, 더러움과 깨끗함, 옳고 그름이 없는 자리라 말하였다.

둘째, 일체의 이름을 붙일 수 없고 말로 표현할 수 없는 자리라 말하였다.

셋째, 주관적인 육근[안이비설신의]과 객관적인 육경[색성향미촉법]이 없는 자리라 말하였다.

넷째, 일체의 형상과 모양이 없는 자리라고 말하였다.

또한 옛 성인도 이 없는 자리의 설명을 다음과 같이 말한다.

"본래 청정한 성품 자리는 한 이름도 없고 한 형상도 없고, 가고 오는 것도 없고 죽고 나는 것도 없고 부처와 중생도 없고 허무와 적멸도 없고 없다 하는 말도 또한 없는 것이며 유도 아니요. 무도 아닌 그것이라"고 하였다.

이렇게 볼 때 진리의 본체나 성품의 본연은 "없고 없으며 또한 없다 하는 것도 없는 자리이요[無無亦無無之處], 아니고 아니며 또한 아니라는 것도 아닌 물건이다[非非亦非非之物]"고 할 수 있다.

부미일시왈(附尾一詩曰)

寂寂空空空內外
적 적 공 공 공 내 외

無無截截截名言
무 무 절 절 절 명 언

舌頭亂出癡迷事
설 두 란 출 치 미 사

寧做聾瘖闔眼根
영 주 농 음 합 안 근

고요하고 빈자리 안과 밖도 비었고

없고 끊어진 자리 이름과 말 끊겼네

혀 함부로 내면 어리석고 미혹한 짓이니

차라리 귀머거리 벙어리 눈도 닫으리라.

20. 空寂靈知
공 적 영 지

텅 비고 고요한 가운데 신령한 알음알이

그러나 모든 법이 다 빈 곳에 신령스러운 알음알이가 어둡지 않아서 무정과 같지 않고 성품이 스스로 신령하게 아나니 이것이 그대의 공적하고 신령스럽게 아는 청정한 마음[1]의 본체이라. 이 청정하고 공적한 마음이 이에 삼세 모든 부처님의 수승하고 맑고 밝은 마음이며 또한 이에 중생의 본원의 깨달은 성품[2]이니 이것을 깨달아 지키는 사람은 한갈 같이 앉아 움직이지 않고 해탈[3]할 것이며 이것을 미혹하여 등지는 사람은 육도[4]에 나아가 오래도록 윤회를 하리라. 그러므로 "한마음이 미혹하여 육도에 나가는 사람은 가는 것이요 움직이는 것이며 법계[5]를 깨달아 한마음으로 돌아오는 사람은 오는 것이요 고요한 것이라"고 하시니 비록 미혹하고 깨침이 다름이 있지만 이에 본원은 하나이라. 그러므로 이르기를 "법이라고 말한 것은 중생의 마음[6]을 이름이라"고 하니라. 이 공적한 마음은 성인에 있어서 더하지 않고 범부에 있어서도 덜하지 않은 것이라. 그러므로 이르기를 "성인의 지혜에 있어서 빛나지 않고 범부의 마음에 숨어서도 어둡지 않다"고 하였으니 이미 성인에 더하지 않고 범부에 줄지 않을진대 부처와 조사가 어찌 써 사람에 다르리오. 사람들과 다른 이유는 능히 스스로 심념[7]을 보호하는 것뿐이리라.

然이나 諸法皆空之處에 靈知不昧하야 不同無情하고 性
연   제법개공지처   영지불매   부동무정   성

自神解하니 此是汝空寂靈知淸淨心體라 而此淸淨空寂
자신해   차시여공적영지청정심체   이차청정공적

之心이 是三世諸佛의 勝淨明心이며 亦是衆生의 本源
지심   시삼세제불   승정명심   역시중생   본원

覺性이니 悟此而守之者는 坐一如而不動解脫하고 迷此
각성   오차이수지자   좌일여이부동해탈   미차

而背之者는 往六趣而長劫輪廻하나니라. 故云「迷一心
이배지자   왕육취이장겁윤회   고운 미일심

而往六趣者는 去也動也며 悟法界而復一心者는 來也
이왕육취자   거야동야   오법계이복일심자   내야

靜也라」하시니 雖迷悟之有殊나 乃本源則一也니라 所
정야   수미오지유수   내본원즉일야   소

以云「言法者는 謂衆生心이라」하시니라. 而此空寂之
이운 언법자   위중생심   이차공적지

心이 在聖而不增하고 在凡而不減이라 故云「在聖智而
심   재성이부증   재범이불감   고운 재성지이

不耀하고 隱凡心而不昧라」하시니 旣不增於聖하고 不
불요   은범심이불매   기부증어성   불

少於凡인댄 佛祖奚以異於人이리오 而所以異於人者는
소어범   불조해이이어인   이소이이어인자

能自護心念耳니라.
능자호심념이

단어풀이

1) 청정심(淸淨心) : ① 자성청정심(自性淸淨心)의 준말. 우리의 본래 마음으로 티 없이 맑고 깨끗한 마음, 의혹 없이 믿는 마음, 번뇌가 섞이지 않는 마음[無垢之淨心 無疑之信心 不雜煩惱心]. ②《승만보굴(勝鬘寶窟)》상본(上本)에 「청정심의 정은 믿음이니 정신의 마음을 일으키는 것이요. 또 번뇌가 섞이지 않은 마음도 정심이라 한다[淸淨心 淨者信也 起淨信之心 又不雜煩惱心 名爲淨心]」고 하였고, 또한《중아함경(中阿含經)》41에 「청정심은 음탕하고 성내고 어리석음을 다 벗어나서 삼명을 성취하는 것이다[淸淨心盡脫婬怒痴 成就於三明]」고 하였다.

2) 각성(覺性) : ① 모든 미혹과 번뇌 망상을 물리친 깨달은 마음. 곧 청정자성. 인간의 각성은 차별 없이 누구나 갖고 있다. ② 각지(覺知)하는 성품. 곧 진리에 계합하여 이를 증득할만한 소질. ③ 일체 미망(迷妄)을 여의고 자성을 깨닫는 것을 말한다.

3) 해탈(解脫) : ① 매임을 여의고 자재를 얻는다는 뜻이다[離縛而得自在之義]. 즉 혹업의 매임을 풀고 삼계의 괴로운 과보를 벗어나는 것이다[解惑業之繫縛 脫三界之苦果也]. 즉 얽어매어 있는 것을 풀고 벗어나서 자유를 얻는다는 뜻으로 다생을 통해 삼계육도와 십이인연에 구애되지 않고 자유자재하는 것이다. ② 열반(涅槃)의 별칭이니 생사고혹(生死苦惑)의 중생계를 벗어나 무위안락의 불보살 세계에 머무는 것. ③ 선정(禪定)의 별칭이니 얽매임을 벗어나는 것은 선정의 덕이기 때문이다. ④《유식술기(唯識述記)》일본(一

本)에「해란 얽매임을 여의는 것이요, 탈은 자재하는 것이다[解謂離縛 脫謂自在]」고 하였고, 또《주유마경(注維摩經)》1에「조법사가 말하기를 "임의로 하여도 걸림이 없고 진루가 능히 구애되지 않는 것을 해탈이라 한다"[肇曰縱任無礙塵累不能拘 解脫也]」고 하였다. 또《전심법요(傳心法要)》하(下)에「전에도 감이 없고 지금도 머묾이 없으며 뒤에도 옴이 없이 편안히 앉아 임의로 하여도 구애됨이 없는 것을 해탈이라 한다[前際無去 今際無住 後際無來 安然端坐 任運不拘 方名解脫]」고 하였다. ⑤《구사론(俱舍論)》25에 해탈에 두 가지가 있다.「하나는 심해탈이니 마음에 탐애를 여읜 것이요, 둘은 혜해탈이니 지혜로 무명을 여읜 것이다[一心解脫 心離貪愛者 二慧解脫 慧離無明者]」고 하였다.

4) **육취(六趣)** : 육도(六道)라고도 한다. 미(迷)한 중생이 업인(業因)에 따라 나아가는 곳을 여섯으로 나눈 것. ① 지옥취(地獄趣)는 팔한팔열(八寒八熱) 등의 고통 받는 곳으로 지하에 있다. ② 아귀취(餓鬼趣)는 항상 밥을 구하는 귀신들이 사는 곳으로 사람들과 섞여 있어도 보지 못한다. ③ 축생취(畜生趣)는 금수가 사는 곳으로 인계(人界)와 있는 곳을 같이 한다. ④ 아수라취(阿修羅趣)는 항상 진심(瞋心)을 품고 싸움을 좋아한다는 대력신(大力神)이 사는 곳으로 심산유곡을 의처(依處)로 한다. ⑤ 인간취(人間趣)는 인류의 사는 곳으로 남섬부주 등 사대주(四大洲). ⑥ 천상취(天上趣)는 몸에 광명을 갖추고 자연이 쾌락을 받는 중생이 사는 곳으로 육욕천(六欲天)과 색계천(色界天). 무색계천(無色界天)을 말한다.

5) **법계(法界)** : ① 현상세계의 근본이 되는 형상이 없는 진리의 세계. 본체

계 또는 허공법계. ② 법성(法性), 또는 실상(實相), 또는 진여의 이성(眞如之理性). 또는 진여법성(眞如法性) 등 여러 가지로 말하지만 그 체(體)는 하나이다. ③ 법계에 세 가지 뜻이 있다. 첫째, 계(界)는 인(因)이란 뜻. 법은 성법(聖法)이니 성법을 내는 원인이 되는 것. 곧 진여, 둘째, 계는 성(性)이란 뜻. 법은 일체 모든 법이니 만유제법의 체성이 되는 것. 곧 진여, 셋째, 계는 분제(分齊)란 뜻. 법은 모든 법이니 분제가 서로 같지 않은 모든 법의 모양. 곧 만유제법을 포함해서 말한다. ④ 일체의 존재를 육근(六根), 육경(六境), 육식(六識)으로 나누었을 때 의식의 대상이 되는 것 전부를 법계라 한다.

6) 중생심(衆生心) : ① 일체중생이 본래 소유하고 있는 마음.《기신론(起信論)》에 「마하연을 두 가지로 말하는데 무엇이 둘인가. 하나는 법이요, 둘은 의이다. 법이라고 말하는 것은 중생의 마음이다[摩訶衍者 總說有二種 云何爲二 一者法 二者義 所言法者 謂衆生心]」고 하였다. ② 중생심에는 진망(眞妄)의 둘이 있는데〈화엄(華嚴)〉에서는 진심을 대승의 체로 삼아 여래장심(如來藏心)이라 하였고〈천태(天台)〉에서는 망심을 대승의 법체로 삼아 음망(陰妄)한 마음이라 하였으며〈법상(法相)〉에서는 아뢰야(阿賴耶)의 일심(一心)을 말하였다. ③ 진여심(眞如心). 이것은 보편평등(普遍平等)한 실체로서 일체만유를 섭수하고 전 우주를 포용하는 근본진리. 제법(諸法)에 있어서는 법성. 진여라 하고 중생에 있어서는 불성. 여래장, 자성청정심(自性淸淨心)이라 한다.

7) 심념(心念) : 마음속으로 생각하는 것. 중생은 텅 비고 고요한 마음이 되지 못해서 항상 마음속으로 무엇인가 생각하게 된다. 그래서 번뇌 망상·사

심 잡념이 그치지 않게 된다고 할 수 있다.

연의(演義)

옛 성인들의 말씀에 "일월은 허공을 통하여 밝게 비치고 인과는 공한 진리를 통하여 밝게 나툰다[日月通空天而明照 因果通空理而明現]"고 하였다. 즉 하늘이 텅 비어 있으므로 해와 달의 빛이 삼라만상에 쏟아지는 것이지 만일 막히고 가려있다면 그 빛은 차단되고 만다. 인과라는 것도 진리 당체가 비어있기 때문에 짓고 행함을 따라 걸리고 얽매임이 없이 주고받게 된다고 할 수 있다.

이처럼 법이든 경계든 업연(業緣)이든 모든 것이 비어야 더욱 뚜렷하고 선명해지는 것처럼 우리들의 마음도 텅 비어야 신령한 알음알이가 나타나게 되는 것이니, 이것이 바로 부처님의 지혜이요, 본연의 슬기이며 깨어져 있는 원초의 바탕이요, 또 체성이라 할 수 있다.

진리에는 미혹과 깨침이 없다. 사람에게도 범부와 부처가 없다. 다만 우리가 미오(迷悟)의 근원이 되고 범부와 부처의 본가(本家)가 되는 진리의 실체를 모르고 오랜 세월을 지내오다 보니 깨침의 부처에서 미혹의 중생으로 전락한 것이다. 다시 말하면 이 근원처(根源處)인 하나를 지키지 못하여 먼지가 끼고 업연이 얽어매어 꿈

짝 못하게 되었고, 꼼짝 못 함에 따라 육도라는 중생의 집을 드나들고, 또 윤회라는 수레바퀴에 감겨 넘어가게 되었다고 말할 수 있다.

마음은 하나이다. 중생이라고 부르는 그 마음[衆生心]이 바로 부처의 마음이요 진여이며 실성(實性)이며 본원이며 당체(當體)이다. 여기에 뿌리를 내리고 중생들도 살아가고 있다.

또한 이 마음은 비었다. 진공(眞空)이다. 공적이다. 이 빈 마음은 성인이라 하여 더하거나 더 밝은 것이 아니요, 범부라 하여 줄어들고 어두운 것이 아니다. 즉 공적한 마음. 신령한 앎의 그 자리, 그 바탕은 범부와 부처, 앎과 모름에 관계가 없이 항상 여여독존(如如獨尊)할 뿐이다.

이렇게 볼 때 중생과 부처는 조금도 다르지 않다. 어떻게 마음을 챙기고 사느냐에 따라 나누어 질 뿐이다. 《화엄경(華嚴經)》에 "마음, 부처, 중생 셋은 차별이 없다[心佛及衆生是三無差別]"고 하였다. 원래 차별이 없는 그 마음을 보존하고 살면 부처라 할 것이고 잃어버리고 살면 중생이라 할 수밖에 없다.

부미일시왈(附尾一詩曰)

一路正眞笑綺花
일 로 정 진 소 기 화
二程艱險隱邪蛇
이 정 간 험 은 사 사
常留法界遊金佛
상 유 법 계 유 금 불
我定無移日月斜
아 정 무 이 일 월 사

한 길 바르고 참되어 비단 꽃 웃음 띠고

두 길 어렵고 험하여 간사한 뱀이 숨었네

항상 법계에 머물러 금불과 벗하여 노닐제

내 머물러 옮기지 않는데 해와 달만 기우누나.

21. 信成佛果
신 성 불 과

....

믿음이 있어야 불과를 이룬다

　그대가 만일 믿고 미침을 얻으면 의심하는 뜻이 단박 쉬리니 대
장부[1]의 뜻을 내며 참되고 올바른 견해를 발하여 친히 그 맛을 보
고 스스로 자긍하는 경지에 이르면 이것이 마음 닦는 사람의 깨달
은 자리이라. 다시 계급과 차례가 없는 것일새, 그러므로 돈이라고
이르는 것이라. 저 [경]에 이르기를 믿는 인[2] 가운데 모든 부처의
과덕[3]과 계합하여 나뉜 털끝만큼도 다르지 아니하여야 바야흐로
믿음[4]을 이룸이라고 하리라.

汝若信得及하면 疑情頓息하리니 出丈夫之志하며 發眞正
여 약 신 득 급　　의 정 돈 식　　　　출 장 부 지 지　　　발 진 정
見解하야 親嘗其味하야 自到自肯之地則是爲修心人의
견 해　　　친 상 기 미　　　자 도 자 긍 지 지 즉 시 위 수 심 인
解悟處也라 更無階級次第일새 故云頓也니 如云於信因
해 오 처 야　　갱 무 계 급 차 제　　　고 운 돈 야　　　여 운 어 신 인
中에 契諸佛果德하야 分毫不殊하야사 方成信也라 하니라.
중　　계 제 불 과 덕　　　분 호 불 수　　　　방 성 신 야

단어풀이

1) **장부(丈夫)** : ① 성년 남자. ② 대장부. ③ 사나이. ④ 중국 속담에 "담량 (膽量)이 작으면 군자가 아니요, 독[배짱]함이 없으면 장부가 아니다[量小非 君子 無毒不丈夫]"고 하였다.

2) **신인(信因)** : 십신인위(十信因位)의 준말. 보살이 수행하는 계위(階位) 52위 중 처음의 10위, 부처님의 교법을 믿어 의심이 없는 지위. 신심(信心), 염심(念心). 정진심(精進心), 혜심(慧心), 정심(定心), 불퇴심(不退心), 호법심 (護法心), 회향심(廻向心), 계심(戒心), 원심(願心)을 10위라 한다.

3) **과덕(果德)** : ① 수행(修行)의 결과로써 얻은 공덕이다. 즉 끊임없는 수 행을 통해서 얻어지는 공덕을 말한다. ② 열반을 과과(果果)라 하고, 그 열반 의 네 가지 덕, 곧 상·락·아·정(常樂我淨)의 사덕(四德)을 과덕이라 한다.

4) **신(信)** : ① 믿음으로 만사를 이루려 할 때에 마음을 정하는 원동력(原動 力). ② 세 가지 뜻이 있으니 첫째, 법을 담는 그릇[法器]이 되고 둘째, 의두를 해결하는 원동력[解義]이 되며 셋째, 계율을 지키는[守戒] 근본이 된다. ③ 삼 보[三寶 : 佛法僧]의 정덕(淨德)이며 세간과 출세간의 선근(善根)이다. 믿음이 깊어 신락(信樂)이 되고 마음이 징정(澄淨)하여야 참 신[眞信]이라 한다. ④ 《구사론(俱舍論)》4에 "신이란 마음으로 하여금 맑아지고 깨끗해지는 것이라 [信者令心澄淨]"고 하였고《송소(頌疏)》4에 "신이란 맑고 깨끗한 것이라. 물 의 정주가 능히 흐린 물을 맑히는 것처럼 마음에 신주가 있으면 마음이 맑아 지고 깨끗하게 되리라[信者澄淨也 如水精珠能澄濁水 心有信珠令心澄淨]"고

하였으며《대승의장(大乘義章)》2에 "삼보 등에 맑은 마음으로 의심하지 않는 것이 신이라 이른다[於三寶等 淨心不疑名信]"고 하였다. ⑤《진화엄경(晋華嚴經)》6에 "믿음은 도의 근원이요 공덕의 어미가 되고 일체 모든 선법을 증장시키며 일체 모든 의혹을 제거하고 소멸시키며 위없는 도를 개발하여 나타나 보이는 것이라[信爲道元功德母 增長一切諸善法 除滅一切諸疑惑 示現開發無上道]"고 하였다. ⑥《보살본업경(菩薩本業經)》하(下)에 "만일 일체 중생이 처음으로 삼보의 바다에 들어갈 때에는 신으로 근본을 삼아야 하고, 불가에 머무를 때에는 계로써 근본을 삼아야 하니라[若一切衆生 初入三寶海 以信爲本 住在佛家 以戒爲本]"고 하였다. ⑦ 두 가지 신이 있는데 하나는 신해(信解) 또는 해신(解信)으로 스스로 밝게 이치를 보아 마음에 의려가 없는 것이요[自明見理 心無疑慮], 둘은 심신(深信) 또는 앙신(仰信)으로 사람에 의지하며 그 말씀을 믿는 것이라[是依人而信其言].

연의(演義)

도가에서는 믿음보다 더 중요한 것은 없다. 왜냐하면, 믿음은 바로 "앎"을 동반하고 있기 때문이다. 그래서 진리를 믿으면 진리의 근원이 깨쳐지고 부처를 믿으면 심맥(心脉)이 통하여 부처를 이루게 되며 일을 믿으면 일이 열려 공덕을 이루고 의두(疑頭)를 믿으면 그 의문이 풀려 지혜를 이루게 된다. 그러므로 옛 성인도 "신이란 모든 의두를 해결하는 원동력이 된다."고 하였다.

진정한 믿음이 마음에 자리하여야 출천(出天)의 의지가 살아나고 불조의 원력을 세울 수 있다. 따라서 굳센 의지와 큰 원력을 가져야 깊은 수행을 이루어 지혜를 이룰 수 있고, 또 깨달음으로 자긍(自矜)의 경지에 도달하여 불보살을 이루어서 불보살로 살게 된다고 할 수 있다.

옛날 마조 도일(馬祖道一)의 문하에 명주(明州)의 대매산(大梅山) 법상 선사(法常禪師)가 있었다. 그 스승에게서 "마음이 바로 부처다[卽心卽佛]"는 가르침에 깨침을 얻고 바로 대매산으로 들어가 보림(保任) 공부를 하고 있는데 한 스님이 찾아와서 요즘은 마조 선사가 "마음도 아니요 부처도 아니다[非心非佛]"는 말로 대중을 가르친다 하는지라. 대매 선사는 이러한 말을 듣고 "늙은이가 사람을 어지럽히는데 그칠 날이 없구나[這老漢惑亂人 未有了日]"하면서 꾸짖었다. 그러면서 "마조 선사는 마음도 아니요 부처도 아니다" 할지라도 나는 "마음이 바로 부처라고 하리라"는 자긍심(自矜心)을 가졌다.

이것이 곧 믿음을 바탕해서 자긍의 경지에 이른 사람의 자존심이요 자부심이다. 누가 무어라고 하던 간에 진리에 대한 자기만의 오득(悟得), 자기불에 대한 자기만의 해중(解證)을 깊이 간직하고 살면 그것이 수행의 극치를 이루는 것이라고 아니할 수 없다.

결국 믿음이라야 과덕(果德)을 이루고 부처도 이룰 수 있기 때문이라고 할 수 있다. 왜냐하면, 과덕이라는 것은 바로 열반을 이르는 것으로 과과(果果)라고 할 수 있는데 그 열반의 네 가지 덕, 곧 상·락·아·정(常樂我淨)의 사덕(四德)을 일러서 과덕이라 한다.

부미일시왈(附尾一詩曰)

立信除疑性智生
입 신 제 의 성 지 생

專心悟理法囊盈
전 심 오 리 법 낭 영

飢來喫飯疲來息
기 래 끽 반 피 래 식

不羨蓮臺金色睛
불 선 연 대 금 색 정

신을 세우면 의심 풀려 성품의 지혜 생겨나고

마음 오롯하면 이치 깨쳐 법 주머니 채워지리

배가 고프면 밥을 먹고 피곤하면 쉬노니

연화대의 금색 칠한 눈동자도 부럽지 아니하누나.

제4 悟後漸修
오 후 점 수

깨달음을 이룬 뒤에 차츰차츰 닦아가자

22. 悟後牧牛
오 후 목 우

깨친 뒤에 소를 기르듯 하라

물음 : "이미 이런 이치를 깨쳤을진대 다시 계급이 없는 것이거늘 어찌 뒤에 닦음을 빌려서 점차로 훈습하고 점차로 이뤄가는 것입니까?"

대답 : "깨친 뒤에 점차로 닦는 뜻을 앞에서 이미 갖춰서 말하였거늘 그래도 다시 의심하는 뜻을 풀지 못하니 거듭 말해주어도 방해되지 않겠구나. 그대는 모름지기 마음을 깨끗이 하여 자세히 듣고 자세히 들으라. 범부는 비롯이 없는 아주 오래 전 겁으로부터 오늘에 이르기까지 다섯 길[1]에 흐르고 굴러서 나아오고 죽어감에 굳게 아상[2]에 집착하여 망상[3]과 전도[4]와 무명[5]의 갖가지를 익혀서 오래도록 성격을 이루었음 일새 비록 금생에 이르러 자기 성품이 본래 공적 하여 부처로 더불어 다름이 없음을 단박 깨쳤지만 그러나 이런 옛 습성을 갑자기 제거하고 끊기가 어려운 것이라. 그러

므로 역경이나 순경[6]의 경계를 만남에 성질내고 기뻐하며 옳다 하고 그르다 하는 것이 치연히 일어났다 없어졌다 하여 객진의 번뇌가 예전으로 더불어 다름이 없으니 만약 반야[7]로써 공을 더하고 힘을 나타내지 않으면 어찌 능히 무명을 대치하여 크게 쉬고 크게 쉬[8]는 경지에 이르리오." 저 [경]에 이르기를 "단박 깨치면 비록 부처와 같지만 여러 생의 습기가 깊은지라 바람은 그쳤으나 물결은 오히려 출렁이고 이치는 나타났으나 망념은 오히려 침노하리라"고 한 말과 같은 것이라. 또 종고 선사[9]가 말하기를 "가끔은 날카로운 근기의 무리가 많은 힘 허비하지 아니하고 이 일을 발현하려 한다면 문득 쉽다는 마음을 내서 다시 닦고 대치하지 않다가 날이 오래고 달이 깊어 가면 예전에 의해 유랑하여 윤회를 면하지 못하니라"고 하였으니 어찌 가히 한 번의 깨친 바로써 문득 뒤에 닦음을 덜어서 두려는가. 그러므로 깨친 뒤에도 길이 모름지기 비추고 살펴서 망념이 홀연히 일어나거든 도무지 따르지 아니하고 덜고 또 덜어서 함이 없는데[10] 이르러야 바야흐로 비로소 구경[11]이니 천하의 선지식이 깨친 뒤에 소를 기르듯 수행[12]함이 이것이라.

問 「旣悟此理인댄 更無階級이거늘 何假後修하야 漸薰
문 기 오 차 리   갱 무 계 급   하 가 후 수   점 훈

漸成耶이까?」 答 「悟後漸修之義를 前已俱說이거늘 而
점 성 야   답 오 후 점 수 지 의   전 이 구 설   이

復疑情未釋하니 不妨重說이라 汝須淨心하야 諦聽諦聽
부 의 정 미 석   불 방 중 설   여 수 정 심   제 청 제 청

하라 凡夫無始曠大劫來로 至於今日히 流轉五道호대 生
범 부 무 시 광 대 겁 래   지 어 금 일   유 전 오 도   생

來死去에 堅執我相하야 妄想顚倒와 無明種習으로 久與
래사거　　견집아상　　　망상전도　　무명종습　　　　구여

成性일새 雖到今生에 頓悟自性이 本來空寂하야 與佛無
성성　　　수도금생　　돈오자성　　본래공적　　　　여불무

殊나 而此舊習을 卒難除斷이라 故逢逆順境에 瞋喜是
수　　이차구습　　졸난제단　　　고봉역순경　　　진희시

非가 熾然起滅하야 客塵煩惱가 與前無異하나니 若不以
비　　치연기멸　　　객진번뇌　　여전무이　　　　　약불이

般若로 加功着力이면 焉能對治無明하야 得到大休大歇
반야　　가공착력　　　언능대치무명　　　　득도대휴대헐

之地리오.」 如云「頓悟雖同佛이나 多生習氣深이라 風
지지　　　　여운　돈오수동불　　　다생습기심　　　풍

停波尙湧하고 理現念猶侵이라 하며 又杲禪師云往往利
정파상용　　　이현념유침　　　　　　우고선사운왕왕이

根之輩가 不費多力하고 打發此事하면 便生容易之心하
근지배　　불비다력　　　타발차사　　　변생용이지심

야 更不修致라가 日久月深하면 依前流浪하야 未免輪廻
　　갱불수치　　　일구월심　　　의전유랑　　　미면윤회

라.」하시니 則豈可以一期所悟로 便撥置後修耶아 故悟
　　　　　　즉기가이일기소오　　변발치후수야　　　고오

後長須照察하야 妄念忽起어든 都不隨之하고 損之又損
후장수조찰　　　망념홀기　　　도불수지　　　손지우손

하야 以至無爲하여야 方始究竟이니 天下善知識의 悟後
　　　이지무위　　　　방시구경　　　천하선지식　　　오후

牧牛行이 是也니라.
목우행　　시야

단어풀이

1) **오도(五道)** : 유정중생이 왕래하므로 도(道). 곧 길이라 한다. 육도에서
아수라(阿修羅)를 뺀 지옥도(地獄道), 아귀도(餓鬼道), 축생도(畜生道), 인도
(人道), 천도(天道)로 오취(五趣)와 같다.

2) **아상(我相)** : ① 실아지상(實我之相)이란 의미로 아라는 존재는 무한한

시공을 통하여 실존(實存)하고 있다는 개념을 놓지 않는 것을 말한다. 즉 육신이란 사대[四大 : 地水火風]의 가합체(假合體)로서 실존적 물(物)이 될 수 없고 정신 또한 실물로 나타날 수 없는 것인데도 영구히 존속한다는 실념(實念)을 가져서 영구불멸하다고 믿는 것이다. ② 오온(五蘊) 즉, 색수상행식(色受想行識)이 일시적으로 모여서 이루어진 자기를 영원한 실아(實我)로 집착하는 것. 《금강경 간정기(金剛經刊定記)》4에 "나라는 것은 오온으로부터 나타난 것을 나라고 한다."고 하였다. 육조 대사는 "나가 없다는 것은 수상행식이 없다는 것이다[無我者 無受想行識也]"고 하여 정신적인 나까지도 없는 것이라고 보았던 것이다. ③《금강경》에 "만일 보살이 아상, 인상, 중생상, 수자상이 있으면 보살이 아니다[若菩薩有我相人相衆生相壽者相 即非菩薩]"고 하였다. ④《금강경》에서 범부의 아상에 대하여 "미혹한 사람은 재물, 보배, 배움, 친척을 믿고 모든 사람들을 경만하게 여기는 것을 아상이라 한다[迷人 恃有財寶學問族姓 輕慢一切人 名我相]"고 하였고 수행인의 아상에 대하여 "마음에 능소가 있어 중생을 경만하는 것이 아상이다[心有能所 輕慢衆生 名我相]"고 하였다. ⑤ 다른 성현도 "아상이라 함은 모든 것을 자기본위로만 생각하여 자기와 자기의 것만 좋다하는 자존심(自尊心)을 이름이다"고 하였다.

3) 망상(妄想) : ① "진실이 아닌 것을 망이라 한다. 망녕되게 분별하여 갖가지 상을 취하는 것을 망상이라 한다[不當於實曰妄妄爲分別而取種種之相曰妄想]"고 하였다. ②《대승의장(大乘義章)》삼본(三本)에 "범부는 진실이 미혹된 마음으로 모든 법상을 일으키고 상에 집착하여 이름을 자랑하고 이름에 의하여 상을 취하는데 진실하지 못한 것을 취하게 되므로 망상이라 한다

[凡夫迷實之心 起諸法相 執相施名 依名取相 所取不實 故曰妄想].”고 하였고
또《능가경(楞伽經)》4에 “망상이 스스로 얽어매는 것이 누에가 고치를 만드
는 것과 같다[妄想自纏 如蠶作繭]”고 하였고, 또《지관(止觀)》7에 “모든 법이
다 망상으로 화합되었음으로 유라고 한다[諸法皆妄想和合故有]”고 하였다.

  4) 전도(顚倒) : ① 범부 중생이 업장에 가리어서 진리를 거짓으로, 거짓을
진리로 바꾸어 보는 것. ② 본말, 주객, 상하, 전후가 서로 뒤바뀌는 것. ③ 평
상(平常)한 도리를 어기고 바른 이치를 위반함. ④ 무상으로 상을 삼고 고로
낙을 삼는 것이다[以無常爲常 以苦爲樂]. 또《유마경(維摩經)》관중생품(觀衆
生品)에 “‘허망 분별은 무엇을 근본으로 삼는가?’ 답하기를 ‘전도된 생각을 근
본으로 삼는다[虛妄分別孰爲本 答曰顚倒想爲本]’”고 하였고, 또《종경록(宗鏡
錄)》78에 “전도는 번뇌가 근본이 된다[顚倒是煩惱根本]”고 하였다.

  5) 무명(無明) : ① 사견, 망집, 미혹으로 인하여 고집멸도(苦集滅道) 사제
(四諦)의 근본 뜻을 통달하지 못한 어두운 마음. ② 진리와 마음을 깨닫지 못
한 것. 마음이 요란하고 어리석고 그른 것. ③ 불교의 진리를 알지 못하는 당
체 또는 진여에 대하여 그와 모순되는 비진여(非眞如). ④ 12인연의 첫 번
째. ⑤ 암둔(闇鈍)한 마음. 사리(事理)를 요달(了達)하지 못한 것으로 어리석
음(癡)의 이명. ⑥《본업경(本業經)》4에 “무명이란 일체 법을 요달하지 못한
것이다[無明者 名不了一切法]”고 하였고, 또《대승의장(大乘義章)》2에 “법에
요달하지 못한 것이 무명이다[於法不了爲無明]”고 하였고 동(同) 4에 “무명이
란 어리석고 어두운 마음을 말하는 것이니 자체에 지혜의 밝음이 없으므로
무명이라 한다[言無明者 痴闇之心 體無慧明 故曰無明]”고 하였다. ⑦ 심소(心

所)의 이름. 치번뇌(痴煩惱). ⑧ 깨닫지 못한 것(不覺也).

6) **역순(逆順)** : ① 위순(違順)이라고도 한다. 진리에 거슬리는 것을 역이라 하고 진리에 따르는 것을 순이라 한다[違逆眞理謂之逆 隨順眞理謂之順]. ② 마음에 맞지 않는 것을 역이라 하고 마음에 맞는 것을 순이라 하며 역은 나쁜 경계 순은 좋은 경계를 말한다.

7) **반야(般若)** : ① 지혜(智慧), 혜(慧), 명(明), 《지도론(智度論)》 43에 "반야는 진나라 말로 지혜라 하는데 일체 모든 지혜 가운데 가장 제일로 무상, 무비, 무등한 것이니 이보다 수승한 것은 없다[般若者 秦言智慧 一切諸智慧中 最爲第一 無上無比無等 更無勝者]."고 하였다. ② 《혜원음의(慧苑音義)》 상(上)에 "반야를 여기서는 혜라 한다[般若此云慧也]"고 하였다. ③ 사리연구(事理硏究)하는 공부로써 대소유무(大小有無)의 이치와 시비이해(是非利害)의 일을 밝게 아는 지혜. ④ 법의 실다운 이치에 계합한 최상의 지혜. 이 반야를 얻어야만 성불하며 반야를 얻은 이는 부처님이므로 반야는 모든 부처님의 스승. 또는 어머니라 일컬으며 또 이는 법의 여실한 이치에 계합한 평등, 절대, 무념, 무분별일 뿐만 아니라 반드시 상대의 차별을 관조하여 중생을 교화하는 힘을 가지고 있는 것이 특색이다. ⑤ 대개 삼반야(三般若)를 말하는데 첫째, 실상반야(實相般若)이니 이는 반야의 실체로서 본래에 모든 중생에게 구유되어 일체 허망을 여읜 반야의 실성(實性)이요, 소증(所證)의 이체(理體)이다. 둘째, 관조반야(觀照般若)이니 이는 실상을 관조하는 실지(實智)이다. 셋째, 방편반야(方便般若)이니 모든 법을 분별할 수 있는 권지(權智)를 말한다.

8) **대휴대헐(大休大歇)** : 대휴헐지(大休歇底) 또는 대사지(大死底), 일체 망상을 떨쳐버린 경지 또는 마음과 지혜가 다해버린[心智俱盡] 경지, 온갖 망상을 쉬어버린 경지를 말한다.

9) **고 선사(杲禪師)** : 대혜 종고[大慧宗杲, 1089~1163], 간화선(看話禪)을 주창한 중국 송나라 때 임제종의 승려. 속성은 해(奚), 자는 대혜, 호는 묘희(妙喜), 운문(雲門), 시호는 보각 선사(普覺禪師), 《벽암록(碧巖錄)》의 저자, 환오 극근(圜悟克勤)의 법을 전해 받았고, 당시 사대부들의 숭앙과 존경을 받았다. 그 때문에 정쟁에 휘말려 10년간 유배생활을 하면서 《정법안장(正法眼藏)》6권을 지었다. 또 그의 편지를 모은 《대혜서(大慧書)》, 《서장(書狀)》은 유명하며 우리나라 승려교육용 사집(四集)에 교과서의 하나로 쓰이고 있다.

10) **무위(無爲)** : ① 위는 조작의 뜻이다[爲者造作之義]. 인연이 없이 조작되어지는 것을 무위[無因緣造作曰無爲]라 하고, 또 생주이멸의 사상이 없이 조작된 것을 무위[無生住異滅四相之造作曰無爲]라 한다. 즉 조작이라는 것이 "무엇인가 억지로 만들어 내는 것"이라 한다면 무위라는 것은 인연 조작이 없이 무위이화(無爲而化) 자동적으로 또는 순리대로 되는 것이다. 예를 들면 춘하추동의 사시순환이나 우주의 성주괴공(成住壞空)이나 인간의 생로병사(生老病死) 등을 말하는 것이다. ② 《화엄대소(華嚴大疏)》16에 "조작해 내는 것을 유위라 하는데 유위는 바로 떳떳함이 없는 것이요, 조작이 없는 것을 무위라 하는데 무위는 바로 떳떳한 것이다[以有所作爲 故名有爲 有爲是無常 無所作爲 故名無爲 無爲卽是常也]"고 하였다. ③ 《청신사도인경(淸信士度人經)》에 "은혜를 버리고 무위에 드는 것이 진실로 은혜를 갚는 것이다[棄恩

人無爲 眞實報恩者也"고 하였다. ④ 생멸 변화가 없는 진리의 실체를 말하는 것으로 열반, 법성(法性), 실상(實相), 진여라고 하는데 특히 진여무위(眞如無爲)는 성지(聖智)로 소증(所證)한 진리를 말하는 것이다. ⑤ 노자(老子)는 특히 무위자연이라 하여 인간의 지식이나 욕망에 의하여 이루어지는 조작은 버려야 한다고 주장하고 지욕(知欲)에 의한 조작은 대위(大僞)나 대란(大亂)을 부르게 된다고 보았다. ⑥《도덕경(道德經)》48에 "학문을 하면 날마다 이익이 되고(지식) 도를 닦으면 날마다 덜어진다. 덜고 또 덜어서 무위에 이르면 함이 없으나 하지 못할 바도 없다[爲學日益 爲道日損 損之又損 以至於無爲 無爲而無不爲]"고 하였다.

11) 구경(究竟) : ① 최상(最上), 필경(畢竟), 구극(究極)의 뜻. ② 사리(事理)의 마지막 최고 경지. 곧 궁극의 경지. ③ 부처님의 각오(覺悟)를 구경각(究竟覺)이라 하고 성자의 가장 높은 지위를 구경위(究竟位)라 한다. ④ 불교의 술어라고 할 수 있는데 불전(佛典)에서 최고의 경지를 가리키는 말이다. 《대지도론(大智度論)》72에 「구경이란 이른 바 모든 법의 실상이다[究竟者所謂諸法實相]」고 하였다. 또한 당나라 왕유(王維)는《서방변화찬(西方變畫贊)》서(序)에서 「구경은 무생에서 다다르는 것이요, 인지는 유상에서 따르는 것이라[究竟達于無生 因地從于有相]」고 하였다. 또한 명나라 이지(李贄)는《육도해(六度解)》에서 「이 육도라는 것은 모두 해탈로써 구경을 삼는다. 그러므로 반드시 모름지기 지계와 인욕으로써 선정에 들어간 뒤에 해탈을 가히 얻는다[此六度也 總以解脫爲究竟 然必須持戒 忍辱以入禪定 而後解脫可得]」고 하였다.

12) **목우행**(牧牛行) : 마음을 길들이고 닦아가는 것. 사람의 본래 마음을 소에 비유해서 소먹이 듯이 차례차례로 마음을 길들여 가는 수행을 목우행이라 한다. 목우란 말은 말을 보다 실천적 행동적으로 강조한 말로서 수행자를 흔히 목우행자라고도 한다.

연의(演義)

한 번 깨치면 모든 공부가 끝난다 하는데 어찌하여 또 닦아야 하느냐는 데 대한 물음이다. 이에 대하여 보조 국사는 물론 깨쳐버리면 되지만 그래도 많은 생을 살아오면서 묻었던 찌꺼기들이 성격으로 굳어 습성으로 남아 있는지라 그 습성이 금방 깨쳤다 하여 바로 소제가 되는 것이 아니니 다시 한 번 깨친 뒤 닦음이 요구되는 것이 아니겠냐고 강조를 한다.

즉 우리가 깨친 그 성품이 모든 부처님과 조금도 다름이 없다는 사실은 인증한다 할지라도 내가 주장이 되고 나의 집착이 되어 망상과 전도와 무명 등으로 얼룩이 져 있어서 좋은 경계나 나쁜 경계에 자재할 힘이 없이 성질도 내고 기뻐도 하며 옳다고 하고 그르다고 하는 온갖 분별이 불꽃처럼 일었다 꺼졌다 하는 그 습성의 덩어리마저 부숴버려야 한다고 강조를 한다.

다시 말하자면 우리가 행동을 할 때 모르고도 하지만 분명히 알고도 저지르는 행동이 있다. 곧 우리의 행동이 마음의 의지대로 따라주지 않을 그때 그것이 바로 습기의 성격화가 되어 나타나는 것이라고 할 때 이것을 닦아내자는 것이 깨친 뒤의 수행이라고 할 수 있다.

이러할 때 필요한 것이 반야(般若)의 지혜이다. 모든 지혜 중에서 가장 으뜸가는 지혜로 비추고 또 쬐어서 무명의 뿌리까지 녹여 버려야 일체 마음이나 지식까지 다해 버린[心知俱盡] 경지에 도달하게 된다. 만일 그렇지 않으면 바람은 멈췄지만, 물결은 일고 이치는 깨쳤지만, 망념은 쉬지 않는 것처럼 물결의 습기인 망념의 습성이 남아있어서 깨침은 비록 같다고 할지라도 닦아서 부처에 이를 수 없도록 방해를 부리는 마장이 되기 때문이다.

수행자에게 무서운 병증이 있다. 그것은 "한 번으로 끝내버렸다."는 병이다. 즉 영리한 사람이 찰나에 진리를 알았다 하여 그것으로 지혜가 솟아나고 영생사가 해결된 것처럼 여겨 "참 쉽다. 별 것 아니다."는 등의 용이한 마음으로 더 공부를 하지 않고 자유 방종으로 무애행(無礙行)을 하면서 한다는 말이 "술 먹고 고기 먹어도 반야 지혜에는 방해되지 않고 도둑질하고 음탕한 짓을 하여도 도를 깨닫는데 해가 없다[飮酒食肉 無妨般若 行盜行淫 不害菩提]"고 하여 다시 유랑의 길로 나아가 생사나 육도의 윤회를 벗어날 수 없게 되어 버리니 크게 걱정을 아니 할 수 없다.

그러므로 살펴야 한다. 검문하여야 한다. 비추어야 한다. 더욱

철저하게 닦고 철저하게 밝혀서 한 점의 망상도 일어나지 않도록
하여야만 복혜 양족(福慧兩足)의 부처님 경지에 들 수 있다. 그러
하기에 천하의 공부하는 사람들이 마음을 소로 삼아 잘 기르기에
진력(盡力)하여 설사 혼자 둔다 할지라도 어떤 곡식이든 간에 해를
끼치지 않게 될 때까지 끊임없이 갈고 닦아서 길을 들였다.

부미일시왈(附尾一詩曰)

風氣非吹樹不搖
풍 기 비 취 수 불 요
心天不蔽影無昭
심 천 무 폐 영 무 소
放牛廣野無障礙
방 우 광 야 무 장 애
月下牧童拍掌謠
월 하 목 동 박 장 요

바람기운 불지 않으면 나무 흔들리지 않고

마음하늘 가리지 않으면 그림자 밝힐 필요 없네

소를 광야에 놓아도 막히거나 걸림이 없으니

달빛 아래에 목동은 손뼉을 치며 노래를 하누나.

23. 自心具足
자 심 구 족

자기 마음에 구족되어 있다

　비록 뒤에 닦음이 있지만 이미 먼저 망념이 본래 비고 심성이 본래 깨끗한 것을 단박 깨쳤음 일새 악을 끊음에 끊어도 끊음이 없고 선[1]을 닦음에 닦아도 닦음이 없나니 이것이 이에 참으로 닦고 참으로 끊은 것이라. 그러므로 "비록 온갖 수행[2]을 다 닦지만 오직 무념[3]으로써 으뜸으로 삼는다."고 하였고 규봉 선사가 먼저 깨치고 뒤에 닦는 뜻을 총괄하여 판별해서 말하기를 "이 성품이 원래 번뇌가 없고 무루의 지혜 성품이 본래 저절로 다 갖춤이 부처와 다름이 없음을 단박 깨쳐서 이에 의하여 닦으면 이것이 최상승[4]의 선[5]이며 또한 여래의 청정한 선이라고 이를 것이라. 만일 능히 생각 생각에 닦고 익히면 자연히 차츰차츰 백천 삼매[6]를 얻으리니 달마 대사[7]의 문하에 펴고 굴려 서로 전해진 것이 이 선이라."고 하였으니 곧 돈오와 점수의 뜻은 수레의 두 바퀴와 같아서 하나라도 빠지면 옳지 아니하니라.

雖有後修나 已先頓悟妄念本空하고 心性本淨일새 於惡
수유후수　　이선돈오망념본공　　　심성본정　　　어악

斷호대 斷而無斷하고 於善修호대 修而無修하나니 此乃
단　　단이무단　　　어선수　　　수이무수　　　차내

眞修眞斷矣라 故云「雖備修萬行이나 唯以無念爲宗이
진수진단의　　고운　수비수만행　　　유이무념위종

라.」하시고 圭峰이 總判先悟後修之義云호대「頓悟此
규봉　　총판선오후수지의운　　　돈오차

性이 元無煩惱하고 無漏智性이 本自具足함이 與佛無殊
성　원무번뇌　　　무루지성　　본자구족　　　여불무수

하야 依此而修者는 是名最上乘禪이며 亦名如來淸淨禪
의차이수자　　시명최상승선　　　역명여래청정선

也라 若能念念修習하면 自然漸得百千三昧하리니 達摩
야　　약능염념수습　　　자연점득백천삼매　　　달마

門下에 展轉相傳者가 是此禪也니라.」하니 則頓悟漸修
문하　전전상전자　시차선야　　　　　즉돈오점수

之義가 如車二輪하야 闕一不可니라.
지의　여거이륜　　　궐일불가

단어풀이

1) 선악(善惡) : ① 윤리도덕의 개념으로서 선이란 착하고 올바른 것. 어질고 좋은 것. 양심이 있고 도덕성을 갖춘 것으로 윤리도덕의 가장 높은 가치이다. 악이란 선과 반대로 착하지 않고 올바르지 않은 것. 양심을 따르지 않고 도덕성을 상실한 것. 인간에게 해독을 입히는 것이라고 할 수 있다. ② 《대승의장(大乘義章)》7에 "순응하는 것을 선이라 하고 거슬리는 것을 악이라 한다[順名爲善 違名爲惡]"고 하였고, 동 12에 "진리를 따르는 것은 선이요

진리를 거슬리는 것은 악이다[順理名善 違理名惡]"고 하였다. ③《법계차제(法界次第)》상지하(上之下)에 "선은 진리에 순응하는 것을 옳음으로 여겨 전도를 쉬고 참에 돌아간다. 그러므로 이치에 순응한다고 하는 것이요 악은 진리에 어긋나는 것을 옳음으로 삼는다[善順理爲義 息倒歸眞 故云順理 惡以乖理爲義]"고 하였다. ④ 성품이 순연하게 발하면 선이 되고 성품이 물욕에 가려서 발하면 악이 된다[性純然而發則爲善 性物欲交蔽而發則爲惡]. ⑤ 맹자(孟子)는 성선설(性善說)을 주장하고 순자(荀子)는 성악설(性惡說)을 주장하였다. ⑥ 사람의 성품이 정(靜)하면 선도 없고 악도 없으나 동(動)하면 능히 선할 수도 있고 악할 수도 있다. 그러나 지선(至善)한 자리는 선과 악을 초월한 자리이다.

2) 만행(萬行) : ① 불법을 수행하는 사람들이 수업(修業)할 모든 행위. 곧 고행, 난행, 희사, 불공, 수행, 정진, 참회, 기도 등의 모든 행업(行業). ②《보살심론(菩薩心論)》에 "다시 삼승기겁을 지내고 육도만행을 닦아 모두가 다 구족하지만 그러나 불과를 증득해야 한다[復經三僧祇劫 修六度萬行 悉皆具足 然證佛果]"고 하였다.

3) 무념(無念) : ① 망념이 없는 것[無妄念也]. 즉 번뇌망상(煩惱妄想), 사심잡념, 사량계교심(思量計較心)이 없는 것. ② 무아의 경지에 이르러 아무런 생각이 없는 것. 곧 무념무상의 경지. ③ 정념(正念)의 이명.《종경록(宗鏡錄)》8에 "정념이란 무념이라야 아는 것이지만 만일 모두 앎이 없으면 어떻게 정념을 이루리오[正念者 無念而知 若總無知 何成正念]" 하였다. ④ 보통 실책(失策)을 무념이라 하고 유한(遺恨)을 무념이라 하는데 곧 정념(正念)이

없다는 뜻이다. ⑤ 은혜를 베푼 뒤에 은혜를 베풀었다는 관념과 상(相)이 없는 것을 말한다.

4) 최상승(最上乘) : ① 가장 뛰어난 교법. 가장 궁극적인 진리를 가르쳐 주는 지극한 교법. 대도정법. ② 곧 대승(大乘)을 말한다. 대승의 대란 소(小)에 대비하여 말하는 것으로 대포무외(大包無外)하고 광대무량(廣大無量)하다는 뜻이요, 승은 운재(運載)란 뜻이니 대승은 곧 넓고 커서 많이 실을 수 있다는 뜻이다. ③ 소승이 개인적인 해탈을 위한 교법과 수행으로 회신멸지(灰身滅智) 공적열반(空寂涅槃)임에 반해 대승은 일체중생을 구제하는 불교의 현묘하고 심오한 수행과 교법을 말하는 것이다. 즉 일체중생을 배에 싣고 파란고해를 건너 무여열반(無餘涅槃)의 불보살 세계에 안주케 하는 것으로 이 대승에는 권대승(權大乘)과 실대승(實大乘)이 있다. 권대승이란 권은 곧 방편(方便)이란 뜻으로 근기가 미약한 중생이 여래의 교법을 받아들일 수 없으므로 갖가지 비유나 방편을 써서 가르친다는 것이요, 실대승이란 방편을 쓰지 않는 직설직교(直說直教)의 불법을 말하는 것이다.

5) 선(禪) : ① 범어 선나(禪那)의 준말. 정(定), 정려(靜慮), 기악(棄惡), 사유수(思惟修), 공덕총림(功德叢林) 등으로 번역한다. ② 좌선(坐禪) 또는 참선(參禪)의 뜻. 마음에는 망념(妄念)을 쉬고 진성(眞性)을 나타내며 몸에는 화기(火氣)를 내리고 수기(水氣)를 오르게 하는 것. 즉 식망현진(息妄顯眞)하고 수승화강(水昇火降)하는 것을 말한다. ③ 정신과 육신 또는 호흡을 골라 원적무별(圓寂無別)한 진경(眞境)에 들자는 것이다. ④ 선은 부처님의 마음이요, 교는 부처님의 말씀이라. 선은 가섭에게 전하고, 교는 아란에게 전하

였다[禪是佛心 敎是佛語 禪傳迦葉 敎傳阿難]고 한다. ⑤ 진정한 이치를 사유(思惟)하고 생각을 산란하지 않게 하며 마음을 모아 고요한 경지에 들고 선악을 생각지 않으며 시비를 관계치 않고 유무에 간섭받지 않아서 마음을 안락 자재한 경계에 소요하는 것. ⑥《법계차제(法界次第)》에 "선은 인도의 음이니 이를 번역하여 기악이라 하는데 능히 욕계 오개[五蓋 : 貪欲蓋 瞋恚蓋 睡眠蓋, 掉悔蓋, 疑法] 등 일체 모든 악을 버리므로 기악이라 하고 혹은 공덕 총림이라 번역하고 혹은 사유수라고도 번역한다[禪是西土音 此翻棄惡 能棄欲界五蓋等一切諸惡 故云棄惡 或翻功德叢林 或翻思惟修]." 또《혜원음의(慧苑音義)》상(上)에 "선나를 여기서 정려라고 하는데 마음과 생각을 고요하게 하는 것을 말한다. 구역의 사유수는 준말이다[禪那 此云靜慮 謂靜心思慮也 舊翻爲思惟修者 略也]"고 하였다. ⑦ 우리의 본성에 원래 갖아 있는 참 부처. 참 지혜. 참 복락을 계발시키는 방법. ⑧ 무시선 무처선(無時禪 無處禪). 곧 정혜계(定慧戒)의 삼학(三學)을 동정간(動靜間)에 실현하는 방법. ⑨ 원래 분별 주착(分別住着)이 없는 각자의 성품을 오득(悟得)하여 마음의 자유를 얻게 하는 공부를 말한다.

6) **삼매(三昧)** : ① Samādhi. 삼매. 삼마제[三摩提, 三摩帝]라 음역하고 번역하여 정(定), 정수(正受), 조직정(調直定), 정심행처(正心行處), 식려응심(息慮凝心)이라 한다. 마음이 한곳에 머물러 동요하지 않으므로 정이라[心定於一處而不動 故曰定]하고 관찰한 법을 바르게 받아들이므로 수라[正受所觀之法 故曰受]하며 마음의 사나움을 고르고 마음의 굽음을 바르며 마음의 흐트러짐을 안정하므로 조직정이라[調心之暴 直心之曲 定心之散 故曰調直定]

하고 정심의 행동이 법의 귀의처에 합치하므로 정심행처라[正心之行動 使合於法之依處 故曰正心行處] 하며 연려를 쉬고 심념을 응결하므로 식려응심이라[息止緣慮 凝結心念 故曰息慮凝心]한다. ②《지도론(智度論)》5에 "착한 마음을 한 곳에 머물러 동요되지 않는 것을 삼매라 한다[善心一處住不動 是名三昧]"고 하였고, 또 동 28에 "일체 선정을 정이라 하고, 또한 삼매라고 한다[一切禪定亦名定 亦名三昧]"고 하였으며, 또 동 20에 "모든 행이 화합되는 것을 삼매라 한다[諸行和合 皆名爲三昧]"고 하였고, 또 동 23에 "일체 선정섭심을 삼마제라 하는데 진나라 말로 정심행처라 한다. 이 마음이 비롯이 없는 세계로 좇아올 제 항상 굽어 바르지 않지만 이 정심행처를 얻으면 마음이 곧 바르고 곧아진다. 비유하자면 뱀이 다니는 것이 항상 굽지만 대통 속에 들어가면 곧은 것과 같다[一切禪定攝心 皆名爲三摩提 秦言正心行處 是心從無始世界來常曲不端 得此正心行處 心則端直 譬如蛇行常曲 入竹筒中則直]"고 하였다. ③《대승의장(大乘義章)》2에 "마음이 법에 합일되면 삿되고 어지러운 것을 여의게 되므로 삼매라 한다[以心合法 離邪亂 故曰三昧]"고 하였고, 또 동 9에 "심체가 고요하여 사란을 여의었으므로 삼매라 한다[心體寂靜 離於邪亂 故曰三昧]"고 하였다. ④《탐현기(探玄記)》3에 "삼매를 등지라고 하는데 침부를 여의었으므로 정혜가 평등한 것이니, 그러므로 등이라 한다. 마음이 산란하지 않으므로 일경에 머무는 것이니, 그러므로 지라 한다[三昧此云等持 離沈浮 故定慧等 故名等也 心不散 故住一境 故名持也]"고 하였다. ⑤《보리심의(菩提心義)》1에 "범어의 삼마지를 당나라 말로 등념이라 하는데 유정세계에 들어갈지라도 평등하게 섭수하고 호념하는 것이다[梵云三摩地 唐云等念

入有情界 平等攝受而護念之者]"고 하였다.

7) 달마[達摩, ? ~ 528] : 보리 달마(菩提達磨). 중국 남북조시대의 선승으로 서가모니불로부터 28대. 중국 선종의 초조(初祖). 남인도 향지국 이견왕(香至國 異見王)의 셋째 왕자로 태어나 27조 반야다라 존자(般若多羅尊者)에게 법을 배워 대승불교와 선(禪)에 통달하였다. 양무제(梁武帝) 때인 520년경 중국에 들어와 양무제와 문답하였으나 무제가 잘 알아듣지 못하므로 숭산 소림사(崇山 少林寺)에 들어가 면벽구년(面壁九年)을 하였는데 사람들이 이를 벽관바라문(壁觀婆羅門)이라 불렀다. 뒤에 신광 혜가(神光慧可)를 만나 법을 전하였다. 저서로 《혈맥론(血脉論)》 등은 선가의 중요한 길잡이이다. 당나라 대종(代宗)이 원각 대사(圓覺大師)라 시호하였다.

혜가에게 법을 전하는 게송이 있다.

吾本來玆土 오 본 래 자 토	내가 본래 이 땅에 온 것은
傳法救迷情 전 법 구 미 정	법을 전하여 미정을 구원함이니
一華開五葉 일 화 개 오 엽	한 꽃에 다섯 잎이 피어나고
結果自然成 결 과 자 연 성	맺는 열매 자연히 이뤄지리라.

연의(演義)

깨친 뒤에 닦음이라야[悟後修] 참된 닦음이 된다. 보조 국사는 깨치지 않고 닦는 것은 참 닦음이 아니요 깨친 뒤에 닦음이라야 참다운 닦음이라고 볼 수 있다.

사실 깨닫는다는 것은 망념이 본래 텅 비었고 마음이 본래 깨끗하다는 것을 확실하게 인득(認得)하는 것으로 이렇게 아는 것이 정말로 철저하다면 닦음은 저절로 이뤄지게 된다. 즉, "끊지 않지만 끊은 바가 없이 저절로 끊어지고, 닦지 않지만 닦은 바가 없이 저절로 닦여져 버린 경지[不斷而無所斷爲自斷 不修而無所修爲自修之地]"가 되어야 참 끊음이 되고, 참 닦음이 되는 것이니 이것은 곧 "무념으로 끊고 무념으로 닦는 것이라[無念而斷 無念而修]"고 할 수 있다.

다시 말하면 악이 되는 망념이라 할지라도 더 이상 끊어야 할 것이 없고 선이 되는 본성이라도 더 이상 닦을 것이 없는 경계에 이미 도달되어 있다. 왜냐하면, 망념이라는 자체가 본래 텅 비어 분별사량(分別思量)이 일어날 수가 없고 본성의 자체가 원래 깨끗하여 먼지나 그림자가 생길 수 없기 때문이다.

그러므로 먼저 깨친 뒤에 닦아야 참 닦음이 된다는 규봉 선사의 말을 인용하여 오후수(悟後修)를 강조한다. 우리가 본래 번뇌가 없고 마음 그대로가 부처와 조금도 다름이 없다는 사실을 생각이나 추측으로 아는 것이 아니라 깨침으로 인증함과 동시에 여기에다 뿌리를 내리고 닦아가는 바가 없이 닦아나가는 것이 바로 최상승선이오. 또한, 여래선을 행하는 것으로서 이렇게 닦아야만 동정

간에 무애자재(無礙自在)의 지혜와 능력이 솟아나게 된다고 할 수 있다.

　이러한 것은 마치 수레의 두 바퀴와 같아서 만일 한 바퀴가 없으면 수레가 굴러갈 수 없게 되듯이 깨친 뒤에는 더 이상 닦음이 없다고 한다면 원만한 닦음이 아니요 따라서 부처님의 지혜와 능력도 갖출 수 없게 된다고 아니할 수 없다.

부미일시왈(附尾一詩曰)

東來圓覺起風波
동 래 원 각 기 풍 파
西往凡夫作惡魔
서 왕 범 부 작 악 마
本得明淸無漏智
본 득 명 청 무 루 지
一隅閑坐唱樵歌
일 우 한 좌 창 초 가

동쪽으로 온 달마는 풍파를 일으키고

서쪽으로 간 범부는 악마가 되었어라

본래 밝고 맑은 무루의 지혜 얻으니

한 모퉁이 한가히 앉아 나무꾼 노래 부르리.

※ 원각(圓覺)은 달마 대사의 시호임.

24. 以惱成道
이 뇌 성 도

번뇌로 도를 이룬다

어떤 사람은 선과 악의 품성이 텅 빈 것임을 알지 못하고 굳게 앉아 움직이지 아니하여 몸과 마음을 누르고 조복하기를 돌로 풀을 누르는 것같이 하면서 마음을 닦는다고 하나니 이것은 크게 의혹되는 것이라. 그러므로 이르기를 "성문[1]은 마음마다 의혹을 끊으려 하지만 능히 끊으려는 마음이 이에 도적이라" 하시니 다만 살생[2]하고 도적질[3]하며 음행[4]하고 망녕[5]된 말이 품성으로 쫓아 일어나는 것임을 살펴본다면 일어나도 곧 일어남이 없는 것이라 당처가 문득 고요한 것이니 무엇을 모름지기 다시 끊으리오. 그러므로 "생각이 일어남을 두려워하지 말고 오직 깨달음이 더딜까 두려워하라." 하며 또한 "생각이 일어나면 곧 깨치라 깨치면 바로 없어진다."고 하시니 그러므로 깨달은 사람의 입장에서는 비록 객진과 번뇌[6]가 있으나 모두 제호[7]를 이루는 것이니 다만 의혹의 근본이 없는 것임을 비추면 허공의 꽃인 삼계가 바람에 연기가 걷히는 것과 같고 허깨비인 육진[8]이 끓는 물에 얼음이 녹는 것과 같으리라.

或者는 不知善惡性空하고 堅坐不動하야 捺伏身心을 如
혹 자   부지선악성공   견좌부동   날복신심   여

石壓草하야 以爲修心하나니 是大惑矣로다. 故云「聲聞
석압초   이위수심   시대혹의   고운 성문

은 心心斷惑호대 能斷之心이 是賊이라.」하시니 但諦觀
   심심단혹   능단지심   시적   단제관

殺盜淫妄이 從性而起하면 起卽無起라 當處便寂이니 何
살도음망   종성이기   기즉무기   당처변적   하

須更斷이리오 所以云「不怕念起하고 唯恐覺遲라.」하며
수갱단   소이운 불파염기   유공각지

又云「念起卽覺이라 覺之卽無라.」하시니 故悟人分上
우운 염기즉각   각지즉무   고오인분상

에는 雖有客塵煩惱나 俱成醍醐니 但照惑無本하면 空華
     수유객진번뇌   구성제호   단조혹무본   공화

三界가 如風卷煙하고 幻化六塵이 如湯消氷하리라.
삼계   여풍권연   환화육진   여탕소빙

단어풀이

1) 성문(聲聞) : ① 연각(緣覺), 보살(菩薩)과 함께 삼승(三乘)의 하나. 부처님의 음성을 직접 들은 불제자라는 뜻. 부처님의 설법을 듣고 고, 집, 멸, 도 사제(苦集滅道四諦)의 이치를 깨달아서 스스로 아라한(阿羅漢)이 되기를 이상으로 하는 수행자. ② 가장 원시적으로는 부처님의 음성을 들은 불제자를 말함. 대승의 발달에 따라 연각과 보살에 대하여 쓰일 때는 사제의 이치를 관하고 스스로 아라한이 되기를 이상으로 여기는 수행자. 중생을 건지겠다

는 큰 원력이 없이 자신의 완성을 목표로 하므로 소승의 다른 이름처럼 알려졌음. ③ 부처님의 설법을 듣고 사제의 이치를 깨달으며 견사(見思)의 의혹을 끊고 열반에 들려고 하는 불도 가운데서 가장 하근기이다.

2) 살(殺) : ① 끊어버린다는 의미로 생명의 이어짐을 끊는 것. 《대승의장(大乘義章)》7에 「서로 이어지는 것을 막고 끊어버리는 것을 지목하여 죽임이라 한다[隔絶相續 目之爲殺]」고 하였다. ② 죽인다는 의미로 생령의 명근(命根)을 끊어버린다는 뜻이다. ③ 열 가지 악업의 하나로 사람이나 축생 등 일체 유정의 생명을 살해하는 것이다[十惡業之一 殺害人畜等一切有情之生命也]. ④ 살생계(殺生戒). 곧 사람이나 축생들의 명(命)을 끊는 것을 경계하는 것으로 스스로 죽이거나 사람들을 시켜 죽이는 것은 같은 죄악이다. ⑤ 남의 희망을 끊거나 남의 앞길을 방해하거나 역사의 흐름을 거역하는 것은 정신 도덕적인 살생이다.

3) 도(盜) : ① 모르게 사사롭게 자기만 이롭게 하는 것을 도라 한다[凡陰私自利者謂之盜]. 그러므로 재물을 도둑질 하는 것도 도이요, 명예(작위)를 도둑질 하는 것도 도이다[凡竊財物者謂之盜 竊名者亦曰盜]. ② 사취(私取)라는 의미이다. 장자(莊子)《산목(山木)》에 「군자는 도적질 하지 않고 현인은 사사로이 하지 않는다[君子不爲盜 賢人不爲竊]」고 하였다. ③ 취해서는 안 될 것을 취하는 것을 도라 한다[非其所取而取之曰盜]. ④ 십악(十惡)의 하나. 남의 것을 훔치거나 빼앗는 나쁜 짓. 또는 속이는 짓을 말한다.

4) 음[淫, 婬] : ① 간음(奸淫) 또는 사음(邪婬). ② 음욕(淫欲). 《원각경(圓覺經)》에 「모든 세계의 종성이 되는 것은 난생, 태생, 습생, 화생인데 모두 음

욕으로 인하여 성명을 정하게 된다[諸世界一切種性 卵生胎生濕生化生 皆因
婬欲而正性命]」고 하였고, 또 《행사초(行事鈔)》에 「지론에 "음욕이 비록 중생
을 뇌란케 하는 것은 아니지만 마음이 얽혀지기 때문에 큰 죄가 된다. 그러
므로 계율 가운데 음욕을 첫째로 하였다"[智論云婬欲雖不惱衆生 心心繫縛 故
爲大罪 故律中婬欲爲初]」고 했다. ③ 십악의 하나. 《사미율(沙彌律)》에 「재가
의 오계는 오직 사음을 억제하자는 것이요, 출가의 십계는 음욕을 전부 끊어
버리자는 것이라[在家五戒 惟制邪婬 出家十戒 全斷婬欲]」고 하였다.

5) 망(妄) : ① 어지러운 것[亂也]. 허망하고 속여 실답지 못한 것[虛誣不實
也]. 그릇된 것[謬也]. ② 십악의 하나. 망어(妄語)라는 뜻. 《지도론(智度論)》
14에 「망어란 마음이 깨끗하지 못하여 다른 사람을 속이려 하고 진실을 덮
고 숨기며 이상한 말을 하고 구업을 만드는 것을 망어라 한다[妄語者 不淨心
慾誑他 覆隱實 出異語 生口業 是名妄語]」고 하였다. ③ 《열반경(涅槃經)》 38
에 「일체의 악한 일은 허망한 것으로 근본을 삼는다[一切惡事 虛妄爲本]」고
하였다.

6) 객진번뇌(客塵煩惱) : 줄여서 객진(客塵)이라고도 한다. 우연히 밖으로
부터 들어온 번뇌. 본래부터 자기 마음속에 있던 것이 아니라 경계를 당해서
밖으로부터 들어온 번뇌. 번뇌는 실체가 있는 것이 아니라 진실한 지혜가 나
타나면 바로 없어지는 것이기 때문에 객(客)이라 하고, 번뇌의 수효가 미세
(微細)하고 티끌처럼 많기 때문에 진(塵)이라고 한다.

7) 제호(醍醐) : ① 오미(五味)의 하나로 우유를 정제하여 만드는데 모든
맛 가운데서 제일가는 맛이다. 《열반경(涅槃經)》에 「제호란 세간에서 제일가

는 최상의 맛이다[醍醐者 名世間第一上味]」고 하였고, 또 「모든 약 가운데서 제일가는데 중생의 뜨겁고 번거롭고 어지러운 마음을 잘 치료한다[諸藥中醍醐第一 善治衆生熱惱亂心]」 하였으며, 또 8에 「운산에 풀이 있는데 이름을 비이라 한다. 소가 먹을 것 같으면 순수한 제호를 얻는다[雲山有草名曰肥貳 牛若食者 純得醍醐]」고 하였다. ② 제호유(醍醐喩), 즉 제호의 비유라는 말인데 이것은 불성(佛性)을 제호에 비유한 것이다. 《열반경(涅槃經)》14에 「비유하자면 소로부터 젖이 나오고 젖으로부터 타락[乳漿]이 나오며 타락으로부터 생소가 나오고 생소로부터 숙소가 나오며 숙소로부터 제호가 나오는데 제호가 최상이다. 만일 먹는 사람이 있다면 모든 병이 제거되는 데 소유되는 모든 약이 다 그 가운데 들어있다. 선남자여, 부처님도 또한 이와 같아서 부처님으로부터 십이부경이 나오고 십이부경으로부터 수다라가 나왔으며 수다라로부터 방등경이 나오고 방등경으로부터 반야바라밀이 나오고 반야바라밀로부터 대열반이 나왔는데 제호와 같은 것이니 제호라는 것은 불성에 비유하여 말한 것이라[譬如從牛出乳 從乳出酪 從酪出生蘇 從生蘇出熟蘇 從熟蘇出醍醐 醍醐最上 若有服者 衆病皆除 所有諸藥 悉入其中 善男子 佛亦如是 從佛出生十二部經 從十二部經出修多羅 從修多羅出方等經 從方等經出般若波羅蜜 從般若波羅蜜出大涅槃 猶如醍醐 言醍醐者喩於佛性]」고 하였다.

8) 공화삼계 여풍권연(空華三界 如風卷煙) : 마음속에 번뇌 망상이 일어나면 이 세계가 문득 허공 꽃이 어지러이 흩날리는 것처럼 보인다. 삼계가 그대로 허공 꽃이 어지럽게 춤추는 세계로 변하는 것이다. 그러나 번뇌 망상이 고요히 잠자면 연기가 바람에 걷히듯 허공 꽃도 일시에 사라지고 우주의 본

래의 모습이 확연히 드러나게 되는 것을 볼 수 있게 된다는 의미이다.

9) **환화육진 여탕소빙**(幻化六塵 如湯消氷) : 육근 동작의 대상이 되는 색·성·향·미·촉·법의 육진이 실체가 아니라 환화와 같은 것이기 때문에, 끓는 물 같고 녹는 얼음과 같다는 뜻. 그러므로 육진 경계에 속거나 거기에 마음을 빼앗기면 고통의 바다를 헤매게 된다는 의미이다.

연의(演義)

깨달음을 얻은 뒤에 닦는 것이란 무념무위(無念無爲)로 표준을 잡고 있으므로 끊어도 끊어야 할 대상이 없고 닦아도 닦아야 할 대상이 없는 경지가 된다고 할 수 있다.

그런데 어떤 사람들은 선과 악, 닦는 과정과 이루어짐, 끊는 과정과 끊어짐, 번뇌와 보리, 현상과 실체, 중생과 부처 등등. 근본 바탕에서는 텅 비어 있다는 사실을 모르고 굳게 앉아 움직이지 않음으로써 몸과 마음을 누르고 항복 받으려 하는데 이렇게 하는 수행을 보조 국사는 "돌로 풀을 누르는 것과 같다."고 하였으니 한때의 방법은 될지라도 근본적인 해결은 될 수 없다. 왜냐하면, 아무리 큰 돌로 풀을 눌러놓아도 결국은 되살아서 옆으로 삐져나오기 때문이다.

이처럼 일시적으로 몸과 마음을 눌러놓는 듯한 닦음이라는 것은 참 닦음이 아니요 오히려 미혹만 키워가는 수행이라고 할 수 있다.

《경덕전등록(景德傳燈錄)》 5권에 이런 일화가 실려 있다. 남악 회양(南嶽懷讓) 선사의 문하에 마조 도일(馬祖道一) 선사가 있었다. 회양 선사가 영악(衡嶽)의 반야사(般若寺)에 있을 때 사미승(沙彌僧)인 도일은 전법원(傳法院)에 있으면서 부지런히 좌선을 하였다. 회양 선사는 도일을 법기(法器)로 알고 있는지라 하루는 암자에 가서 물었다. "대덕은 좌선하여 무엇이 되려 하는가." 도일은 "부처가 되려고 합니다." 선사는 벽돌 한 장을 가지고 암자 앞 돌 위에다 갈고 있었다. 도일은 "벽돌을 갈아서 무엇 하렵니까?" 선사는 "거울을 만들려고 한다." 도일은 "벽돌을 갈아 어떻게 거울을 이룹니까?" 선사는 "벽돌을 갈아 거울을 만들 수 없다면 좌선하여 부처는 이루겠는가." 도일이 "어떻게 하는 것이 옳습니까?" 선사가 "소를 수레에 채웠는데 수레가 가지 않으면 수레를 때리는 것이 옳은가 소를 때리는 것이 옳은가?" 도일은 대답이 없었다.

이러한 대화를 통하여 볼 때 깨침이 없이 닦는 것은 돌로 풀을 누르는 것과 다름이 없고 벽돌을 갈아서 바늘을 만들려는 것과 같으므로 참다운 닦음이 될 수가 없다고 단언할 수 있다.

그러므로 수행하는 사람의 입장에서는 "끊으려는 마음이 오히려 도적"임을 알아야 한다. 부처란 끊고 닦고 제거하여 이루는 대상이 아니라 태초에 끊을 것도 없고 닦을 것도 없고 제거할 것도 없이 원초적으로 이루어져 있는 것이다. 다시 말하면 선악을 끊을 것도 없고 업장을 닦을 것도 없고 번뇌를 제거할 것도 없이 법신불의 진리와 함께 이미 마음에서 이루어져 있는 것이 참 부처이니 이 자리를 확연히 알고 닦아야 참 닦음이 된다고 할 수 있다.

《손자병법(孫子兵法)》에 "적을 알고 나를 알면 백번 싸워도 백번 이기고 적은 모르고 나만 알면 한번 쯤 이길 수도 질 수도 있으며 적도 나도 모르면 매번 싸우면 반드시 지게 된다[知彼知己 百戰百勝 不知彼知己 一勝一負 不知彼不知己 每戰必敗]"고 하였으니 외경이나 번뇌나 모든 것들을 끊고 닦는 대상으로 삼지 말고 바로 부처의 화현(化現), 본래 마음, 진리의 모습으로 승화시켜 나아가면 바람에 연기가 걷히고 끓는 물에 얼음이 녹는 것과 같은 수월한 수행이 되는 것은 분명한 사실이다.

부미일시왈(附尾一詩曰)

石壓草根復起萌
석 압 초 근 부 기 맹
抑治煩惱似毛生
억 치 번 뇌 사 모 생
虛華幻化如煙散
허 화 환 화 여 연 산
佛祖凡夫熟法情
불 조 범 부 숙 법 정

돌로 풀뿌리 누르면 다시 싹이 일어나고

억지로 번뇌 끊으면 또한 털처럼 나오네

허망한 꽃 허깨비는 연기처럼 흩어지고

부처와 조사와 범부들은 법정이 익누나.

25. 大覺世尊
대 각 세 존

크게 깨치면 세상에서 높은 사람

만일 능히 이처럼 생각 생각에 닦고 익혀서 비추고 돌아보기를 잊지 아니하여 정[1]과 혜[2]를 균등하게 가지면 곧 사랑과 미움이 자연 맑으며 엷어지고 자비와 지혜가 자연히 더해지고 밝아지며 죄악과 업장이 자연히 끊어지며 제거되고 공로와 덕행이 자연히 더욱 진취 되어 번뇌가 다 할 때에 나고 죽음이 바로 끊길 것이오. 만일 미세한 번뇌의 흐름[3]까지도 길이 끊고 두렷하게 깨친 큰 지혜가 밝게 홀로 존재하면 곧 천 백억의 화신[4]을 나투어 시방[5]의 나라 가운데에 감응에 다다르고 기틀에 부응하되 달이 높은 하늘[6]에 나타나면 그림자가 모든 물에 나뉘는 것과 같아서 응용함이 다함이 없고 인연 있는 중생을 제도하여 상쾌하고 즐거워서 근심이 없으리니, 이름 하기를 크게 깨친 세상에서 높은 이[7]라 하리라.

若能如是念念修習하야 不忘照顧하야 定慧等持하면 則
약 능 여 시 염 념 수 습　　불 망 조 고　　정 혜 등 지　　즉

愛惡自然淡薄하고 悲智自然增明하며 辜業自然斷除하
애 오 자 연 담 박　　비 지 자 연 증 명　　고 업 자 연 단 제

고 功行自然增進하야 煩惱盡時에 生死卽絶이요 若微細
　공 행 자 연 증 진　　번 뇌 진 시　　생 사 즉 절　　약 미 세

流注永斷하고 圓覺大智가 朗然獨存하면 卽現千百億化
유 주 영 단　　원 각 대 지　　낭 연 독 존　　즉 현 천 백 억 화

身하야 於十方國中에 赴感應機호대 似月現九霄에 影分
신　　어 시 방 국 중　　부 감 응 기　　사 월 현 구 소　　영 분

萬水하야 應用無窮하야 度有緣衆生호대 快樂無憂하리
만 수　　응 용 무 궁　　도 유 연 중 생　　쾌 락 무 우

니 名之爲大覺世尊이니라
　명 지 위 대 각 세 존

단어풀이

1) **정(定)** : ① 정신수양. 공부로 마음 바탕에 요란함이 없게 정신통일을 하는 것. 천만경계에 부딪쳐서도 정신이 흔들리지 않는 것. ② 안으로 분별주착심(分別住着心)을 제거하고 밖으로 산란하게 하는 경계에 끌려가지 않는 것. ③ 마음을 한 곳에 머물게 하여 흩어지거나 움직이지 않게 하는 것을 정이라[定止心於一境 不使散動曰定]하는 것으로 마음의 작용이다. 두 가지가 있는데 하나는 생득선정(生得禪定)으로 나면서부터 마음을 한곳에 머물러 두는 심작용(心作用)이오. 또 하나는 수득선정(修得禪定)으로 색계, 무색계의 심지(心地) 작용으로 수행해서 얻어지는 것을 말한다. ④ 삼매(三昧), 선정(禪定). ⑤ 삼학(三學) 중의 정학(定學).

2) **혜(慧)** : ① 사리에 통달하여 모든 의심을 풀어버리는 슬기. 사리를 분

명하게 분별하는 지혜. ② 사리연구 공부로 대소유무의 이치와 시비이해의 일을 막힘없어 아는 지혜. ③ 유위의 사상을 통달하는 것을 지라하고 무위의 공리를 통달하는 것을 혜라 한다[達於有爲之事相爲知 達於無爲之空理爲慧]. ④ 삼학 중의 혜학(慧學). ⑤ 현상인 사와 본체인 이를 비춰보는 슬기이다[觀照事理爲慧]. ⑥ 본래 성품을 깨달아 걸림이 없는 지혜[悟得本性無礙爲慧]라고 할 수 있다.

3) 미세유주(微細流注) : ① 아주 작은 번뇌. ② 아주 작은 번뇌가 생멸이주(生滅異住)하는 모양. 수행인이 마음속에 미세유주까지도 남아 있지 않아야 번뇌를 다 끊게 되고 성불하게 된다. ③ 망녕된 식이 미세하게 생멸의 변천을 하는 것이라고 하였다[妄識之微細 生滅遷流].

4) 화신(化身) : ① 부처님의 삼신(三身) 중에 하나로 응화신(應化身) 또는 변화신(變化身)이라고도 한다. 즉 부처님께서 일체중생을 제도하기 위하여 알맞게 화현하는 실지 부처님을 말하기도 하고, 또는 일체중생이 모두가 진리의 화현이기 때문에 바로 화신이라고도 하며, 또는 수행자의 염원과 정성에 따라 나투는 부처님도 화신이다. ② 화신에는 두 가지 의미가 있다. 넓은 의미로 이승(二乘)의 범부들을 대하여 갖가지 불신(佛身)과 육도에 이류(異類)의 몸을 나타내는 것을 화신이라 한다. 《불지론(佛地論)》 7에 「변화신이란 중생을 이익주고 안락하게 하기 위해서 갖가지 변화의 사태를 나타내 보이기 때문이다[變化身者爲欲利益安樂衆生 示現種種變化事故]」고 하였고, 또 《성유식론(成唯識論)》 10에 「변화신이란 모든 여래가 사리와 지혜를 이룸으로 말미암아 무량하게 무리를 따라 몸을 화현하여 정토나 예토에 살면서 아

직은 불지에 오르지 못한 보살중과 이승의 이생을 위해 저들의 근기에 마땅함을 헤아려 설법을 나타내고 통달하여 하여금 각각 모든 이로움과 즐거움의 사태를 얻도록 한다[變化身 謂諸如來 由成事智 變現無量隨類化身 居淨穢土 爲未登地 諸菩薩衆二乘異生 稱彼機宜 現通說法 令各獲得諸利樂事]고 하였다. ③ 좁은 의미로는 위에서 말한 화신을 응신(應身)과 화신의 둘로 나누어 부처의 형상으로 나타나는 것을 응신이라 하고[現佛形爲應身], 다른 형상으로 나타나는 것을 화신이라 한다[現他異形爲化身].《대승의장(大乘義章)》18에「중생을 교화하기 위하여 부처의 형상으로 나타나는 것을 응신이라 하고, 갖가지 육도의 형상으로 나타나는 것을 화신이라 말한다[爲化衆生 示現佛形 名爲應身 示現種種六道之形 說爲化身]고 하였다. ④ 어떤 추상적인 특질을 구체화 또는 유형화 하는 것이다. ⑤ 옛 성인의 삼신불(三身佛)에 대한 설명 중에 "법신불이란 만법의 근원인 진리불(眞理佛)이요 보신불과 화신불은 그 진리에서 화현한 경로를 이름이니 화신불 중에는 진리 그대로 화현한 정화신불(正化身佛)이 있고 또는 진리 그대로 받지 못한 편화신불(偏化身佛)이 있다. 정화신불은 제불제성을 이름이요 편화신불은 일체 중생을 이름인데 지금은 중생이나 불성만은 닮아 있으므로 편화신불이라 한다. 그러므로 우리의 마음이 청정하고 바르면 정화신불이요, 삿되고 어두울 때는 편화신불이라고 한다."고 하였다.

5) 시방(十方) : 불교에 있어서 우주에 대한 공간적인 부분. 동, 서, 남, 북의 사방과 동북, 동남, 서남, 서북의 사유(四維)와 상과 하의 열 가지 방향, 시간의 구분인 삼세와 통칭하여 전 우주를 가리키기도 한다.

6) **구소(九霄)** : ① 하늘의 가장 높은 곳을 가리키는 것으로 《군서습타(群書拾唾)》에 「구소란 신소, 청소, 벽소, 단소, 경소, 옥소, 낭소, 자소, 태소이다 [九霄 : 神霄, 靑霄, 碧霄, 丹霄, 景霄, 玉霄, 琅霄, 紫霄, 太霄]」라고 하였다. ② 하늘의 높은 곳으로 구중천(九重天)과 같은 뜻. 양마락(陽瑪諾)의 《천문략(天問略)》에 「구중천이란 일월과 5성을 무릇 7중이라 하고 제8중은 28수천이 되며 제9중은 종동천이 되는 것이다[九重天者 日月五星凡七重 第八重爲二十八宿天 第九重爲宗動天]」고 하였다. ③ 구천이라고도 하는데 《여람유시(如覽有始)》에 「하늘에는 구야가 있고 땅에는 구주가 있다. 중앙을 초천, 동방을 창천, 동북을 변천, 북방을 현천, 서북을 유천, 서방을 호천, 서남을 주천, 남방을 담천, 동남을 양천이라 한다[天有九野 地有九州 中央曰鈞天 東方曰蒼天, 東北曰變天, 北方曰玄天, 西北曰幽天, 西方曰顥天, 西南曰朱天, 南方曰炎天, 東南曰陽天]」고 하였다.

7) **세존(世尊)** : ① 부처님의 존호. 부처님은 만덕을 갖추어 세상에서 존중하기 때문이다[佛具萬德世所尊重故]. 또는 세상에서 홀로 높다[於世獨尊]는 뜻이다. ②《정영대경소(淨影大經疏)》에 「부처님은 뭇 덕을 갖추어 세상에서 흠앙하기 때문에 세존이라 부른다[佛具衆德爲世欽仰 故號世尊]」고 하였고, 또한 《탐현기(探玄記)》 9에 「부처님은 삼덕과 육의를 갖추어 세상에서 홀로 높으므로 세존이라 한다[以佛具三德六義 於世獨尊 故名世尊]」고 하였으며, 또한 《불설십호경(佛說十號經)》에 「하늘과 사람 범부와 성인 세간 출세간이 모두 존중하므로 세존이라 한다[天人凡聖 世出世間 咸皆尊重 故曰世尊]」고 하였고, 또한 《성실론(成實論)》 1에 「이와 같이 아홉 가지 공덕이 구족하여

삼세와 시방세계 가운데 높으므로 세존이라 한다[如是九種功德具足 於三世十方世界中尊 故名世尊]」고 하였다. ③ 부처님의 십호(十號) 가운데 하나.

연의(演義)

항상 공부하는 마음을 챙겨서 정진하지 않으면 불보살이라도 퇴진하기 마련이다. 즉 자성을 항상 돌아보아 모든 습기를 닦고 제거하는 공부가 없으면 결국 중생계로 다시 돌아올 수밖에 없다고 할 수 있다.

《상서(尙書)》태갑(太甲)에 "하늘의 밝은 명을 돌아보라[顧諟天之明命]"고 하였다. 곧 하늘이 나에게 준 영명(靈明)한 혜성(慧性)을 늘 돌아보아 무디어지거나 묵어지지 않도록 하라는 뜻이다.

우리가 수도한다는 것은 "마음의 힘[心力]과 부처의 지혜[定慧戒의 힘를 갖추는 길"이라고 할 수 있다. 본래 부처의 마음으로 되돌아가고 부처의 지혜를 발현할 때 수도를 잘하였다고 할 수 있다. 이렇게 수행을 잘함으로써 증장(增長)되는 것이 둘이 있고 제거되는 것이 둘이 있다고 보조 국사는 가르친다. 증장되는 것은 비지[悲智 : 자비와 지혜]와 공행(功行)으로 부처의 기본이 되는 권능이 갖추어지게 되고, 제거되는 것은 애오(愛惡)와 죄업(罪業)으로 업장이 녹아 청정하고 투명한 부처의 모습을 갖게 된다고 할 수 있다.

"천강유수천강월"(千江流水千江月)이라 하였다. 즉 흐르는 물마다 달 하나씩 비친다는 의미이다. 작은 번뇌까지도 끊어지고 생과 사에 해탈의 자유를 얻으며 두렷한 지혜까지 갖추어서 중생을 건지는 자비의 공행을 발현하여 물 있는 곳마다 달이 비치듯이 손짓이 닿고 발길이 머물고 음성이 메아리치고 마음이 향하는 곳마다 중생을 제도하여 모두 부처로 이뤄 주리니 참으로 크게 깨친 부처님이요 세상에서 가장 높고 존귀한 어른이라고 아니할 수 없으리라.

부미일시왈(附尾一詩曰)

定慧等持佛祖敦
정 혜 등 지 불 조 돈
死生頓脫自由存
사 생 돈 탈 자 유 존
凡夫地獄吾家室
범 부 지 옥 오 가 실
大覺無縈卽世尊
대 각 무 영 즉 세 존

정혜를 균등히 가지면 부처가 도탑고
생사를 단번에 벗어나면 자유 간직하리
범부들의 지옥은 내 집의 안방이지만
크게 깨쳐 걸림 없으면 바로 세존이리.

26. 定慧等持
정 혜 등 지

정과 혜를 평등하게 가지자

물음 : "뒤에 닦는 문중에 정과 혜를 균등하게 가진다는 뜻은 참으로 밝게 요달하지 못하였사오니 다시 베풀어 말씀하여 자세히 보여 미혹을 열어 해탈의 문에 끌어 들어가게 하소서"

대답 : "만일 법의 뜻을 말할진대 진리에 들어가는 천 가지 문이지만 정과 혜 아님이 없는 것이오. 그 강요를 취할진대 곧 다만 자성상의 본체와 작용의 두 가지 뜻이니 앞에서 이른바 공적영지가 이것이라. 정은 본체이요 혜는 작용이니 본체에 즉입(卽入)한 작용이라. 그러므로 혜는 정을 떠나지 아니하였고 작용에 즉입한 본체라. 그러므로 정은 혜를 떠나지 아니하였으며 정이 곧 혜인지라. 그러므로 고요하면서 항상 지혜롭고 혜가 곧 정인지라. 그러므로 지혜로우면서 항상 고요하니라. 저 조계[1]의 육조 대사(六祖大師)가 말하되 '마음 바탕[2]'에 요란함이 없음[3]'이 자성의 정이요 마음

에 어리석음 없음[4]이 자성의 혜라'하였으니 만일 이와 같음을 깨달아 공적영지를 임의로 운전하며 가리고 비침[5]이 둘이 아니게 되면 이것이 돈문에 정과 혜를 함께 닦는 것이라."

問「後修門中에 定慧等持之義를 實未明了하오니 更爲
문   후수문중   정혜등지지의   실미명료   갱위

宣說하사 委示開迷하야 引入解脫之門하소서.」 答「若
선설   위시개미   인입해탈지문하소서   답   약

說法義인댄 入理千門이나 莫非定慧요 取其綱要인댄 卽
설법의   입리천문   막비정혜요 취기강요   즉

但自性上體用二義니 前所謂空寂靈知가 是也라 定是
단자성상체용이의   전소위공적영지가 시야라 정시

體요 慧是用也니 卽體之用이라 故慧不離定하고 卽用之
체요 혜시용야니 즉체지용이라 고혜불리정하고 즉용지

體라 故定不離慧하며 定則慧라 故寂而常知하고 慧卽定
체라 고정불리혜하며 정즉혜라 고적이상지하고 혜즉정

이라 故知而常寂이라. 如曹溪云'心地無亂이 自性定이
이라 고지이상적이라   여조계운 심지무란이 자성정이

요 心地無癡가 自性慧라'하니 若悟如是하야 任運寂知
요 심지무치가 자성혜라하니 약오여시하야 임운적지

하며 遮照無二則是爲頓門個者의 雙修定慧也니라.」
하며 차조무이즉시위돈문개자의 쌍수정혜야

단어풀이

1) **조계(曹溪)** : 중국 광동성 소주부의 동남으로 30리 쌍봉산 아래 있는 땅이름. 그 곳에 조계라는 강이 있다. 677[唐, 의봉 2년]에 육조 혜능이 조숙량(曹叔良)으로부터 이 땅을 얻어 보림사를 짓고 선풍을 크게 드날렸다. 곧 육조 대사를 가리키는 말이다. 혜능[慧能. 638~713]. 선종의 동토(東土)에 있

어서 여섯 번째가 되므로 육조 대사(六祖大師)라 한다. 성은 노씨(盧氏)로 3세에 아버지를 잃고 가난하여 땔나무를 팔아 어머니를 봉양하였다. 어느 날 시장에서 금강경의 「응무소주이생기심(應無所住而生其心)」이란 대목을 듣고 마음이 열리어 뒤에 황매산(黃梅山)으로 5조 홍인 대사(弘忍大師)를 찾아가 법을 전해 받고 6조가 되었다. 676년 남방으로 가서 교화를 펴다가 조계산으로 들어가 대법을 선양하였다. 당 현종 개원 원년 8월 3일[唐玄宗開元元年八月三日]에 열반하니 세수는 76세이요, 원화(元和) 10년에 대감 선사(大鑑禪師)라고 시호하였다. 그의 법문을 수록한 《육조단경(六祖壇經)》은 선가에서 매우 중요시 하는 경전이다.

2) 심지(心地) : ① 「마음은 만법의 근본이 되어 능히 일체 모든 법을 냄으로 심지라 한다[心爲萬法之本 能生一切諸法 故曰心地]」고 하였고, 또 「수행자는 마음에 의지하고 수행을 가까이 하므로 심지라 한다[修行者依心而近行 故曰心地]」고 하였으며, 또 「삼업 중에서 심업이 가장 수승하므로 심지라 한다[三業中 心業最勝 故曰心地]」고 하였다. ② 마음 본바탕, 마음자리, 심전(心田)과 같은 말. ③ 《심지관경(心地觀經)》8에 「삼계 가운데 마음이 주체가 된다. 능히 마음을 본 사람은 구경에 해탈하고 능히 보지 못한 사람은 구경에 침윤하고 만다. 뭇 생령의 마음은 대지와 같아서 오곡과 오과가 대지로부터 나온다. 이와 같은 심법은 세간, 출세간, 선악, 오취, 유학 무학, 독각, 보살 및 여래를 낸다. 이러한 인연으로 삼계는 오직 마음뿐이니 마음을 땅이라 한다[三界之中以心爲主 能觀心者究竟解脫 不能觀者究竟沈淪 衆生之心猶如大地 五穀五果從大地生 如是心法 生世出世 善惡五趣 有學無學 獨覺菩薩及於如來

以此因緣 三界唯心 心名爲地」고 하였다.

3) **무란(無亂)** : ① 우리의 마음 바탕에 어지럽고 요란함이 없다는 말. ② 심념(心念)이 산멸(散滅)하여 한 곳에 머물러 있지 않는 것을 난이라 한다. 《승만경보굴(勝鬘經寶窟)》하본(下本)에 「마음이 일경에 주하지 않음이 어지러운 마음이다[心不住於一境 名爲亂心]」고 하였다. 그러므로 마음이 일경일처(一境一處)에 머물러 요란하거나 흩어지거나 소멸되지 않는 것이 곧 무란한 경지이다. ③ 정신수양으로 얻을 수 있는 경지.

4) **무치(無癡)** : ① 우리의 마음 바탕에 어둡고 어리석음이 없다는 말. ② 치란 곧 무명이다. 마음이 어두워 일체의 사리에 미혹하므로 일체의 번뇌가 일어나게 되는 것이니 이것이 곧 치의 작용인 것이다. 《대승의장(大乘義章)》 5본(本)에 「어둡고 미혹을 치라한다[闇惑爲痴]」고 하였고, 또 《구사론(俱舍論)》4에 「치란 우치를 말하는 것인데 곧 무명이다[痴者 所謂愚痴 卽是無明]」고 하였으니 이러한 무명이나 미혹이나 어둠이나 번뇌를 모두 제거하여 자성의 지혜광명을 이루자는 것이다.

5) **차조(遮照)** : ① 선정(禪定)과 지혜(智慧)라는 뜻. 차는 막고 끊는 뜻으로 번뇌가 침범하지 못하는 선정 상태, 조는 비친다는 뜻으로 지혜가 사물을 비쳐 보는 것을 말한다. ② 「법[경계]을 부셔 공으로 돌아가는 것을 차라하고 법을 가지고 뜻을 관하는 것을 조라[破法歸空 謂之遮 存法觀義 爲之照]」하나니 공과 유를 부수고 세우는 다른 이름이다[破立空有之異名]고 하였다. 《종경록(宗鏡錄)》8에 「부수고 세움이 한 때이요, 가리고 비침이 한 시기이다[破立一際 遮照同時]」고 하였다.

6) **돈문(頓門)** : 점문(漸門)에 상대한 말로 그 쓰임에 따라 여러 가지 뜻이 있다. 첫째, 부처님 설법의 형식에 의한 구별이니 근기를 초월하여 단박에 설한 《화엄경(華嚴經)》은 돈이요, 근기에 맞추어 점차로 설한 《아함경(阿含經)》, 《방등경(方等經)》, 《반야경(般若經)》 등의 여러 경은 점이다. 둘째, 사상의 내용에 의한 분류이니 일정한 차례에 따르지 않고 변칙적으로 한꺼번에 해탈을 얻는 방법을 말한 것은 돈교이요, 원칙적으로 차례를 밟아서 점차로 해탈하게 하는 가르침은 점교이다. 셋째, 수행의 과정에 따른 구별이니 사상상의 돈교에 의하여 일시에 깨침을 얻는 것은 돈이요, 점교에 의하여 수행해서 점차로 얕은 데서 깊은 데로 나아가는 것은 점이다. 넷째, 선종에서 깨침을 기준으로 한 분류이니 시간과 차제를 거치지 않고 일시에 단박 깨치는 것을 주장함이 돈이요, 점차로 차례를 밟아 깨친다고 함이 점이다.

연의(演義)

정과 혜를 평등하게 갖는 것, 곧 선정(禪定)과 지혜(智慧)를 균등하게 닦아가는 방법에 대하여 더욱 자세한 설명을 요구하고 있다.

보조 국사가 닦음을 주장하는 것은 언제나 깨달음을 기저(基底)로 한 닦음으로써 선정과 지혜를 함께 닦아가고 또 선정과 지혜를 평등하게 간직하자는 것으로써 부처를 이루는 길이 많이 있지만 정과 혜, 곧 선정과 지혜의 길밖에 없다는 것을 강조하고 있다.

사람에게는 근기의 승열(勝劣)이 있다. 또 전생 습기(習氣)의 경
중(輕重)이나 명암(明暗)이 있다. 그러나 근기가 수승하고 습기가
제거되어 밝은 사람은 자성의 체용(體用)을 바로 인지(認知)하게
된다.

自性
자성

體：空寂：定：體不離用, 定不離慧,
체　공적　정　체불리용　정불리혜

用：靈知：慧：用不離體, 慧不離定,
용　영지　혜　용불리체　혜불리정

空寂不離靈知, 定卽慧故寂而常知
공적불리영지　정즉혜고적이상지

靈知不離空寂, 慧卽定故知而常寂
영지불리공적　혜즉정고지이상적

不二
불이

이렇게 보면 자성상에 있어서 정이 체가 되고 혜가 용이 되며 공
적이 체가 되고 영지가 용이 되지만 반면에 체가 용을 여의지 않고
용이 체를 여의지 않았으며 정이 혜를 여의지 않고 혜가 정을 여의
지 않아서 정이 바로 혜이기 때문에 고요한 가운데 또렷한 알음알
이가 있고, 혜가 바로 정이기 때문에 알음알이가 또렷하면서 항상
고요한 것이니 결국 둘이 아니요 하나며 한 쪽만의 닦음이 아니라
함께 닦음이라는 사실을 깨쳐서 얻어야 한다.

《육조단경》 돈점품(頓漸品)에 "마음에 그름 없는 것이 자성의 계
이요, 마음에 어리석음 없는 것이 자성의 혜이며, 마음에 어지러움
없는 것이 자성의 정이다[心地無非自性戒 心地無痴自性慧 心地無
亂自性定]"고 하였다.

이것은 본래 마음, 곧 자성에 계정혜(戒定慧)의 삼학이 그대로

갊아 있다는 것이니 그대로 보고 그대로 깨치자는 것이지 무엇을 제거하고 닦아서 얻자는 것은 아니다.

 그러므로 깨달은 사람의 수행이란 닦아서 이루는 것이 아니라 그대로 보고 그대로 밝혀버리는 것이 최상이라고 아니할 수 없다.

부미일시왈(附尾一詩曰)

自性鄕中亂呆亡
자 성 향 중 난 매 망
頓門城裡不推量
돈 문 성 리 불 추 량
廓開一口千江吸
곽 개 일 구 천 강 흡
法水滔天放道香
법 수 도 천 방 도 향

자성 고향에는 어지럽고 어리석음 없고

돈오문 성은 미루어 헤아리지 못 하리

한 입 크게 벌려 천강의 물 들이키니

법수가 하늘에 가득 도의 향기 풍기네.

27. 寂慮惺昏
적 여 성 혼

···
적적으로 연려를 다스리고 성성으로 혼주를 다스린다

만일 먼저 고요함으로써[1] 반연[2]하는 생각을 다스리고 뒤에 초롱
초롱함으로써 혼침에 머무름[3]을 다스린다 하여 선후로 대치하여
혼침과 산란[4]을 고르게 조복하여서 고요함에 들어가는 사람은 이
것이 점문에 하열한 근기의 수행하는 바라, 비록 이르기를 "초롱초
롱함과 고요함을 평등하게 가진다고 하지만 고요함을 취하여 수행
함을 면하지 못하리니 어찌 일을 마친 사람[5]의 본래 고요하고 본
래 알음알이를 여의지 않고 임의로 운전하고 함께 닦음이라." 하리
오. 그러므로 육조 대사께서 "스스로 깨쳐 수행하는 것은 다투는
데 있는 것이 아니니 만일 선후를 다투면 곧 이에 미혹한 사람[6]이
라."라고 하니라.

若言先以寂寂으로　治於緣慮하고　後以惺惺으로　治於昏
약 언 선 이 적 적　　　치 어 연 려　　　후 이 성 성　　　치 어 혼

住라 하야 先後對治하야 均調昏亂하야 以入於靜者는 是
주   선후대치   균조혼란   이입어정자   시

爲漸門劣機所行也라 雖云「惺寂等持나 未免取靜爲
위점문열기소행야   수운   성적등지   미면취정위

行則豈爲了事人의 不離本寂本知하고 任運雙修者也리
행즉기위료사인   불리본적본지   임운쌍수자야

오.」故曹溪云「自悟修行은 不在於諍이니 若諍先後하
고조계운   자오수행   부재어쟁   약쟁선후

면 卽是迷人이라.」하니라.
즉시미인

단어풀이

1) **적적성성(寂寂惺惺)** : ① 선의 진경(眞境)을 나타내는 말. 적적은 고요
하고 고요하여 일체의 사량, 분별, 번뇌, 망상이 텅 비어버린 경지. 성성은 밝
고 밝아서 신령한〔昭昭靈靈〕한 경지를 말한다. ② 지극히 고요하고 지극히
슬기롭다는 뜻. 다시 말하면 적적이기 때문에 고요한 가운데 그 고요함마저
없는 지허지정(至虛至靜)의 자리이오. 성성이기 때문에 슬기로운 가운데 그
슬기로움마저 없는 지혜지명(至慧至明)의 자리이다. ③ 선을 하는 입장에서
「적적한 가운데 성성함은 옳고 적적한 가운데 무기는 그르며 성성한 가운데
적적함은 옳고 성성한 가운데 망상은 그르다〔寂寂中惺惺是 寂寂中無記非 惺
惺中寂寂是 惺惺中妄想非〕고 한 이것이 선의 요체(要諦)이다. ④ 성적불이
(惺寂不二)요 상즉상입(相卽相入)이며 적성상조(寂惺相照)이요 적체성용(寂
體惺用)이다. ⑤ 적적은 진리의 체이요 성성은 진리의 용이며 적적은 진공이
요 성성은 묘유이며 적적은 공적이요 성성은 영지이다

2) **연려(緣慮)** : 연려심(緣慮心)이라고도 하는데 경계를 반연하고 사물을 사려하는 마음으로[攀緣境界 思慮事物之心] 외계의 사물을 보고 생각하는 마음. 안식(眼識)으로부터 아뢰야(阿賴耶)까지 8종의 심식(心識)을 말한다. 여지심(慮知心)이라고도 한다.

3) **혼주(昏住)** : 공심정좌(空心靜坐)란 뜻이다. 《육조단경》에 「첫째로 공에 착하지 말지니 만일 빈 마음으로 고요히 앉으면 곧 무기공에 착한 것이라[第一莫着空 若空心靜坐 卽着無記空]」고 하였고, 또 영가 선사(永嘉禪師)는 「무기란 비록 선악 등의 일에 연유되는 것은 아니지만 그러나 다 참 마음이 아니면 다만 이것이 혼주이다[無記者 雖不緣善惡等事 然俱非眞心 但是昏住]」고 하였다. 다시 말하면 혼은 어둡고 흐리멍덩하다는 뜻으로 혼주란 곧 어둡고 흐리멍덩한 상태에 빠져있음을 말한다. 성성의 반대로 혼침의 상태를 말한다.

4) **혼란(昏亂)** : ① 혼은 어둡다[冥也 闇也], 미혹하다[迷也], 어지럽다[亂也]는 등의 뜻이요. 난은 어지럽다[紊也], 흐리다[渾也], 혼잡하다[混雜也], 도가 없다[無道也], 망녕되다[妄也]는 등의 뜻이다. ② 혼은 혼침, 난은 산란, 즉 혼침과 산란으로 성성하지도 못하고 적적하지도 못한 상태를 말한다.

5) **요사인(了事人)** : ① 요사란 사리가 명백하다[明白事理也], 일을 마쳤다[畢事也], 분쟁을 조절하고 해결하였다[調解紛爭也]. ② 깨친 사람, 영생의 일을 마친 사람, 자기완성을 이룩한 사람. 즉 안으로 본래 성품을 회복하고 밖으로 진리를 깨쳐 심성(心性)과 사리(事理)가 열리고 트인 사람을 말한다.

6) **미인(迷人)** : ① 사람을 홀리다[미혹시키다]. 마음이 끌리다[쏠리다]. 마

음을 끌다. ② 사람이 미혹하게 되면 본성을 잃어버린다[使人迷惑而失去本性]고 하였다.

연의(演義)

적적한 선정과 성성한 지혜의 선후를 가리고 혼침과 산란을 대치하여 닦는 것은 점수 문의 저열한 근기가 수행하는 방법이라고 단정을 한다. 다시 말하면 반연이 흩어지고 생각이 어지러울 경우에는 정을 통하여 고요한데 들고 만일 혼침에 빠지고 무기에 떨어질 경우에는 혜를 통하여 깨어나게 한다는 것이니 이러한 수행은 점수 문 가운데 근기가 저열한 무리가 닦아가는 길이라고 볼 수 있다.

이러한 수행은 정과 혜를 함께 닦아 가는 것이 아니라 선후를 가려서 닦고 대치하기 때문에 시간이 걸릴 뿐만 아니라 하나를 닦아 이루어 놓으면 다른 하나가 미혹되고 또 미혹된 그 하나를 닦아 이루려 힘쓰다 보면 이미 이루어 놓았던 하나가 다시 미혹되어 버리는 반복을 되풀이하게 되는 것이니 어느 겨를에 정과 혜를 쌍수하고 성과 적을 평등하게 가질 수가 있겠는가. 즉 일 없는 사람[無事人], 일을 마쳐버린 사람[了事人]처럼 본적본지(本寂本知), 성적등지(惺寂等知), 정혜쌍수(定慧雙修)가 될 수 없는 것이라고 아니할 수 없다.

육조 대사의 "스스로 깨쳐 수행하는 것은 다투는 것이 아니다. 만일 앞뒤를 다투면 미혹한 사람이다"고 한 말씀을 인용하여 먼저 할 것과 뒤에 할 것을 따지고 대치와 닦음을 설정하는 것은 하열한 근기들이나 하는 짓거리다. 미혹한 사람들이 걷는 난정(亂程)이라고 할 때 공부라는 것이 한 번에 닦아 이루기도 어렵지만 그렇다고 무작정 세월만 보내는 것도 바람직한 일이 아니니 자기의 힘에 알맞은 중도적인 수행을 찾아야 한다.

부미일시왈(附尾一詩曰)

寂寂惺惺妙理充
적 적 성 성 묘 리 충
昏昏亂亂大心通
혼 혼 난 란 대 심 통
兎龜競走爭先後
토 귀 경 주 쟁 선 후
不脫猿公佛掌中
불 탈 원 공 불 장 중

고요하고 밝은데 묘한 이치 가득하고

어둡고 어지러운데 큰마음 통하누나

토끼 거북 경주하며 앞과 뒤를 다투고

손오공 부처님 손안 벗어나지 못하네.

28. 得道自在
득 도 자 재

도를 얻으면 자유롭다

깨달은 사람의 경지에서 정과 혜를 균등하게 가진다는 뜻은 공적[1]을 쓰는데 떨어지는 것이 아니라 원래 저절로 함이 없어서 다시 특별한 때가 없는 것일새. 만상을 보고 소리를 들을 때에도 다만 이러하며 옷을 입고 밥을 먹을 때에도 다만 이러하며 똥을 누고 오줌을 눌 때도 다만 이러하며 사람을 상대하여 말할 때도 다만 이러하며 내지 걷고 머물고 앉고 눕고 혹 말하고 혹 침묵하며 혹 기쁘고 혹 성내는 일체 때에도 낱낱이 이처럼 하되 빈 배가 물결을 타고 높고 낮음을 따르는 것과 같고 흐르는 물이 산을 도는데 굽고 곧음을 만나는 것과 같이 마음 마음 앎이 없이[2] 오늘도 한가하여 임의로 운전[3]하고 내일도 임의로 운전하여 한가로워서 뭇 인연을 따라도 막히거나 걸림이 없고 선과 악을 끊거나 닦음도 없이 바탕이 솔직하여 거짓이 없어서 보고 들음이 평범하여서 한 티끌[4]도

상대 지을 것이 끊겼으니 어찌 방자함을 보내려⁵⁾는 공력을 수고롭
게 할 것이며 한 생각⁶⁾에 객정도 남이 없는 데 인연을 잊으려는 힘
을 빌리지 아니할 것이라.

則達人分上에 定慧等持之義는 不落功用이라 元自無爲
즉 달 인 분 상　　정 혜 등 지 지 의　　불 낙 공 용　　　원 자 무 위

하야 更無特地時節일새 見色聞聲時에 但伊麼하며 着依
갱 무 특 지 시 절　　　견 색 문 성 시　　단 이 마　　　착 의

喫飯時에 但伊麼하며 屙屎送尿時에 但伊麼하며 對人接
끽 반 시　　단 이 마　　아 시 송 요 시　　단 이 마　　　대 인 접

話時에 但伊麼하며 乃至行住坐臥와 或語或默或喜或怒
화 시　　단 이 마　　　내 지 행 주 좌 와　　혹 어 혹 묵 혹 희 혹 노

히 一切時中에 一一如是호대 似虛舟駕浪에 隨高隨下
일 체 시 중　　일 일 여 시　　사 허 주 가 랑　　수 고 수 하

하며 如流水轉山에 遇曲遇直하야 而心心無知니 今日騰
여 유 수 전 산　　우 곡 우 직　　　이 심 심 무 지　　금 일 등

騰任運하고 明日任運騰騰하야 隨順衆緣호대 無障無礙
등 임 운　　　명 일 임 운 등 등　　수 순 중 연　　　무 장 무 애

하며 於善於惡에 不斷不修하야 質直無僞하고 視聽尋常
어 선 어 악　　부 단 불 수　　　질 직 무 위　　　시 청 심 상

이라 卽絶一塵而作對어니 何勞遣蕩之功이며 無一念而
즉 절 일 진 이 작 대　　　하 로 견 탕 지 공　　　무 일 념 이

生情이라 不假忘緣之力이니라.
생 정　　　불 가 망 연 지 력

단어풀이

1) 공용(功用) : ① 몸, 입, 마음의 동작을 말한다[謂身口意之動作]. 즉 사람
이 몸과 입과 뜻으로 업을 짓는 것을 말한다. 곧 동작, 말, 생각을 의미한다.
②《팔십화엄경(八十華嚴經)》37에「자연스럽게 행하는 것이요, 공용을 빌리

지 않는다[自然而行 不假功用]」고 하였다. ③ 노력하는 것. 힘써 공부하는 것을 이른다.

2) 무지(無知) : ① 어두운 마음으로 사리를 비춰 볼 줄 모르는 것이다[昏闇之心 不知照事理]. 소승교(小乘敎)에 두 가지 무지가 있다. 첫째 염오무지(染汚無知)이니 염오는 번뇌의 다른 이름이요, 무지는 대경(對境)에 밝게 알지 못하는 것을 이르는 것으로 곧 고집멸도(苦集滅道) 4제의 이치를 모르고 만유의 사상(事相)에 이끌린 무명 번뇌를 말한다. 3성(性) 중에 악(惡)과 무기(無記) 중의 유부무기(有覆無記)에 해당된다. 둘째, 불염오무지(不染汚無知)이니 온갖 경계에 대하여 그 진상을 분명히 알지 못하는 하열(下劣)한 지혜, 열혜(劣慧)로 체를 삼는 경우이다. 이 무지는 사물에 집착하는 부정한 성분은 아니므로 불염오라 하고 선, 악, 무기의 3성 중에는 무부무기(無覆無記)에 통한 것이라고 할 수 있다. ② 참 지혜는 고요하여 동요되지 않고 일체 분별이 끊어졌으므로 무지라 한다[眞智寂靜而不動 絶一切分別 謂之無知],《정토론주(淨土論注)》하(下)에 「실상은 상이 없는 것이요, 참 지혜도 알 수 없는 것이라. …중략… 알 수 없으므로 능히 알지 못함도 없는 것이라[實相無相故 眞知無知也 …中略… 無知故能無不知]」고 하였다.《유마경(維摩經)》서(序)에 「성스런 지혜는 앎이 없지만 만물을 다 비치고 법신은 모양이 없지만 다른 형상에 아울러 응한다[聖智無知而萬品俱照 法身無象而殊形並應]」고 하였다.

3) 등등임운 임운등등(騰騰任運 任運騰騰) : ① 심신작용에 아무런 꺼리고 걸림이 없이 임의자재(任意自在) 하는 것이요. 일체 동작이 무엇에도 구애받지 않고 가장 자유로운 상태이다. ② 대기대용(大機大用), 살활자재(殺活自

在)의 큰 능력을 얻은 수행인의 한가로운 마음이다. ③ 무념무상(無念無想)으로 걸림 없이 자적하는 것이다. ④ 조작(造作)과 인위(人爲)가 없이 자연 그대로의 진솔한 모습. 자유자재하는 형세(形勢)를 말한다.

4) 일진(一塵) : 일미진(一微塵)의 준 말로, 물질이 극히 미세(微細)한 것을 나타내는 말. 물질로서는 가장 작은 것으로 티끌이나 먼지 같은 것들을 말한다.

5) 견탕(遣蕩) : 견은 버린다[去也], 쫓는다[逐也], 떠난다[離也], 배제한다[排除也], 보낸다[送也]는 등의 뜻이요, 탕은 방자하다[放逸也], 씻고 제거해 버린다[滌除也], 흩어버린다[散也], 내쳐버린다[放也], 헐어버린다[毀壞也]는 등의 뜻이 있다. 즉 털어 없애버리고 떠나고 흩어 버린다는 것이다. 여기서 견탕지공(遣蕩之功)이란 방탕함을 보내고 버리려는 공력, 곧 노력이라는 뜻이다.

6) 일념(一念) : ① 오롯한 마음으로 염불하는 것. ② 한 가지 일만 골똘히 생각하는 것. ③ 한결같이 꾸준한 생각. 변함없는 생각. ④ 일순간에 일어나는 마음의 작용. ⑤ 극히 짧은 시간 등을 말한다.

연의(演義)

깨친 사람, 곧 자기 성품을 본 사람은 그 성품 자체에 원래 정과 혜, 즉 선정과 지혜가 구족(具足) 되어 있음을 알기 때문에 시간과 장소를 선택하여 특별하게 수행을 하지 않는다.

옛 말씀처럼 "배고프면 밥을 먹고 피곤하면 잠을 잔다[飢來喫飯困來眠]"는 평범하고 일상적인 행동 속에서 정과 혜가 균등하게 자라고 있을 뿐이다. 보고 듣고 옷 입고 밥 먹고 대소변 보고 말하고 앉고 눕고 기뻐하고 성내는 가운데 정혜가 갖추어지고 공적 영지가 밝아지는 것이라고 볼 수 있다.

마치 빈 배를 바닷가에 매어 놓으면 물결의 높낮이를 따라 오르고 내리는 것과 같고, 또한 물이 산을 끼고 돌 때 길고 짧은 굽이를 가리지 않는 것 같이 가장 자연스럽고 가장 무심하고 가장 자유롭게 하는 행위 자체가 바로 닦음이 없이 닦는 것이요[無修而修], 행함이 없이 행하는 것으로[無行而行] 큰 근기의 대승인(大乘人)이나 법기(法器)를 갖춘 최상승인(最上乘人)의 공부하는 방법이라고 할 수 있다.

평상이 도이다[平常是道]. 자신의 눈이 안으로부터 밝혀져서 외부의 어떠한 경계를 이기고 물리치고 막으려는 억지의 방법이나 힘을 쏟을 필요가 없이 물이 흐르고 구름이 떠가듯 수월하고 한가롭게 공부하여 자재할 뿐이다.

부미일시왈(附尾一詩曰)

白雲橫谷水長流
백 운 횡 곡 수 장 류

皎月射村風影浮
교 월 사 촌 풍 영 부

顛立裸身歌唱舞
전 립 나 신 가 창 무

鴈飛魚躍鹿兒呦
안 비 어 약 녹 아 유

흰 구름 골에 걸치고 물은 길이 흐르며

밝은 달 마을에 쏟아 바람 그림자 뜨누나

거꾸로 서서 알몸 되어 노래하고 춤추니

기러기 날고 고기는 뛰며 사슴은 울어대네.

29. 定慧對治
정 혜 대 치

························

정문과 혜문으로 대치한다

그러나 장애[번뇌]는 농후하고 습기는 무거우며 관행(觀行)은 저열하고 마음은 들떠서 무명의 힘은 크고 반야[지혜]의 힘은 적음으로 선과 악의 경계에서 동정이 서로 바뀌는 것을 면하지 못하여 마음이 편안하고 맑지[1] 못한 사람은 반연을 잊고 방탕을 보내는 공부가 없어서는 안 되나니 저 [경]에 이르기를 "육근[2]이 경계에 끌리어 마음이 반연을 따르지 아니함을 정이라 이르는 것이요, 마음과 경계가 함께 공하여 비추어 봄에 미혹됨이 없음을 혜라 이르나니 이것이 비록 상을 따르는 문의 정혜로써 점수문에 하열한 근기의 수행이지만 대치[3]하는 문에는 가히 없지 못하리라. 만일 번뇌[4]가 치성하거든 먼저 정문으로써 이치에 맞춰 산란함을 잡아서 마음이 반연을 따르지 아니하여 본래 고요함에 계합하게 하고 만일 혼침이 더욱 많으면 다음에는 혜문으로써 법을 택하여 공을 관해서[5]

비추어 보아 미혹됨이 없어서 본래 지혜에 계합하게 할지니 정으로써 어지러운 생각[6]을 다스리고 혜로써 무기[7]를 다스려 동요하거나 고요함이 서로 없어지고 대치하는 공력도 끝나면 경계를 대하여 생각 생각이 마루[근본]로 돌아가고 반연을 만나도 마음 마음이 도에 계합하여 임의로 운전하고 쌍으로 닦아야 바야흐로 일 없는 사람이 될 것이니 만일 이렇게 하면 참으로 정과 혜를 균등히 가져서 밝게 불성[8]을 본 사람이라.”라고 한 것과 같으리라.

然이나 障濃習重하고 觀劣心浮하야 無明之力大하고 般
若之力小하므로 於善惡境界에 未免被動靜互換하야 心
不恬淡者는 不無忘緣遣蕩功夫이니 如云「六根攝境에
心不隨緣을 謂之定이요 心境俱空하야 照鑑無惑을 謂之
慧라 하니 此雖隨相門定慧라 漸門劣機所行也나 對治
門中에 不可無也니라. 若掉擧熾盛則先以定門으로 稱
理攝散하야 心不隨緣하야 契乎本寂케 하고 若昏沈尤多
則次以慧門으로 擇法觀空하야 照鑑無惑하야 契乎本知
케 할지니 以定治乎亂想하고 以慧治乎無記하야 動靜相
亡하고 對治功終하면 則對境而念念歸宗하고 遇緣而心
心契道하야 任運雙修하야 方爲無事人이니 若如是則眞
可謂定慧等持하야 明見佛性者也니라.」

단어풀이

1) 염담(恬淡) : ① 세상 물욕이 없다. ② 평안하고 고요하다. ③ 무사태평하고 명예나 이익을 탐내지 않다. ④ 사리사욕이 없다.

2) 육근(六根) : ① 육식(六識)을 일으키어 경계를 인식케 하는 여섯 가지 근원. 곧 심신을 작용하는 여섯 가지 감각기관으로 눈, 귀, 코, 입, 몸, 뜻[眼耳鼻舌身意]을 말한다. ② 근(根)이란 능히 나게 한다는 뜻이니[能生之義] 안근이 색경을 대하여 안식을 내는 것으로[眼根對於色境而生眼識] 이·비·설·신(耳鼻舌身)과 외근이 법경을 대하여 의식을 내므로[外根對於法境而生意識] 근이라 한다. ③《대승의장(大乘義章)》6에「육근이란 색을 대하는 것을 눈이라 하고 내지 여섯 번째 법을 대하는 것을 뜻이라 한다. 이것은 여섯이 능히 육식을 내므로 근이라 한다[六根者對色名眼 乃至第六對法名意 此之六能生六識 故名爲根]」고 하였다.

3) 대치(對治) : ① 경계를 당해서 마음이 끌려가지 않고 일어나는 번뇌를 끊는 것. ② 네 가지가 있다. 첫째, 염환대치(厭患對治)로 가행도(加行道)라 하는데 도를 보기 이전에 고집이제(苦集二諦)를 반연하여 깊이 염환의 생각을 내는 것이요, 둘째, 단대치(斷對治)로 무간도(無間道)라 하는데 사제(四諦)를 반연하여 바르게 번뇌를 끊는 것이며, 셋째, 지대치(持對治)로 해탈도(解脫道)라 하는데 무간도를 지나서 해탈도를 다시 일으켜 다시 4제를 반연하여 저 무간도에서 얻은 것마저 소멸시켜버린 얻음을 가지고 번뇌를 끊어서 다시는 일어나지 못하게 하는 것이요, 넷째, 원분대치(遠分對治)로 승진

도(勝進道)라 하는데 해탈도를 지나 승진도에 들어 다시 4제를 반연하여 미혹을 끊어서 더욱 멀리하는 것을 말한다. ③ 대치하는 공부를 잘하여야 일체 번뇌를 쉽게 끊을 수 있는 것을 말한다.

4) 도거(掉擧) : ① 큰 번뇌심 곧 번뇌의 마음. 정신이 경계에 끌려 다니는 마음. 마음이 안정되지 못하고 번뇌 망상이 어지럽게 일어나는 것. ② 심소(心所)의 이름, 대번뇌지(大煩惱地)의 하나. ③ 도(掉)라고도 한다. 마음이 세상을 피해 은거한 것 같이 안정되지 않는 번뇌이다. 《구사론(俱舍論)》 4에 「도를 도거라 하는데 마음이 고요하지 않은 것이다[掉謂掉擧 令心不靜]」고 하였다.

5) 택법관공(擇法觀空) : 택법은 번뇌 망상을 끊어버리기 위하여 정법을 수행 정진한다는 뜻이요, 관공은 밝은 지혜로써 모든 법이 텅 비어 버린 경지를 깨닫는다는 뜻이다.

6) 난상(亂想) : ① 마음속에 번뇌 망상이 난마(亂麻)처럼 복잡하게 얽히어 생각이 어지러운 것. 마음이 안정되지 못하여 천만 가지 사심 잡념이 어지럽게 일어나는 것. ② 산란방일(散亂放逸)한 심상(心想)을 말하는 것으로 곧 일체 번뇌이다. 《증일아함경(增一阿含經)》 1에 「뭇 난상을 버려야만 사문과에 이르게 된다[去衆亂想 逮沙門果]」고 하였다.

7) 무기(無記) : ① 3성(性)의 하나. 온갖 법의 도덕적 성질을 3종으로 나눈 가운데 선도 악도 아닌 성질로서 선악 중의 어떤 결과도 끌어오지 않는 중간성(中間性)을 말한다. 이 무기에는 다 같이 선악의 결과를 끌어 올 능력이 없으면서도 수행을 방해하는 유부(有覆) 무기와 방해하지 않는 무부(無覆) 무

기가 있다. ② 멍한 상태, 멍청한 상태. ③ 무기공(無記空)과도 비슷한 말. 무기공이란 진공이 아닌 완공무별(頑空無別)의 상태. 적적성성(寂寂惺惺)하고 성성적적한 상태가 아니라 혼몽, 혼미한 상태를 말한다. ④《구사론(俱舍論)》2에 「무기란 선과 불선한 성분을 기억하지 못하므로 무기라 한다[無記者 不可記爲善不善性 故名無記]」고 하였고, 또《유식론(唯識論)》5에 「선과 불선, 손해와 이익의 의미 가운데 기억하거나 분별하지 못하므로 무기라 한다[於善不善損益義中 不可記別 故名無記]」고 하였다.

8) **불성(佛性)** : ① 우리 마음의 본성이 일원상의 진리와 합일된 상태. 곧 일원상의 진리 그 자체. ② 부처를 이룰 근본 성품. 미오(迷悟)에 의하여 변하는 일이 없이 본래 중생에게 갖추어진 부처될 성품. 곧 중생이 성불할 가능성. 일체 중생은 다 불성을 갖추고 있어 누구나 다 성불할 가능성이 있다. ③ 불이란 깨닫는다[佛者覺悟]는 의미로 일체중생이 모두 깨달을 성품이 있으므로 불성이라 한다[一切衆生皆有覺悟之性 名爲佛性]. 성이란 개변(改變)되지 않으므로 성이라 한다[通因果而不改自體是云性]. 예를 들면 보리의 씨나 보리의 열매나 보리의 성질은 개변(改變)되지 않는다. ④《화엄경(華嚴經)》39에 「불성은 매우 깊고 참된 법성으로 고요하고 상이 없어 허공과 같다[佛性甚深眞法性 寂滅無相同虛空]」고 하였고, 또《열반경(涅槃經)》27에 「일체 중생은 다 불성이 있으니 여래가 항상 머문다 할지라도 변역시킬 수 없다[一切衆生悉有佛性 如來常住無有變易]」고 하였다.

연의(演義)

28장이 최상근기가 공부하는[실은 공부한다는 마음이나 상이 없음] 길을 밝혀놓은 것이라 한다면 이 장은 하열한 근기, 열등한 근기를 위하여 공부하고 수행할 방법을 제시하여 저 최상근기로부터 최하의 근기에 이르기까지 두루 포용하였다고 할 수 있다.

수행자에게는 두 가지 유형이 있다 한다. "하나는 업장이 두텁고 습기가 무거우며 관행(觀行)이 하열하고 마음이 들뜬 사람이요, 둘은 무명은 크고 반야의 지혜는 적어 선과 악의 경계에 말려들어 마음이 밝지 못한 사람이다" 하였으니 이 두 부류의 사람들은 적당한 방법과 올바른 길을 선택하여 정과 혜, 곧 선정을 익혀가고 지혜를 밝혀가는 공부를 하지 않을 수 없다 하여 수상문 정혜의 공부 길과 방법을 제시한 것이라고 할 수 있다.

그러면 수상문 정혜의 공부 길은 어떠한 길인가. 한마디로 말하자면 곧 대치(對治)하는 공부이다. 만일 번뇌가 너무 일어나서 안정되지 않을 때에는 선정(禪定)으로 대치하여 번뇌를 잠재워 본래 고요한 자리에 들도록 하고 만일 혼침(昏沈)에 빠지고 혼미에 잠겨 있으면 지혜로 대치하여 혼몽을 깨워 본래 신령한 지혜에 계합되도록 하자는 것이다.

다시 말하면 선정으로써 어지러운 생각을 다스리고 지혜로서 멍한 상태를 다스리자는 것이지 난상을 대치하는데 정혜를 함께 하고 무기를 대치하는 데 정혜를 함께 하자는 것은 아니다.

　이 수상문의 공부는 힘들여 닦아가는 공부이다. 즉 자성문이 자기 성품에 있는 정혜를 닦는 데에 걸리고 막히거나 노력이 없이 자유롭게 공부하는 길이라 한다면 이 수상문 정혜 공부는 하나하나를 대치하여 공적영지에 계합하게 하는 공부로써 많은 노력을 해야 하지만 구경에 이르러서는 정혜를 평등하게 갖고 밝게 불성을 보게 되어 자기 성품의 정혜를 닦은 사람과 조금도 다름이 없이 깨달음을 이루게 된다고 확실하게 말할 수 있다.

부미일시왈(附尾一詩曰)

門央門外實無紛
문 앙 문 외 실 무 분
掌背掌中本不分
장 배 장 중 본 불 분
一擊電光天地破
일 격 전 광 천 지 파
嘉花點發鳥歌聞
가 화 점 발 조 가 문

문안과 문밖이 실로 어지럽지 아니하고

손등이나 손바닥이 본래 나뉨이 아니네

한번 친 번갯빛에 하늘과 땅이 부서지니

아름다운 꽃 피어나고 새들 노래 들려라.

제5 自性定慧 隨相定慧
자 성 정 혜 수 상 정 혜

근기 따라 닦는 정혜

30. 二門定慧
이 문 정 혜

수상문 정혜와 자성문 정혜

물음 : 그대의 판단한 바를 들건대 깨친 뒤에 닦는 문 가운데에 정과 혜를 평등하게 가지는 뜻에 두 가지가 있으니, 하나는 자기 성품의 정과 혜[1]이며, 둘은 상을 따르는 정과 혜[2]라. 자기 성품의 문[3]은 "공적과 영지를 임의로 운전하는 것이 원래 저절로 함이 없어서 한 티끌도 상대를 지을 것이 끊어졌으니 어찌 [방자함을] 보내려는 공력을 수고롭게 할 것이며, 한 생각의 객정도 나지 않는 것이라 반연을 잊으려는 힘도 빌리지 않는다."라고 하여 판단하여 말씀하기를 "이것이 돈문에 자기 성품을 떠나지 않고 정과 혜를 평등하게 가지는 것이라." 하고, 상을 따르는 문[4]은 "이치에 맞춰 산란을 거두며 법을 택하여 공을 관해서 혼침과 산란을 고르게 조복하여 함이 없는데 들어가는 것이라." 하고 판단하여 말씀하기를 "이것이 점문의 하열한 근기의 수행하는 것이라." 하니 이 두 문 정

혜에 나아가 의심이 없지 아니합니다.

問 擧汝所判컨댄 悟後修門中에 定慧等持之義가 有二
문 거여소판   오후수문중   정혜등지지의 유이

種하니 一自性定慧이요 二隨相定慧라 自性門則曰「任
종   일자성정혜   이수상정혜   자성문즉왈 임

運寂知하야 元自無爲하여 絶一塵而作對어니 何勞遣蕩
운적지   원자무위   절일진이작대   하로견탕

之功이며 無一念而生情이라 不假忘緣之力이라.」하야
지공   무일념이생정   불가망연지력

判云「此是頓門箇者의 不離自性하고 定慧等持也라.」
판운 차시돈문개자 불리자성   정혜등지야

하고 隨相門則曰「稱理攝散하며 擇法觀空호대 均調昏
수상문즉왈   칭리섭산   택법관공   균조혼

亂하야 以入無爲라.」하야 判云「此是漸門劣機所行也
란   이입무위   판운 차시점문열기소행야

라.」하니 就此兩門定慧하야 不無疑焉이로소이다.
취차양문정혜   불무의언

단어풀이

1) **자성정혜(自性定慧)** : 정·혜가 우리의 자성을 떠나지 않고 있다는 말.
《육조단경》에 「심지가 그르지 않음을 자성계라 하고, 심지가 어리석지 않음
을 자성 혜라 하며, 심지가 어지럽지 않음을 자성 정이라 한다[心地無非自性
戒 心地無癡自性慧 心地無亂自性定]고 밝히고 있다.

2) **수상문정혜(隨相定慧)** : 주로 하근기가 닦는 방법을 수상정혜라 한다.
「자성에 비추어 천만 갈래로 흐트러진 마음을 하나로 모으고, 바른 법을 택
하여 텅 빈 자리를 보아서, 혼침과 산란한 마음을 잘 조화하고 청정무위의 경

지로 들어가는 것」이라고 밝혔다.

3) 자성문(自性門) : 공적영지가 낭연독조(朗然獨照)하고 무위무작(無爲無作)한 청정한 광명이 상조불멸(常照不滅)하는 본성지문(本性之門)이라는 뜻으로 우주 및 인간 본연의 원초적인 천성을 말하는 것이오. 또 일념미생전(一念未生前), 천지미분전(天地未分前)이라는 원성(原性)을 이르는 것이다. 그리하여 이 자성문은 무명에 가린 바가 없으므로 수행의 표준을 세울 필요가 없으며 한 티끌의 정념(情念)도 나지 않는 까닭에 망연(忘緣)이나 단연(斷緣)의 용단력을 요구하지도 않는다. 따라서 이는 돈오문 가운데에 자성을 여의지 않고 정과 혜를 평등하게 가지는 대승의 문이오. 불조의 명맥을 잇고 혜광(慧光)을 나투는 최상승이다.

4) 수상문(隨相門) : ① 어떠한 표준과 범주에 의하여 본래 자성을 목표로 하고 닦아가는 하열한 근기의 수행문으로써 성리에 비추어 산란을 대치하고 만법을 바로 공으로 관조하여 혼침과 난상(亂想)을 치수(治修)하여 무위의 본성에 들자는 것이니 이것은 점수문 가운데 하열한 근기가 수행하여 가는 방편문(方便門)이라고 할 수 있다. ② 깨친 뒤 닦는 문에서 수상문을 논하는 입장은 하열한 근기처럼 수행하는 방법을 전취(全取)하는 것이 아니라 그때그때에 필요한 방편과 길을 빌려서 닦아가는 것이다. 왜냐하면 원리는 오득(悟得)하였다 할지라도 다생의 습기가 아직도 남아있기에 이 습기를 제거할 때에 부득이 대치 방편을 잠깐 빌리게 되기 때문이다.

연의(演義)

깨닫는다는 것은 우리들의 마음에 원래 갖아 있는 마음의 정[心定]과 마음의 혜[心慧]를 개탁(開坼)하고 발현시켜서 본래의 부처로 돌아가자는 데 있는 것이다. 즉 원초적으로 완성된 자기 성품의 정혜를 그대로 가지고 있으면 자성 정혜로써 티끌을 닦고 무명을 밝혀 망념을 털고 반연을 잊을 필요가 없는 최상의 경지를 지닌 완전한 자기 모습을 되찾아 간직함이 되는 것을 말한다.

그러나 반면에 원초적인 자기 모습에서 벗어나 많은 생을 살았다고 할 때 그 사는 동안에 묻은 먼지들을 털고 본래 모습으로 돌아가기 위해서는 절대로 닦음이 필요하다 할 수 있으니 그 방법을 제시하고 있는 것이 바로 수상문이라 할 수 있다. 즉 이 문은 진리를 표준 하여 산란을 다스리고 세상의 모든 법이나 경계를 텅 비었다고 보고 또 혼침이나 미혹을 하나하나 다스리고 닦아 본연으로 돌아가는 수행의 길을 제시하고 있는 것이라고 할 수 있다.

이러한 자성문과 수상문에 대한 의심이 있는 데 확연하게 알 수가 없으니 더 많은 설명을 요구하여 밝게 알려고 물음을 던졌다고 할 수 있다.

부미일시왈(附尾一詩曰)

算計理源棒破腸
산 계 이 원 봉 파 장

推知性體喝傷眶
추 지 성 체 할 상 광

弊衣擺脫新衣着
폐 의 파 탈 신 의 착

帝釋天君舞袖颺
제 석 천 군 무 수 양

이치 근원 따지면 몽둥이에 창자 부서지고

성체를 미뤄 알려하면 할에 눈언저리 손상되리

헤진 옷을 벗어버리고 새로운 옷을 입으니

제석의 임금이 소매를 날리며 춤을 추누나.

31. 兩門治法
양 문 치 법
두 문의 대치 방법

　만일 한 사람이 수행하는 바라 말할진대 다시 먼저 자기 성품의
문에 의하여 정과 혜를 쌍으로 닦은 뒤에 다시 상을 따르는 문의
대치하는 공력을 써야 합니까? 다시 먼저 상을 따르는 문에 의하여
혼침과 산란을 고르게 조복한 뒤에 자기 성품의 문에 들어가는 것
입니까? 만일 먼저 자기 성품의 정과 혜에 의지한다면 공적과 영지
를 임의로 운전하여 다시 대치하는 공력이 없어야 할 텐데 어찌 다
시 상을 따르는 문의 정과 혜를 취하는 것이리오. 흰 옥을 가지고
무늬를 새겨 덕[본바탕]을 상하는[1] 것과 같은 것이요. 만일 먼저 상
을 따르는 정과 혜로서 대치하는 공을 이룬 뒤에 자기 성품의 문에
나아간다면 완연히 이것은 점수문 가운데 하열한 근기의 깨닫기
이전의 점차 익히는 것이니 어찌 돈문에 이르는 "먼저 깨치고 뒤에
닦는 공력 없는 공력을 쓰는 것이리오."

若言一人所行也인댄 爲復先依自性門하야 定慧雙修然
약언일인소행야 위부선의자성문 정혜쌍수연

後에 更用隨相門對治之功耶이까 爲復先依隨相門하야
후 갱용수상문대치지공야 위부선의수상문

均調昏亂然後에 以入自性門耶이까 若先依自性定慧則
균조혼란연후 이입자성문야 약선의자성정혜즉

任運寂知하야 更無對治之功이어니 何須更取隨相門定
임운적지 갱무대치지공 하수갱취수상문정

慧耶리오 如將皓玉하야 彫文喪德이요 若先以隨相門定
혜야 여장호옥 조문상덕 약선이수상문정

慧로 對治功成然後에 趣於自性門則宛是漸門中劣機의
혜 대치공성연후 취어자성문즉완시점문중열기

悟前漸薰也니 豈云「頓門箇者의 先悟後修하야 用無功
오전점훈야 기운 돈문개자 선오후수 용무공

之功也리오.」
지공야

단어풀이

1) **조문상덕(彫文喪德)** : "대범 옥을 다듬고 쪼아서 문채를 이루는 것을 조라 한다[凡彫琢而成文曰彫]". 조란 새긴다[刻鏤]는 것으로 그림을 새기고 글을 새긴다는 뜻이다. 문은 문채(文彩), 무늬, 또는 문식(文飾)의 뜻으로 문채나 무늬를 놓아 꾸민다는 것이다. 상은 잃었다[亡失]는 뜻이다. 덕은 본성(本性), 또는 성행(性行), 기질(氣質)의 뜻으로 본바탕이다. 즉 아름답게 꾸미려고 문채를 놓으면 오히려 본바탕을 버리게 되는 것을 말한다. 또 아름다운 옥에 글자를 새기고 그림을 새기면 옥이 지니고 있는 본래 덕을 잃게 된다.

연의(演義)

이 장에서도 질문이 계속되고 있다. 수행하는 사람은 자기 성품으로 돌아오는 것이 최대의 과제이다.

그런데 여러 가지 수행의 방로(方路)를 제시하여 혼란만 더해 가는 것 같다. 즉 수행하는 사람이 먼저 자기 성품의 정과 혜를 닦은 뒤에 다시 상을 따르는 문의 대치하는 방법을 취해야 하는가. 그렇지 않으면 상을 따르는 문을 내세워서 혼침과 산란을 다스린 뒤에 자기 성품의 문으로 들어갈 것인가.

만일에 "자기 성품의 정혜를 먼저 닦아야 한다."라고 한다면 이미 공적(空寂)과 영지(靈知)를 마음대로 할 수 있으므로 대치하는 노력을 해야 하는 상을 따르는 문의 공부 방법이 소용이 없다. 또 "상을 따르는 정혜로 대치하는 노력을 쌓은 뒤에야 자기 성품의 문으로 들어가게 된다."라고 한다면 이것은 점차 닦는 문의 하열한 근기들이 수행하는 방법이 되지 않겠는가.

다시 말하면 자성문의 입장에서는 자성 그대로 호지(護持)하면 되는 것이지 다시 수상문의 대치공부를 밟을 필요가 없으며, 이와 반대로 수상문의 입장에서는 분명 깨닫기 이전 점수문의 하열한 근기인데 어떻게 돈문의 먼저 깨고 뒤에 닦는 공부를 할 수 있겠는가. 이것은 마치 아름다운 흰 옥에다 문채를 새긴다고 하면서 오히려 옥의 본바탕인 덕을 상실하듯 어리석음을 범하는 일이 아닌가.

함허 득통 선사(涵虛得通禪師)가 편집한 《금강반야바라밀경(金剛般若波羅蜜經)》〈오가해(五家解)〉 서설(序說)에 "어찌 옥에 무늬를 새기려다 옥의 덕을 상하게 했겠으리요. 가히 비단에 꽃을 수놓음과 같도다[豈是彫文喪德 可謂錦上添華]."라고 하였다. 그 설의(說義)에 "티 없는 옥에 무늬를 새김은 도리어 훌륭한 옥의 따뜻함과 윤택한 덕을 상하게 하는 것이지만, 이 해설은 곧 도리어 옳아서 경의 말씀을 더욱 정밀히 다듬고 경의 뜻을 더욱 빛나게 밝혀준다. 그리하여 경을 보는 사람에게는 구름을 헤치고 해를 보게 하며, 경을 듣는 사람에게는 활연히 마음의 문이 열리게 했다[玉無瑕而彫文 反喪良玉溫潤之德 斯解則反是 致令經語 益精 經義 益明 遂使目之者 披雲睹日 耳之者 豁然心開]"고 하였으니 이런 말씀의 의미를 새겨볼 필요가 있다.

부미일시왈(附尾一詩曰)

皓珠彫琢本形喪
호 주 조 탁 본 형 상

元性修持叡智亡
원 성 수 지 예 지 망

野草不耘長自實
야 초 불 운 장 자 실

空然下手己珍揚
공 연 하 수 기 진 양

흰 옥을 아로새기면 본래 형상을 잃고

원래 성품 닦아 갖는다면 슬기로운 지혜 없으리

들풀은 김매지 않아도 자라 스스로 열매맺고

공연히 공부하다가 자기 보배만 날리리라.

32. 自性定慧
자 성 정 혜
자성문의 정과 혜

　"만일 한때이요, 앞과 뒤가 없다면 두 문의 정과 혜, 돈과 점이 다름이 있으리니 어떻게 한때에 아울러 수행하리오. 즉 돈문 사람은 자기 성품의 문에 의지하여 임의로 운전하여 공력 쓸 것이 없고 점문의 하열한 근기는 상을 따르는 문에 나아가 대치하는 공력을 수고롭게 하는 것이니 두 문의 근기가 돈과 점이 같지 않고 우등과 하열[1]이 명백하거늘 어떻게 먼저 깨고 뒤에 닦는 문 가운데 아울러 두 가지를 해석한다 이르리까. 청하오니 통달하여 알게[2]하사 하여금 의정을 끊게 하소서."

　대답 : "해석한 바가 밝게 빛나거늘[3] 그대가 스스로 의심을 내는 것이로다. 말을 따라 알음알이를 내면 점점 의혹[4]이 생길 것이요, 뜻을 얻어 말을 잊으면 수고롭게 힐문할 필요가 없을지니, 만일 두 문에 나아가 각각 수행할 바를 판단한다면 자기 성품의 정과 혜를

닦는 사람은 이것은 돈문에 공력이 필요 없는 공력을 써서 아울러 운전하고 쌍으로 고요하여 스스로 자기 성품을 닦아 스스로 불도를 이룬 사람이리오."

「若一時無前後則二門定慧頓漸有異하니 如何一時並
약 일 시 무 전 후 즉 이 문 정 혜 돈 점 유 이   여 하 일 시 병

行也리오 則頓門箇者는 依自性門하야 任運亡功하고 漸
행 야   즉 돈 문 개 자   의 자 성 문   임 운 망 공   점

門劣機는 趣隨相門하야 對治勞功이니 二門之機 頓漸
문 열 기   취 수 상 문   대 치 로 공   이 문 지 기 돈 점

不同하고 優劣皎然이어늘 云何先悟後修門中에 並釋二
부 동   우 열 교 연   운 하 선 오 후 수 문 중   병 석 이

種耶이까 請爲通會하사 令絶疑情케하소서.」答「所釋皎
종 야   청 위 통 회   영 절 의 정 케 하 소 서   답   소 석 교

然이어늘 汝自生疑로다 隨言生解하면 轉生疑惑이요 得
연   여 자 생 의   수 언 생 해   전 생 의 혹   득

意忘言하면 不勞致詰이니 若就兩門하야 各判所行則修
의 망 언   불 로 치 힐   약 취 양 문   각 판 소 행 즉 수

自性定慧者는 此是頓門에 用無功之功하야 並運雙寂하
자 성 정 혜 자   차 시 돈 문   용 무 공 지 공   병 운 쌍 적

며 自修自性하야 自成佛道者也오.」
자 수 자 성   자 성 불 도 자 야

단어풀이

1) 우열(優劣) : ① 나음과 못함을 이르는 말이다. ② 한나라 반고(班固)의 《백호통(白虎通)》호(號)에 「덕화가 하늘과 땅에 합한 사람을 황제라 일컫고 인과 의에 합한 사람을 임금이라 칭하였으니 우열을 구별함이라[德合天地者 稱帝 仁義合者稱王 別優劣也]」고 하였다.

2) **통회(通會)** : 화회(和會), 회통(會通), 소통(疏通)과 같은 말. 곧 융통 화회(融通和會)의 뜻이다. 한 번 보기에 모순되는 듯한 여러 주장을 모아 소통시켜 한 뜻으로 돌아가게 하는 것을 말한다. 《조론(肇論)》에 "나와 같으면 다시 없애려 아니하고 나와 다르면 어긋난 것을 소통하게 한다[同我則非復有無 異我則乖會通]"고 하였다.

3) **교연=호연[皎然=皓然]** : 희고 밝게 빛나는 모양을 말한다.

4) **의혹(疑惑)** : ① 이치에 의혹되므로 일에 미혹되어 능히 옳고 그름을 결정하지 못하는 것이라[疑理迷於事 不能決定是非者]《법화경(法華經)》비유품에 "이제 부처님 앞에서 아직 듣지 못한 말씀을 듣고 모두 의혹에 떨어졌다[今於世尊之前 聞所未聞 皆墮疑惑]"고 하였다. ② 의란 모든 실상의 이치에 망설여 결정하지 못하는 마음이다. 그러므로 일단 진리에 계오 되지 않으면 끊어지지 않는다[於諸實理猶豫不決之心也 故非一旦契悟諸理不能絶之]고 하였다. 《대승의장(大乘義章)》6에 "의란 경계에 망설여 결정하지 못하는 것을 의라 한다[疑者於境不決猶豫曰疑]"고 하였고, 또 "혹이란 미망의 마음이다. 경계를 대해서 일과 이치에 전도된 것을 혹이라 한다[惑者迷妄之心 迷於所對之境而顚倒事理謂之惑]"고 하였다. 《탐현기(探玄記)》13에 "마음이 전경에 미한 것을 지목하여 혹이라 한다[心迷前境 目之爲惑]"고 하였고, 《인왕경(仁王經)》합소(合疏) 중에 "혹이라고 하는 것은 미망한 마음을 말하는 것이라[所言惑者 謂迷妄之心]"고 하였다.

연의(演義)

이 장도 의심에 대한 물음이다. 만일 이것을 동시에 수행하여 전후가 없다고 한다면 자기 성품의 문과 상을 따르는 문의 돈오와 점수의 길이 분명할 것 같은데 어떻게 아울러 닦을 수가 있겠는가.

돈오문의 입장이라면 바로 자기 성품에 의지하여 공적과 영지를 임의로 운전하기에 노력이 없어도 되는 것이오. 만일 점수문의 하열한 근기는 상을 따르는 문의 대치하는 공력을 써야 하는 것으로 두 문의 점수와 돈오가 같지 않고 우월과 열등이 분명한데 어찌하여 먼저 깨닫고 뒤에 닦는 문 가운데 두 가지 입장을 내세웠는가. 즉 한 번 진리를 깨치면 그만일 것 같은데 굳이 상을 따르는 문을 취하여 수행할 필요가 없지 않겠는가. 반면 깨치지 못한 입장이라면 상을 따르는 수행을 꼭 해야 하겠지만 이미 이치를 깨달은 입장에서는 모든 망념이나 혼침이나 산란이 물거품 같지 않겠는가.

이러한 의심에 대하여 분명한 해석을 해서 다시는 의심이 생겨나지 않고 바로 진리의 문에 들도록 하여 달라고 요청한다.

사실 불교의 입장은 자성문으로 나아가든 수상문으로 나아가든 진리를 깨치고 본성에 돌아가면 그만이다. 그러나 세상이란 불보살보다는 중생이 많고 지혜가 있는 사람보다는 미혹한 사람이 많으며 깨친 사람보다는 어두운 사람이 많으므로 선지자(先知者)가 나오고 선각자(先覺者)가 나와서 갖가지 방편과 권도(權道)를 세워 이렇게도 이끌어 보고 저렇게도 타일러서 진리를 깨닫고 본성에 들도록 가르침을 베풀게 된다.

그러나 보통 사람에 있어서는 말 밖의 뜻[言外之意]과 말 속의 뜻[言中之意]을 알지 못하고 말을 따르고 말꼬리만을 잡아 해답을 얻으려 하고 있으니 더욱 의혹에서 의혹으로 빠져들게 되어 헤어나기가 어렵게 된다.

그러므로 수행하는 사람은 테두리 밖의 뜻을 찾고 행위 이전의 조짐(兆朕)을 보아야 진리의 눈을 뜰 수가 있다.

자성정혜는 자기 성품에 있는 정혜로 돈오문에 있어서 공부나 노력을 필요하지 않고 바로 공적영지를 임의로 운전하여 스스로 자기 성품을 닦아 스스로 부처님의 도를 이룬다. 다시 말하면 자기 마음이 바로 부처이고 자기 성품이 바로 진리임을 깨쳐 계위(階位)나 수위(修爲)를 거치지 않고 원만한 진리, 청정한 마음을 그대로 간직한 최상 근기의 입장이라고 할 수 있다.

부미일시왈(附尾一詩曰)

隨言生解漸增疑
수 언 생 해 점 증 의

悟性忘情實得知
오 성 망 정 실 득 지

本是無生兼佛種
본 시 무 생 겸 불 종

勸君請願莫追屍
권 군 청 원 막 추 시

말을 따라 알음을 내면 점점 의혹 더하고

성품 깨쳐 의정을 잊으면 참된 앎 얻으리

본시 중생과 아울러 부처라는 종자 없으니

그대에게 권하노니 제발 시체 따르지 말게.

33. 隨相定慧
수 상 정 혜
....
수상문의 정과 혜

　상을 따르는 문의 정과 혜를 닦는 사람은 이것이 깨닫기 전에 점
문의 하열한 근기가 대치하는 공력을 써서 마음 마음에 미혹을 끊
어서[1] 고요함을 취하여 수행을 하는 사람이니 이 두 문의 수행하
는바 돈과 점이 각각 다름이라 가히 섞어 어지럽게 해서는 안 되니
라. 그러나 깨친 뒤에 닦는 문 가운데에 상을 따르는 문의 대치하
는 것을 겸하여 논한 것은 점문의 하열한 근기가 닦는 바를 전부
취하는 것이 아니라 그 방편을 취하여 길을 빌리고 잠자리를 의탁
할 따름이니 왜 그러한고. 이 돈문에도 또한 근기가 수승한 사람이
있으며 또한 근기가 하열한 사람이 있어서 가히 한 가지 예로 그
행리[2]를 판단하지 못하는 것이라.

　　修隨相門定慧者는　此是未悟前漸門劣機의　用對治之
　　수 수 상 문 정 혜 자　　차 시 미 오 전 점 문 열 기　　용 대 치 지

功하야 心心斷惑하야 取靜爲行者니 而此二門所行이 頓
공 심심단혹 취정위행자 이차이문소행 돈

漸各異라 不可參亂也어다. 然悟後修門中에 兼論隨相
점각이 불가참란야 연오후수문중 겸론수상

門中對治者는 非全取漸機所行也라 取其方便하야 假道
문중대치자 비전취점기소행야 취기방편 가도

托宿而已니 何故오 於此頓門에도 亦有機勝者하며 亦有
탁숙이이 하고 어차돈문 역유기승자 역유

機劣者하야 不可一例로 判其行李也니라.
기열자 부가일예 판기행리야

단어풀이

1) **단혹(斷惑)** : 반야의 지혜로 미망(迷妄)·미혹(迷惑)을 끊는 것을 말한다. 미망·미혹을 끊으면 진리가 드러나는데 이를 증리(證理)라고 한다. 증리는 단혹의 결과에서 오게 된다.

2) **행리(行李)** : ① 심부름꾼[侍者]. 혹 길가는 사람[行人], 또는 행인이 길을 갈 때 가지고 다니는 행장[行裝]. 즉 여러 가지 물건을 가지고 다니는 여행짐. ② 행이란 간다[往也, 去也], 옮긴다[移也], 여행한다[旅行也], 길[道路也], 행장을 꾸린다[修治行裝], 길가는 사람[行人也] 등의 뜻이 있고, 이란 행구(行具), 또는 행장의 뜻이 있다. ③ 수행하는 길, 또는 수행하는 방법, 수행하는 행장, 즉 보따리 등을 말한다.

연의(演義)

    상을 따르는 문. 곧 수상문의 정혜라는 것은 인생의 본래와 우주의 이법(理法)과 사물의 근원을 깨닫기 이전의 점수문의 하열한 근기가 애써 대치하는 공력을 쓰고 마음마다 의혹을 끊어 고요함을 취하여 수행하여 가는 입장이라고 할 수 있다. 즉 부처와 진리를 알지도 못하고 또 수행의 방법도 잘 몰라서 순서와 표준이 없이 무조건 닦아가는 입장을 말한다.

    따라서 깨친 뒤 닦는 문에도 수상문의 대치공부를 말하였으나 이것은 깨닫기 이전의 점수문에서 하열한 근기들이 수행하는 방법을 그대로 답습하는 것이 아니다. 왜냐하면, 깨달음이라는 최고의 경지를 이미 간직하고 있으므로 그때그때 방편과 길만을 빌려서 대치하고 바로 버려 버리는 것이다. 즉 "토끼를 잡으면 발자국을 잊는다[得兎忘蹄]." 또는 "고기를 얻으면 통발을 잊는다[得魚忘筌]"는 공부를 하기 때문이다.

    왜 그러한가. 이것은 진리를 깨달음은 설사 같다 할지라도 사람마다 근기에 우열(優劣)이 있고 습기에 경중(輕重)이 있으므로 점문의 수행을 잠깐잠깐 빌려서 쓰지 않을 수 없다.

    이렇게 본다면 진리를 깨친 사람은 더욱 정금미옥(精金美玉)이 되도록 하였고 진리를 깨치지 못한 사람도 깨칠 수 있는 길을 열었으며 또 자기 근기를 잘 보고 판단하여 근기에 맞게 공부할 수 있는 길을 제시하여 근기의 우열을 가리지 않고 모두 불조의 문에 들어가도록 하였다고 할 수 있다.

부미일시왈(附尾一詩曰)

適力負裝遠近行
적 력 부 장 원 근 행
隨機優劣別將兵
수 기 우 열 별 장 병
定住等閒浮老月
정 주 등 한 부 노 월
一指尖頭三界爭
일 지 첨 두 삼 계 쟁

힘에 맞추어 봇짐매고 멀리 가까이 가고

근기의 우열을 따라 장군 병졸 나뉘어라

머물러 한가하니 늙은 달이 떠오르고

한 손가락 끝에서 삼계를 다투누나.

34. 不落汚染
불 락 오 렴

오렴수에 떨어지지 않는다

만일 번뇌가 맑고 엷으며 몸과 마음이 가볍고 편안하여 선에 선을 여의고 악에 악을 여의어서 여덟 가지 바람[1]에 동요되지 않고 세 가지 받음[2]에 고요한 사람은 자기 성품의 정과 혜에 의지하여 임의로 운전하고 쌍으로 닦아 천진하여 조작이 없이[3] 움직이거나 고요하거나 항상 선정[4]이라 자연의 이치를 성취할 것이니 어찌 상을 따르는 문의 대치하는 뜻을 빌리겠는가. 병이 없으면 약을 구하지 않는 것이라. 비록 먼저 돈오는 하였으나 번뇌가 두텁고 습기가 굳어 무거워서 경계를 대함에 생각마다 객정이 나오고 반연을 만남에 마음마다 상대를 지어서 저 혼침과 산란의 부림을 입어 공적과 영지의 항상 그러함이 어두워지는 사람은 곧 상을 따르는 문의 정과 혜를 빌려 대치하기를 잊지 아니하여 혼침과 산란을 고르게 조복하여서 이로써 무위에 들어감이 곧 그러함이 마땅한 것이니 비록 대치하는 공부를 빌려서 잠깐 습기를 고르지만 이로써 먼저 마음의 본성이 본래 맑고 번뇌가 본래 비었음을 깨쳤기 때문에 곧 점문의 하열한 근기의 오렴수[5]에는 떨어지지 않느니라.

若煩惱淡薄하고 身心輕安하야 於善離善하고 於惡離惡
약 번 뇌 담 박　　　신 심 경 안　　　어 선 이 선　　　어 악 이 악

하야 不動八風하고 寂然三受者는 依自性定慧하야 任運
부 동 팔 풍　　　적 연 삼 수 자　　　의 자 성 정 혜　　　임 운

雙修하야 天眞無作하고 動靜常禪이라 成就自然之理어
쌍 수　　　천 진 무 작　　　동 정 상 선　　　성 취 자 연 지 리

니 何假隨相門對治之義也리오 無病不求藥이니라 雖先
하 가 수 상 문 대 치 지 의 야　　　무 병 불 구 약　　　수 선

頓悟나 煩惱濃厚하고 習氣堅重하야 對境而念念生情하
돈 오　　　번 뇌 농 후　　　습 기 견 중　　　대 경 이 염 념 생 정

고 遇緣而心心作對하야 被他昏亂使殺하야 昧却寂知常
우 연 이 심 심 작 대　　　피 타 혼 란 사 쇄　　　매 각 적 지 상

然者는 卽借隨相門定慧하야 不忘對治하야 均調昏亂하
연 자　　　즉 차 수 상 문 정 혜　　　불 망 대 치　　　균 조 혼 란

야 以入無爲가 卽其宜니 雖借對治功夫하야 暫調習氣나
이 입 무 위　　　즉 기 의　　　수 차 대 치 공 부　　　잠 조 습 기

以先頓悟心性本淨하고 煩惱本空故로 卽不落漸門劣機
이 선 돈 오 심 성 본 정　　　번 뇌 본 공 고　　　즉 불 락 점 문 열 기

의 汚染修也니라.
오 렴 수 야

단어풀이

1) **팔풍(八風)** : ① 팔법(八法)이라고도 한다. 팔법이란 세상에서 사랑하고 미워하는 것으로 능히 사람의 마음을 선동(扇動)하므로 팔풍이라 한다. ② 사람의 마음을 흔들어 시끄럽게 하는 여덟 가지의 바람. 이(利), 쇠(衰), 훼

(毀), 예(譽), 칭(稱), 기(譏), 고(苦), 낙(樂)을 말한다. 나에게 이익이 되는 일을 이, 사람의 정신을 쇠약케 하는 일을 쇠, 남으로부터 훼방을 받거나 비난과 욕설을 듣는 일을 훼, 명예스러운 일을 예, 남으로부터 칭찬을 듣는 일을 칭, 남으로부터 비방을 받거나 속임을 당하는 일을 기, 괴로운 일을 고, 즐거운 일을 낙이라 한다. ③《행종기(行宗記)》 일상(一上)에 「〈지론〉에 이르기를 "쇠, 이, 훼, 예, 칭, 기, 고, 낙의 사순과 사위가 능히 물정을 동요케 하므로 여덟 가지 바람이라 한다"[〈智論〉云 "衰利毁譽稱譏苦樂四順四違 能動物情 名爲八風]」고 하였다. 또《사익경(思益經)》에 「이쇠 및 훼예, 칭기와 고락, 이와 같은 8법이 항상 세간을 거느리니라[利衰及毁譽 稱譏與苦樂 如此之八法 常率於世間]」고 하였다.

2) 삼수(三受) : "수란 외경을 영납 즉 받아드린다[受者 領納 外境也]"는 뜻이다. 곧 세 가지 감각으로 고수(苦受), 낙수(樂受), 사수(捨受)이다. 첫째, 고수란 외계의 접촉에 의하여 몸과 마음에 받는 괴로운 감각이오. 둘째, 낙수란 바깥 경계와 접촉하여 즐거움을 느끼는 감각이며, 셋째, 사수란 고수와 사수에 속하지 않는 감각으로 괴롭지도 즐겁지도 않은 느낌을 말한다. 이 삼수를 불고불락수(不苦不樂受)라고도 한다. 《구사론(俱舍論)》 1에 「수온은 세 가지 감촉을 따라 받아들이는 것으로 곧 즐거움 및 괴로움과 괴롭지도 즐겁지도 않은 것을 말한다[受蘊 謂三領納隨觸 卽樂及苦 不苦不樂]」고 하였다.

3) 천진무작(天眞無作) : 우리의 본래면목이 천진무구하여 일체의 조작이나 허위 또는 인위적인 가식이 없다는 말이다.

4) 동정상선(動靜常禪) : 동정 간에 항상 선 수행을 계속한다는 뜻으로, 동

정간불리선, 무시선 무처선(無時禪 無處禪)과 같은 말이다.

5) **오렴수(汚染修)** : ① 깨달음이 없이 무조건 수행하는 것으로 우주의 원리와 사물의 이치와 인생의 근원을 알지 못하고 닦아 가는 것을 말한다. ② 수행의 방법. 곧 방향을 알지 못하고 닦는 것으로 성품이 바로 진리이요, 마음이 바로 부처임을 알지 못하고 닦는 것을 말한다. ③ 진리가 주체가 되지 아니하고 무명, 업장, 습기 등이 주가 되어 닦아 가는 것을 말한다.

연의(演義)

보조 국사는 어떠한 사람이 바로 자성의 정혜를 닦을 수 있고 또 어떠한 사람이 수상의 정혜를 닦아야 하는가. 즉 어떤 사람이 수승한 상근기에 속하며 어떤 사람이 수승하지 못한 근기에 소속이 되는가를 자세하게 가르쳐 주고 있다.

자성문의 정혜를 닦는 상근기는 첫째, 번뇌가 맑고 몸과 마음이 편안하여 선과 악을 여의고, 둘째 사순(四順)의 이로움과 기림과 칭찬과 즐거움. 사위(四違)의 쇠약과 훼손과 비방과 괴로움의 여덟 가지 마음을 흔드는 번뇌에 동요되지 않으며, 셋째 괴로움과 즐거움, 또 괴로움도 즐거움도 아닌 세 가지의 감각에 따르지 않는 사람을 말한다. 이러한 사람은 곧 병이 없는 사람이 약을 쓸 필요가 없듯이 정과 혜를 쌍수하고 항상 선정에 들어 자연스럽게 진리를 깨쳤기 때문에 대치하는 공부를 하거나 쓸 필요가 없는 근기이라고 할 수 있다.

반면에 수상문의 정혜를 닦는 수승하지 못한 근기는 비록 먼저 깨침은 있었다 할지라도 첫째, 번뇌가 두텁고 익혀온 습기가 무거워서 경계를 대하면 생각마다 망정이 나오고, 둘째, 반연을 만남에 마음마다 상대를 지어 혼침과 산란에 부림을 당하여 공적영지가 어두워진 사람을 말한다. 이러한 사람은 곧 상을 따르는 정혜를 빌려 대치하는 공부를 하고 혼란을 조복 받아 무위의 경지에 들 때까지 공부를 아니 할 수 없다.

그러나 이렇게 대치하는 공부를 하는 근기라 할지라도 깨달음이 없는 다시 말하면 자기 성품이 바로 진리이요, 자기 마음이 바로 부처임을 알지 못하고 무조건 닦으려는 '오렴수'에는 떨어지지 않는다. 왜냐하면, 심성이 본래 맑고 번뇌가 텅 비었음을 이미 깨쳐 얻었기 때문이라고 할 수 있다.

부미일시왈(附尾一詩曰)

乘風飛鳥闢先天
<small>승 풍 비 조 벽 선 천</small>
隨水游魚涌慧泉
<small>수 수 유 어 용 혜 천</small>
已悟本心清淨體
<small>이 오 본 심 청 정 체</small>
邪魔惡鬼佛音傳
<small>사 마 악 귀 불 음 전</small>

바람 타고 나는 새 선천의 하늘 열고

물 따라 헤엄친 고기 지혜 샘솟게 하네

이미 본심이 청정한 체성임을 깨쳤으니

사악한 귀신들도 부처님 말씀 전하누나.

35. 悟後眞修
오 후 진 수
·······················
깨친 뒤에야 참 닦음이 된다

왜냐하면, 닦음이 깨치기 전에 있으면 비록 공력을 써서 잊지 아니하여 생각마다 익히고 닦지만, 사물과 닿는 데마다[1] 의심을 내어 능히 걸림이 없지 아니함이 한 물건이 가슴 가운데 걸려 있는 것과 같아서 편안하지 아니한 모습이 항상 앞에 나타나 있다가 날이 오래되고 달이 깊어 대치하는 공력이 익으면 몸과 마음과 객관적인 티끌[2]이 가볍고 편안한 것과 흡사하리니 비록 다시 가볍고 편안하지만, 의심의 뿌리[3]가 끊어지지 아니함이 돌로 풀을 눌러 놓음과 같아서[4] 오히려 생사의 경계에 자재를 얻지 못함일세. 그러므로 이르기를 "닦음이 깨치기 전에 있는 것은 참 닦음이 아니라" 하니라. 깨친 사람의 입장에서는 비록 대치하는 방편은 있지만 생각마다 의심은 없어서 오렴에는 떨어지지 아니하리니 날이 오래되고 달이 깊으면 자연히 천진의 오묘한 성품[5]에 계합하여 공적영지를 임의로 운전하여 생각마다 일체경계를 반연[6]하면서도 마음마다 모든 번뇌를 길이 끊으며 자기 성품을 여의지 않고 정과 혜를 균등하게 가져 위 없는 도[깨달음][7]를 성취하여 앞의 근기가 수승한 사람으로 더불어 다시 차별이 없으리니 상을 따르는 문의 정과 혜가 점문의 하열한 근기의 닦음이지만 깨달은 사람의 입장에서는 가히 쇠를 다루어 정 금을 이룸이라[8] 이르리니, 만약 이와 같음을 알면 어찌 두 문 정과 혜에 앞과 뒤 차례의 두 가지 견해로 의심이 있을 것인가.

何者오, 修在悟前則雖用功不忘하야 念念薰修나 着着
하 자　　수 재 오 전 즉 수 용 공 불 망　　염 념 훈 수　　착 착

生疑하야 未能無礙함이 如有一物이 礙在胸中하야 不安
생 의　　미 능 무 애　　여 유 일 물　　애 재 흉 중　　불 안

之相이 常現在前이라가 日久月深하야 對治功熟則心身
지 상　　상 현 재 전　　일 구 월 심　　대 치 공 숙 즉 심 신

客塵이 恰似輕安하리니 雖復輕安이나 疑根未斷함이 如
객 진　　흡 사 경 안　　수 부 경 안　　의 근 미 단　　여

石壓草하야 猶於生死界에 不得自在일새 故云「修在悟
석 압 초　　유 어 생 사 계　　부 득 자 재　　고 운　수 재 오

前은 非眞修也라」하니라 悟人分上에는 雖有對治方便이
전　　비 진 수 야　　　　오 인 분 상　　수 유 대 치 방 편

나 念念無疑하야 不落汚染이니 日久月深하면 自然契合
　　염 념 무 의　　불 락 오 렴　　일 구 월 심　　자 연 계 합

天眞妙性하야 任運寂知하야 念念攀緣一切境호대 心心
천 진 묘 성　　임 운 적 지　　염 념 반 연 일 체 경　　심 심

永斷諸煩惱하며 不離自性하고 定慧等持하야 成就無上
영 단 제 번 뇌　　불 리 자 성　　정 혜 등 지　　성 취 무 상

菩提호대 與前機勝者로 更無差別하나니 則隨相門定慧
보 리　　여 전 기 승 자　　갱 무 차 별　　즉 수 상 문 정 혜

가 雖是漸機所行이나 於悟人分上에는 可謂點鐵成金이
　　수 시 점 기 소 행　　어 오 인 분 상　　가 위 점 철 성 금

라 若知如是則豈以二門定慧로 有先後次第二見之疑
　　약 지 여 시 즉 기 이 이 문 정 혜　　유 선 후 차 제 이 견 지 의

乎아.
호

단어풀이

1) **착착(着着)** : 사물(事物)이 순서(順序)대로 되어 가는 모양.

2) **객진(客塵)** : ① 번뇌를 말한다. 불교 술어에 "번뇌란 심성에 본래 있는 것이 아니라 이치에 미혹되어 일어나기 때문에 객이라 하고 심성을 더럽히기 때문에 진이라 한다[煩惱非心性固有之物 爲迷理而起者 故名之爲客 爲汚心性者 故名之爲塵]"고 하였고,《유마경(維摩經)》문질품(問疾品)에「보살은 객진의 번뇌를 끊고 제거한다[菩薩斷除客塵煩惱]」고 하였으며,《최승왕경(最勝王經)》1에「번뇌가 미혹을 따르면 다 객진이다. 법성이 주체가 되면 오고 감이 없다[煩惱隨惑 皆是客塵 法性是主 無來無去]」고 하였고,《원각경(圓覺經)》에「고요한 가운데 지혜가 발생하면 몸과 마음의 객진이 이를 따라 깊이 소멸한다[靜慧發生 身心客塵 從此永滅]」고 하였다. ② 번뇌는 모든 법의 체성에 대하여 본래의 존재가 아니므로 객이라 하고 미세하고 수가 많으므로 진이라 한다.

3) **의근(疑根)** : 의념이 마음에 깊이 든 것을 비유하여 뿌리와 같다[疑念深入於心 譬如根]는 것이다.《만선동귀집(萬善同歸集)》6에「지혜의 칼을 절묘하게 휘두르면 의근이 단번에 끊어진다[智刀絶揮 疑根頓絶]」고 하였고,《능엄경(楞嚴經)》2에「부처님께서 애민하게 여기사 원음을 베풀어 우리들의 의근을 뽑아서 위 없는 도에 돌아가게 하였다[佛哀愍宣示圓音 拔我疑根 歸無上道]」고 하였다.

4) **여석압초(如石壓草)** : "돌로 풀을 누른다."는 뜻이다. 즉 돌로 풀을 눌러

놓으면 일시적으로는 눌려 있을지 몰라도 반드시 옆으로 삐져나오기 마련이다. 이처럼 우주의 진리와 인간의 본성을 깨닫지 못하였거나 깊은 수행이 없으면 무명업장(無明業障)이나 삼독오욕(三毒五慾)이나 미혹(迷惑)이나 의심들이 언제든지 고개를 들고 일어나올 수가 있다.

　5) 천진묘성(天眞妙性) : ① 자성 청정심(自性淸淨心)을 말한다. 우리의 자성은 천진하여 불생불멸(不生不滅)하고 불구부정(不垢不淨)하며 염정미추(恬靜美醜)와 시비선악(是非善惡)에 물들지 않았고, 그러면서도 신통묘용(神通妙用)의 조화를 자유자재로 나타내므로 천진묘성이라 한다. ② 인간의 경험 이전의 타고난 본성 그대로를 말한다. 즉 온갖 습관, 세속에 물들지 않는 천진한 본래 성품. 인위적인 사량계교를 떠난 무위의 작용. ③ 천연의 진리로 사람의 조작이 아닌 것을[天然之眞理 非人造作者] 말한다.《지관보행(止觀輔行)》에 「진리란 조작이 아니므로 천진이라 한다[理非造作故曰天眞]」고 하였다.

　6) 반연(攀緣) : ① 원인을 도와서 결과를 맺게 하는 일. 대경(對境)에 의지한다는 뜻. 마음이 제 스스로 일어나지 못하는 것이 마치 칡넝쿨이 나무나 풀줄기가 없으면 감고 올라가지 못하는 것과 같으며 또 노인이 지팡이를 짚고서 일어나는 것처럼 마음이 일어날 때는 반드시 경계를 의지해서 일어나게 된다는 말. ② 속된 인연에 끌려 다니는 것. ③ 이 반연은 일체 번뇌의 근본이 된다. ④《능엄경(楞嚴經)》1에 「모든 중생은 반연을 자성으로 삼는다[諸衆生以攀緣自性]」고 하였고《유마경(維摩經)》문질품(問疾品)에 「무엇을 병의 근본이라 하는가. 반연을 말한다. …중략… 어떻게 반연을 끊을 것인

가. 무소득이라야 한다. 만일 얻음이 없으면 반연도 없게 되니라[何謂病本 謂有攀緣 …中略… 云何斷攀緣 以無所得若無所得則無攀緣]고 하였다.

7) 보리(菩提) : ① Bodhi. 구역으로는 도(道)라 하고 신역으로는 각(覺)이라 한다. 도란 통한다는 뜻이고[道者通義] 각이란 깨닫는다는 뜻이다[覺者覺悟之義]. ② 불교 최고 이상인 불타 정각의 지혜. 곧 불과(佛果). ③ 불타 정각의 지혜를 얻기 위하여 닦는 도. 곧 불과에 이르는 길을 말한다. ④《지도론(智度論)》4에 「보리란 모든 불도를 말한다[菩提名諸佛道]」고 하였고, 또 동 44에 「보리는 진나라 말로 위없는 지혜라 한다[菩提 秦言無上智慧]」고 하였다.《지관(止觀)》1에 「보리란 천축의 음이다. 이 지방에서는 도라고 말한다[菩提者 天竺音也 此方稱道]」고 하였고,《안락집(安樂集)》상(上)에 「보리란 무상이니 불도를 말한다[菩提者 乃是無上 佛道之名也]」고 하였다.《유식술기(唯識述記)》일본(一本)에 「범어로는 보리라 하는데 번역하여 각이라 한다. 법성을 깨쳤기 때문이다[梵云菩提 此翻爲覺 覺法性故]」고 하였다. ⑤ 아뇩다라삼먁삼보리(阿耨多羅三藐三菩提)라 한다. 즉 무상불도(無上佛道), 또는 무상대도(無上大道), 또는 무상정등정각(無上正等正覺)을 말한다.

8) 점철성금(點鐵成金) : ① 쇠를 황금으로 만든다는 뜻으로 이전 사람의 말을 활용하여 명작(名作)으로 만듦을 말한다. ② 수행하는 사람이 모든 번뇌 망상을 녹이고 무명업장을 부수어서 청정한 마음을 이루고 우주의 진리를 깨달아 지혜를 밝힘을 말한다.

연의(演義)

보조 국사는 깨치기 전의 닦음을 오렴수라고 규정한다. 이는 점수문에 하열한 근기들이 수행하는 방법으로 원초적으로 깨침이 없으므로 근본적인 의심은 남아 있어서 열심히 수행한다 할지라도 그 의심을 풀어버릴 수가 없는 것이 마치 가슴에 어떤 물건이 걸려 항상 답답한 모양과 같다고 보는 것이다.

또 돌로 풀을 눌러 놓는 것과도 같아서 뿌리는 그대로 둔 채 돌로만 눌러 놓는다면 일시적인 억제는 될지 몰라도 언젠가는 그 풀이 삐져서 솟아오르기 마련이다.

이처럼 의심의 뿌리를 해결하지 못하고 닦는다면 별스런 소득이 없는 것으로 참 닦음이 아닌 오렴수가 되고 만다.

그러나 깨치고 닦는 것은 근본적인 닦음이요, 참 닦음으로 오렴수에는 절대로 떨어지지 않을 뿐만 아니라 세월이 가면 자연스럽게 진리의 본체와 자성의 근원에 합일이 되어 공적과 영지를 마음대로 운용하고 정과 혜를 평등하게 가져서 결국 큰 깨달음으로 큰 도를 이루게 되어 부처의 경지에 들어가게 된다.

이러한 이유로 상을 따르는 정혜가 비록 점문의 근기들이 수행하는 노선이라고는 할지라도 깨달은 사람이 이 노선을 잠깐 빌려 쓰는 데는 쇠가 황금으로 변하는 위력을 가지고 있는 것과 같다. 즉 쇠는 두드려 잡철을 빼어내야 정금(精金)이 되듯이 깨친 사람의

입장에서도 다생의 습기가 남아 있고 숨어 있으므로 수상문의 대
치 방법을 잠깐 활용하여 오진(汚塵)이 되는 찌꺼기들을 말끔히 닦
아내어야 자심불(自心佛)의 본처(本處)에 돌아오게 된다.

그러하니 새끼를 보고 뱀인가 의심하듯 먼저 깨달음과 뒤에 닦
음이라든가, 돈문과 점문이라든가, 자성정혜와 수상정혜라든가,
공적과 영지라는 등의 두 가지 견해를 가지고 따지고 의심할 필요
는 없다.

부미일시왈(附尾一詩曰)

上通下達礙元無
상 통 하 달 애 원 무
古始今存縛本逾
고 시 금 존 박 본 유
隱顯去來如實物
은 현 거 래 여 실 물
甚麼裂口吐騷吁
심 마 열 구 토 소 우

위로 통하고 아래로 사무쳐 걸림 원래 없고

옛 시작 지금까지 있으나 얽힘 본래 넘었네

숨으나 나타나나 가나오나 여실한 물건인데

어찌하여 입을 찢어 떠들고 탄식을 토하는고.

제6 附 囑
부　　촉

부탁하고 촉려함

36. 人植佛種
인 식 불 종
···
누구나 부처 종자 심어져 있다.

　원하건대 모든 도를 닦는 사람은 이 말을 연구하고 음미하여 다시는 여우의 의심[1]으로 스스로 퇴굴을 내지 말지어다. 만일 장부의 뜻을 갖추어서 위 없는 보리를 구하는 사람일진대 이것을 놓고 어찌하리오. 간절히 문자에만 집착하지 말고 바로 모름지기 뜻을 깨쳐서 하나하나 자기에게 돌아가 근본 종지에 계합하면 곧 스승 없는 지혜[2]가 자연히 앞에 나타나고 천진한 이치가 명료하여 어둡지 아니해서 지혜의 몸[3]을 성취하되 다른 [사람의] 깨침에 말미암지 아니하리라. 이 오묘한 뜻이 비록 이 모든 사람의 입장이기는 하나 만일 일찍이 반야의 종자 지혜를 심은 대승[4]의 근기[5]가 아니라면 능히 한 생각에 바른 믿음을 내지 못하리니 어찌 한갓 믿지 아니 하리오. 또한, 비방하여 도리어 무간[6]지옥을 부르는 사람이 자주 있는 것이라. 비록 믿고 받지는 않더라도 한 번 귀에 스쳐 잠시라도 인연을 맺으면 그 공과 그 덕을 헤아릴 수 없으리니, 저《유심결》[7]에 이르기를 "듣고 믿지 않더라도 부처의 종자가 되는 인연을 맺고 배우고 이루지 못하더라도 오히려 인간과 천상에 복을 덮는다."라고 하였으니 부처를 이룰 바른 인자(因子)[8]를 잃지 않거든 하물며 들어서 믿고 배워서 이루어 수호하여 잊지 않은 사람의 그 공덕이야 어찌 능히 헤아리리오.

願諸修道之人은 研味此語하야 更莫狐疑하야 自生退屈
원제수도지인   연미차어   갱막호의   자생퇴굴

이어다. 若具丈夫之志하야 求無上菩提者인댄 捨此奚以
         약구장부지지   구무상보리자   사차해이

哉리오 切莫執文하고 直須了義하야 一一歸就自己하야
재   절막집문   직수료의   일일귀취자기

契合本宗則無師之智가 自然現前하고 天眞之理가 了然
계합본종즉무사지지   자연현전   천진지리   요연

不昧하야 成就慧身호되 不由他悟하리라 而此妙旨가 雖
불매   성취혜신   불유타오   이차묘지   수

是諸人分上이나 若非夙植般若種智한 大乘根器者면 不
시제인분상   약비숙식반야종지   대승근기자   불

能一念而生正信하리니 豈徒不信이리오 亦乃謗讟하야
능일념이생정신   기도불신   역내방독

返招無間者 比比有之하니라 雖不信受나 一經於耳하야
반초무간자 비비유지   수불신수   일경어이

暫時結緣하면 其功厥德을 不可稱量이니 如唯心訣에 云
잠시결연   기공궐덕   불가칭량   여유심결   운

「聞而不信이라도 尙結佛種之人하고 學而不成이라도 猶
문이불신   상결불종지인   학이불성   유

蓋人天之福이라」하니 不失成佛之正因이온 況聞而信하
개인천지복   불실성불지정인   황문이신

고 學而成하야 守護不忘者야 其功德을 豈能度量이리오.
   학이성   수호불망자   기공덕   기능탁량

단어풀이

1) 호의(狐疑) : ① 여우가 의심이 많다는 뜻에서 모든 일에 의심하는 것을 말한다. ② 스승과 법에 대하여 재어보고 저울질한다는 뜻으로 중근병(中根病)을 말하는데 이 병에 걸리면 정법을 수행할 수도 없고 제도 받을 수도 없게 된다. 그러므로 모든 성자들이 이 호의불신증(狐疑不信症)을 크게 경계하였다.

2) 무사지(無師智) : ① 스승 없는 지혜, 자성에 갖추어 있는 근본 지혜는 스승이나 외적인 가르침이나 말씀과는 아무런 상관이 없다. ② 스승이 없이 혼자서 얻은 지혜, 즉 스승 없이 홀로 깨친 부처님의 지혜이다[無師獨悟之佛智]. ③《법화경(法華經)》비유품에 「일체지와 불지와 자연지와 무사지가 있다[一切智 佛智 自然智 無師智]」고 하였는데 동(同)《가상소(嘉祥疏)》6에 「무사지란 앞의 삼지와 아울러 스승을 따르지 않고 얻었으므로 무사지라 한다[無師智者 前之三智並不從師得 故云無師智]」고 하였다.

3) 혜신(慧身) : 오분법신(五分法身)의 하나로 스스로 무루의 지혜를 이룬 몸을 말한다. 즉 오분법신으로 세 번째가 혜(慧)인데 「여래의 참 지혜는 두렷하고 밝으며 진리의 체성을 관달하였음으로 지혜의 법신이라 하나니 곧 근본지이다[如來之眞智圓明 觀達法性 謂之慧法身 卽根本智也]」고 하였다.

4) 대승(大乘) : ① 범어로는 마하연(摩訶衍)이라 하는데 번역하여 대승이라 한다. 대(大)란 소(小)에 상대가 되는 것이요, 승(乘)이란 싣고 운반한다[運載]는 뜻이다. 즉 사람을 싣고 이상경(理想境)에 이르게 하는 교법 가운데

서, 교리(敎理), 교설(敎說)과 이 이상경에 도달하려는 수행과 그 이상, 목적이 모두 크고 깊은 것이므로, 이것을 받는 근기도 또한 큰 그릇인 것을 대승이라 한다. ② 회신멸지(灰身滅智), 즉 몸을 재로 만들고 지혜를 멸하여 공적의 열반을 구하는 가르침을 소승(小乘)이라 하는데 이 가운데는 성문(聲聞), 연각(緣覺)의 구별이 있다. 일체의 지혜를 개현(開現)하도록 한 가르침을 대승이라 하는데 이 가운데는 일승(一乘), 삼승(三乘)의 구별이 있다. ③《보적경(寶積經)》28에 「제불여래 정진 정각의 행하는 도이니 저 승이 대승이며 상승이며 묘승이며 승승이며 무상승이며 무상상승이며 무등승이며 불오승이며 무등등승이라 한다[諸佛如來正眞正覺所行之道 彼乘名爲大乘名爲上乘 名爲妙乘 名爲勝乘 無上乘 無上上乘 無等乘 不惡乘 無等等乘]고 하였다.

5) 근기(根器) : ① 근은 근성(根性). 중생은 그 근성에 따라 제각기 법을 받아들이므로 기(器)라 한다. ② 「사람의 성품을 나무에 비유하여 뿌리라 하고 뿌리가 능히 물(가지, 잎 등)을 감당하므로 기라 한다[人之性譬諸木而曰根 根能堪物曰器]고 하였다.《대일경소(大日經疏)》9에 「대략 법을 설하는 데는 네 종류가 있는데 삼승 및 비밀승이다. 비록 응당 아끼는 것은 아니지만 그러나 당연히 중생을 보고 그 근기를 헤아린 뒤에 주는 것이다[略說法有四種 謂三乘及秘密乘 雖不應恪惜 然應觀衆生 量其根器 而後與之]고 하였다.

6) 무간(無間) : ① 범어 아비[阿鼻, Avīci]를 번역하면 무간이라 하는데 곧 무간지옥(無間地獄)을 말한다. ② 팔열지옥(八熱地獄) 중의 하나이다. 남섬부주(南贍浮洲) 아래 이만유순(二萬由旬) 되는 곳에 있는 몹시 괴로운 지옥이다. 특히 이 지옥에는 오역죄[五逆罪 : 殺父, 殺母, 殺阿羅漢 破和合僧 出佛

身血]의 하나를 범하였거나 인과를 무시하고 사탑(寺塔)을 무너뜨리고 성중 (聖衆)을 비방하고 시주물(施主物)만을 먹고 사는 사람이 지옥에 떨어진다고 한다. 이 무간지옥은 다섯이 있다. 첫째, 취과무간(趣果無間)이니 몸을 마치는 즉시 이 지옥에 떨어져 사이가 없는 것이오. 둘째, 수고무간(受苦無間)이니 고통을 받는 것이 사이가 없는 것이오. 셋째, 시무간(時無間)이니 고통이 일겁지간(一劫之間)을 계속하되 사이가 없는 것이오. 넷째, 명무간(命無間)이니 일겁지간을 수명이 사이가 없는 것이오. 다섯째, 신형무간(身形無間)이니 지옥이 종횡(縱橫)으로 8만 4천 유순(由旬)이 되는데 몸이 꽉 차서 사이가 없는 것을 말한다. ③ 살든 죽든 간에 괴로워만 하고 즐거움을 누릴 사이가 없으면 곧 무간지옥의 생활이다.

7) 《유심결(唯心訣)》 : 항주 혜일산 영명사 지각 선사(杭州慧日山永明寺智 覺禪師)가 지은 책이다. 지각 선사의 이름은 연수(延壽)로 송(宋)나라 태조 (太祖) 개보(開寶) 8년(904)에 나서 72세(975)에 입적하였다. 법안종(法眼宗) 의 제3조이다. 항주 왕씨(王氏)의 아들로 자를 중현(仲玄)이라 하고 호를 포 일자(抱一子)라 하였다. 이 밖에 저서로 《종경록(宗鏡錄)》 100권, 《만선동귀 집(萬善同歸集)》 6권이 있다.

8) 정인(正因) : ① 바로 물심(物心) 제법을 내는 인종(因種)이란 뜻. ② 왕 생 또는 성불하는 결과를 얻는데 대하여 정당한 인종이 되는 것을 말한다.

연의(演義)

불교의 전통적인 경전 구성은 서분(序分), 정종분(正宗分), 유통분(流通分)으로 되어 있다. 즉 서론(序論), 본론(本論), 결론(結論)을 말한다. 서분은 본론에 들어가기 전에 서론으로 말한 것이며 정종분은 경문의 종요(宗要)를 드러내는 본론이며 유통분은 설파한 교법을 후세에 전하기 위하여 제자들에게 부촉하는 결론이다.

이 《수심결》도 이러한 체제의 편성 방법에 따라 대체적으로 1∼3절까지는 서론 격인 서분이며 4∼35절까지가 본론 격인 정종분이며 36∼40절까지 결론적인 유통분으로 이 유통분에서 마음 닦는 요결이 되는 《수심결》이 후래에 널리 유통되어 많은 불보살이 배출되기를 염원하고 있다고 보아도 과언은 아니다.

보조 국사는 "간절히 소원하고 바란다."라고 말을 한다. 즉 천하에 도를 닦는 모든 사람들이 이 가르침을 멀리 하거나 버리지 말고 꾸준히 연구하고 몸소 맛을 보아 의심 없이 믿어 다시는 뒤로 물러서지 말라고 유촉을 한다.

무릇 도를 닦는 사람이 큰 뜻을 세워 불보살이 되고자 한다면 자기에게 돌아가야 한다. 자기의 본래 마음, 본래 모습에 돌아가서 자기를 알고 자기를 보는 것이 제일 중요하다. 즉 밖에 있는 부처에게 돌아가고 찾을 것이 아니라 자기 부처를 자기 안에서 찾아 세워야만 진리에 계합이 되고 본래 자성에 구유(具有)되어 있는 스승 없는 큰 지혜가 발현되어 지혜로 밝혀진 부처의 몸을 이루게 되는 것이니 이것이 누구에 의하여 되는 것이 아니라 오직 자기로부터 깨우쳐지는 것이다.

그러므로 이러한 묘한 법, 묘한 이치가 남녀노소와 선악귀천을 가릴 것 없이 평등하게 본래 갖추어 있는 입장이지만 영겁을 통하여 자기의 마음밭에 반야 즉 지혜의 종자를 뿌려 놓은 큰 근기가 아니면 한 생각에 믿음을 내어 다시 이 길을 밟기가 대단히 어렵다.

그렇지만 누구든 한 번이라도 귓가를 스쳐가는 인연을 맺으면 영명 연수 선사(永明延壽禪師)의《유심결(唯心訣)》말씀처럼 불종인(佛種因)을 잃지 않고 인천복(人天福)의 공덕이 무량하여 부처를 이루게 되는 것이다.

그러나 들어서 바로 믿음이 서고 배워서 바로 깨우침을 이루어 잘 수호하고 잊지 않는 사람은 최상근기로 그 공덕이 무량 무진하여 헤아릴 수가 없게 된다.

결국 보조 국사는 누구나 부처가 될 수 있는 가능성을 자기 안에 갊아 가지고 있기 때문에 마음의 종자, 들음의 종자, 믿음의 종자, 배움의 종자를 잘 뿌리고 가꾸어 깨달음의 종자인 보리의 열매가 맺어지기를 절실하게 바라고 있다.

부미일시왈(附尾一詩曰)

心藏佛祖如意珠
심 장 불 조 여 의 주
身備威能造化樞
신 비 위 능 조 화 추
兀入乾坤山海富
올 입 건 곤 산 해 부
何縈世物有無乎
하 영 세 물 유 무 호

마음에는 부처와 조사의 여의주 값았고

몸에는 위능의 조화 지도리[돌쩌귀]를 갖추었네

올연히 건곤에 서서 산해에 부를 두었으니

어찌 세상 물건의 있고 없음에 매일건가.

37. 得人勤修
득 인 근 수

사람 되었을 때 부지런히 닦자

과거의 윤회하던 업을 미루어 생각건대 그 몇 천겁을 흑암[1]지옥에 떨어지고 무간지옥에 들어가 갖가지 고통 받음을 알 수 없으며, 또 그 얼마나 불도를 구하고자 하여도 착한 벗[2]을 만나지 못하고 오랜 세월[3]을 빠져 어둡고 어두워[4] 깨달음이 없이 모든 악업[5] 지은 줄을 알 수 없다. 때로 혹 한 번씩 생각하면 긴 한숨을 깨달을 수 없으니 그 가히 방일하고 느려 다시 지난날의 재앙을 받으려는가. 또 누가 다시 나로 하여금 이제 인생을 만나 만물의 영장이 되어 참을 닦는 길에 어둡지 않게 하려는지 알 수 없어라. 진실로 눈먼 거북이 나무를 만나고[6] 가는 겨자씨를 던져 바늘귀를 관통함이니[7] 그 경사스럽고 다행스러움을 어찌 다 말하겠는가. 내가 이제 만일 스스로 퇴굴을 내거나 혹 나태를 내어 항상 뒤를 바라다가 잠깐 목숨을 잃고 악도에 떨어져 모든 고통을 받을 때는 비록 한 구절 불법을 들어서 믿고 알고 받아 가져 고통을 면하려고 원한들 어찌 가히 다시 얻어지겠는가. 위태로운데 미침에 이르러서는 후회해도 이익이 없으리니 원하건대 모든 수도하는 사람들은 방일을 내지도 말고 탐욕[8]과 음욕[9]에 집착하지도 말며 머리에 타는 불을 구제하듯 비추고 돌아보기를 잊지 말아야 하리라. 덧없는 세월[10]은 신속하여 몸은 아침 이슬과 같고 명은 서쪽의 빛과 같아서 오늘은 비록 있지만, 내일을 또한 보존하기 어려우니 간절히 모름지기 뜻에 두고 간절히 모름지기 마음에 둘지어다.

追念過去輪廻之業컨댄 不知其幾千劫을 墮黑闇入無間
추념과거윤회지업　　　　부지기기천겁　　　타흑암입무간

하야 受種種苦하며 又不知其幾何而欲求佛道호대 不逢
　　　수종종고　　　　우부지기기하이욕구불도　　　불봉

善友하고 長劫沈淪하야 冥冥無覺하야 造諸惡業이런고
선우　　　　장겁침륜　　　명명무각　　　조제악업

時或一思에 不覺長吁로소니 其可放緩하야 再受前殃가
시혹일사　　　불각장우　　　　기가방완　　　재수전앙

又不知誰復使我로 今値人生하야 爲萬物之靈하야 不昧
우부지수부사아　　　금치인생　　　위만물지령　　　불매

修眞之路런고 實謂盲龜遇木이요 纖芥投鍼이라 其爲慶
수진지로　　　실위맹구우목　　　섬개투침　　　기위경

幸을 曷勝道哉아 我今若自生退屈커나 或生懈怠하야 而
행　　갈승도재　　아금약자생퇴굴　　　혹생해태　　　이

恒常望後라가 須臾失命하면 退墮惡趣하야 受諸苦痛之
항상망후　　　수유실명　　　퇴타악취　　　수제고통지

時에 雖欲願聞一句佛法하야 信解受持하야 欲免辛酸인
시　　수욕원문일구불법　　　신해수지　　　욕면신산

들 豈可復得乎아 及到臨危하야는 悔無所益이니 願諸修
　　기가부득호　　급도임위　　　　회무소익　　　원제수

道之人은 莫生放逸하며 莫着貪淫하고 如救頭燃하야 不
도지인　　막생방일　　　막착탐음　　　여구두연　　　불

忘照顧어다 無常迅速하야 身如朝露하고 命若西光이라
망조고　　　무상신속　　　신여조로　　　명약서광

今日雖存이나 明亦難保니 切須在意하며 切須在意어다.
금 일 수 존　　명 역 난 보　　절 수 재 의　　절 수 재 의

단어풀이

1) **흑암(黑闇)** : ① 흑암지옥, 어둠침침한 지옥, 부모나 스승의 물건을 훔친 자가 떨어져 처벌받는 지옥. ② 지혜의 광명이 없는 중생세계. 《남산계소(南山戒疏)》이상(二上)에 「흑암심이란 어리석은 마음을 말한다[言黑闇心者謂痴心也]」고 하였고, 또 《지관(止觀)》오상(五上)에 「이 흑암의 사람들과 어찌 도를 논하겠는가[此黑闇人 豈可論道]」하였으며, 또 《아미타불게(阿彌陀佛偈)》에 「삼도의 흑암은 광명을 받아 열리네[三塗黑闇蒙光啓]」라고 하였다.

2) **선우(善友)** : ① 부처님의 대도 정법을 가르쳐 좋은 길로 이끌어주는 스승이나 친구. ② 함께 선업을 닦아가는 어질고 좋은 친구. 선지식(善知識)과 같은 말이다.

3) **침륜(沈淪)** : ① 생사유전의 바다에 깊이 빠져드는 것. 생사고해에 끌려다니는 것. ② 재산이나 권세 등이 없어져서 세력이 전과 같이 떨치지 못하는 것을 말한다.

4) **명명(冥冥)** : ① 자연스럽게 마음 가운데 느껴지는 것. ② 나타나지 아니하여 알 수 없는 모양. ③ 캄캄하고 어두운 모양을 말한다.

5) **악업(惡業)** : ① 몸, 입, 뜻으로 지어 악한 과보를 받을 행위. 곧 신삼(身三)의 살생(殺生), 투도(偸盜), 사음(邪婬)과 구사(口四)의 망어(妄語), 기어

(綺語), 악구(惡口), 양설(兩說)과 의삼(意三)의 탐욕(貪欲), 진에(瞋恚), 사견(邪見)을 말한다. ② 이치에 어긋나는 행을 악이라 하고 몸과 입과 마음으로 짓는 일을 업이라 한다[乖理之行謂之惡 身口意三者作事 謂爲業],《구사광기(俱舍光記)》13에「조작하는 것을 업이라 한다[造作爲業]」고 하였으니 곧 십악(十惡)이나 오역(五逆)을 짓는 것을 말한다.《육바라밀경(六波羅蜜經)》5에「시작이 없이 악업을 짓는 것이 대천세계에 미진이 있는 것과 같다[無始所造惡業 如大千界所有微塵]」고 하였다.

6) 맹구우목(盲龜遇木) : 맹구부목(盲龜浮木)이라고도 한다.《열반경(涅槃經)》2에「세상에 사람으로 나오기 어렵고 부처님 세상 만나기 또한 어렵다. 마치 큰 바다에서 눈이 먼 거북이가 구멍 뚫린 나무를 만나는 것과 같다[生世爲人難 値佛世亦難 猶如大海中盲龜値浮孔]」고 하였고 동23에「청정한 법보는 얻고 보고 듣기 어렵다. 내 이제 이미 들었으니 마치 눈먼 거북이가 떠있는 나무의 구멍을 만난 것과 같다[淸淨法寶 難得見聞 我今已聞 猶如盲龜 値浮木孔]」고 하였다.《원각경(圓覺經)》에「떠있는 나무를 눈먼 거북은 만나기 어렵다[浮木盲龜難値遇]」고 하였다.《칭양제불공덕경(稱揚諸佛功德經)》중에「일체 세계에 물이 가득하고 물위에 판자가 있으며 판자에는 구멍이 뚫렸는데 한 마리 눈먼 거북이 백년 만에 한 번 머리를 들고 구멍을 만난다는 것은 이 또한 매우 어려운 것이니 사람이 몸을 구하고 찾는다는 것이 매우 어렵고 어려운 것이다[一切世界設滿中水 水上有板 而板有孔 有一盲龜 於百歲中 乃一擧頭 欲値於孔 斯亦甚難 求索人身 甚難甚難]」고 하였다.

7) 섬개투침(纖芥投鍼) : 6)의 맹구우목과 같은 뜻이다. 가는 겨자씨를 던

져 바늘귀를 관통한다는 것으로 사람의 몸을 받기가 어렵고 정법회상을 만나거나 주세성자를 만나기가 대단히 어렵다는 것을 비유하여 말하는 것이라고 할 수 있다.

8) **탐(貪)** : ① 탐욕(貪慾). 모든 일을 상도에서 벗어나 과히 취하려는 마음. 사물을 지나치게 탐하는 욕심. ② 심소(心所)의 이름. 자기의 뜻에 잘 맞는 사물에 대하여 마음으로 애착케 하는 정신작용. ③ 삼독의 하나. 탐애(貪愛), 탐착(貪着), 세간의 색욕, 재물 등을 탐내어 그칠 줄 모르는 욕심. ④《대승의장(大乘義章)》2에 「애착에 물드는 것을 탐이라 한다[愛染名貪]」고 하였고, 동오본(同五本)에 「밖으로 오욕에 물들고 애착하는 것을 탐이라 한다[於外五欲染愛名貪]」고 하였다.

9) **음(淫)** : ① 색욕(色慾), 오욕(五慾)의 하나. 남녀 간의 사랑에 애착하는 마음. 특히 육체적 사랑에 빠진 마음. ②《행사초(行事鈔)》중에 「지론에 "음욕이 비록 중생을 번뇌케 하는 것은 아니지만 마음을 얽어매므로 큰 죄가 된다. 그러므로 계율 가운데서 음욕이 첫째가 된다"[智論云 婬欲雖不惱衆生 心心繫縛 故爲大罪 故律中婬欲爲初]」고 하였다. ③ 십악(十惡)의 하나.《사미율(沙彌律)》에 「재가의 오계는 오직 사음을 제재하고 출가의 십계는 온전히 음욕을 끊자는 것이다. 다만 세간의 일체 남녀를 범하는 것은 모두 파계이다[在家五戒 惟制邪婬 出家十戒 全斷婬欲 但干犯世間一切男女 悉名破戒]」고 하였다.

10) **무상(無常)** : ① 진리를 변불변(變不變)으로 나눌 때 변하는 진리를 무상, 불변하는 진리를 유상(有常)이라 한다. ② 현상 세계의 모든 것은 고정

된 것이 끊임없이 변화하여 영구히 존속하는 것이 없다는 말. ③ 물심(物心)의 모든 현상은 한 찰나에도 생멸 변화하여 상주(常住)하는 모양이 없는 것. 즉 생멸천류(生滅遷流), 찰나부주(剎那不住)를 말한다. 두 가지가 있으니 첫째, 찰나무상(剎那無常)으로 찰나 찰나 간에 생주이멸(生住異滅)로 변화하는 것이오. 둘째, 상속무상(相續無常)으로 한평생 동안에 생주이멸(生住異滅)의 사상(四相)이 있는 것이다. ④《열반경(涅槃經)》1에 「이 몸이 무상하고 생각도 머물지 않는 것이 마치 번갯불, 폭포수, 불꽃과 같다[是身無常 念念不住 猶如電光暴水幻炎]」고 하였고, 《지도론(智度論)》23에 「일체 함이 있는 법이 무상하다는 것은 새롭게 생멸하기 때문이요, 인연에 소속되어 있기 때문이다[一切有爲法無常者新新生滅故 屬因緣故]」고 하였다. 《육조단경(六祖壇經)》에 「생사의 일이 크고 무상이 신속하다[生死事大 無常迅速]」고 하였고, 《무상경(無常經)》에 「일찍이 한 일도 무상의 삼킴을 입지 않음이 없다[未曾有一事 不被無常呑]」고 하였다.

연의(演義)

육도 윤회를 하게 되면 누구나 고통을 받기 마련이다. 그중에서도 지옥에서 받는 고통이 제일 무섭고 두렵다고 할 수 있다. 지옥에 한 번 들면 빠져나오기가 대단히 어렵다. 자연적으로 벗어나기는 더욱 어렵다. 오직 부처님 법을 닦는 길밖에 다른 방법이 없다 하여

도 과언이 아니다. 오직 부처님만이 지옥 중생을 구제할 수 있다.

따라서 우리 자신이 수많은 생을 오가면서 지은 죄장(罪障)이 여산여해(如山如海)하다는 사실을 인증하여야 한다. 그래야 각성이 생겨난다. 각성이 있어야 정진이 있고 정진이 있어야 깨달음이 있으므로 게으름을 부릴 여가가 없다.

사람으로 태어나기란 대단히 어렵다. 정법회상 만나기도 어렵고 주세성자를 만나기는 더욱 어렵다. 즉 어느 누구도 인도(人道)의 길을 책임져 주지 않는다. 또 참을 닦는 길도 인도하여 주지 않는다. 오죽했으면 맹구우목(盲龜遇木)이요 섬개투침(纖芥投針)이라 하였을까. 눈이 먼 거북이가 백 년 만에 숨 쉬러 물속에서 나오는데 구멍 뚫린 나무를 만나면 숨을 쉬고 만나지 못하면 도로 들어가 백 년을 기다려야 한다. 또 씨 중에서 가장 작은 씨가 겨자씨인데 그 씨를 공중에 던져 놓고 바늘로 씨를 관통한다는 것이니 이러한 사실들이 얼마나 어려운가. 이렇게 인간 몸 받기가 어렵고 불법 만나기가 어렵다는 것을 말한다.

우리의 삶과 죽음은 찰나에 바뀐다. 눈을 뜨고 감는 것과 같은 것이요, 숨을 뱉고 들이는 것과 같은 것이며, 잠을 자고 깨는 것과 같은 것이라고 할 수 있다. 그런데 문제는 삶이 영원하다고 단정 짓는 데 있다. 즉 부처님 법 공부하지 않고 자기 마음 닦지 않고 살다가 잠깐 사이에 생사가 바뀌어 온갖 고통을 받을 때 단 한 구(句)의 불법이라도 믿으려 하고 알려 하고 받으려 하는 것은 아무 소용이 없는 헛짓이라고 아니할 수 없다.

　그러므로 애착, 탐착을 모두 놓아버려야 한다. 따라서 머리에 타는 불을 끄듯이 공부하여야 한다. 세월은 무상하다. 육체는 풀 끝에 맺힌 이슬 같고 목숨은 서쪽에 지는 햇빛 같다. 오늘의 존재가 내일에 보장이 될 수 없다 하였으니 늘 마음에 새기고 의지를 독실하게 갖춰 간절한 마음으로 공부하여야 한다.

부미일시왈(附尾一詩曰)

刹那入獄苦無除
찰 나 입 옥 고 무 제
瞬刻廻心樂有餘
순 각 회 심 낙 유 여
命若西光身似露
명 약 서 광 신 사 로
速離籠絆獨遊虛
속 리 농 반 독 유 허

찰나에 지옥 들면 고통 제거할 수 없고
순간에 마음 돌리면 즐거움이 남으리라
목숨은 서쪽 빛 같고 몸은 이슬 같으니
어서 구속 벗어나 홀로 허공에 노닐려네.

38. 淨心成覺
정 심 성 각
....
맑은 마음은 깨달음을 이룬다

　또는 세간의 함이 있는 선에 의거할지라도 또한 가히 삼악도[1]의
괴로운 윤회를 면하고 천상과 인간에서 수승한 과보를 얻어 모든
쾌락을 받는 것인데 하물며 이 최상승의 매우 깊은 법문은 잠깐만
믿음을 내더라도 이루어진바 공덕을 가히 비유로써 그 가히 써 조
금도 말할 수 없나니 저 경에 말씀하기를 "만일 사람이 삼천대천세
계[2]의 칠보[3]를 가지고 이 세계 중생들에게 보시[4]하고 공양하여 모
두 충만을 얻게 하고 또 이 세계 일체중생을 교화하여 사과[5]를 얻
게 한다면 그 공덕이 한량없고 끝이 없으나 한번 밥 먹는 사이에
바로 이 법을 생각하여 얻는 공덕만 같지 못하다."고 하시니 나의
이 법문은 가장 높고 가장 귀하여 모든 공덕에 견주어도 미치지 못
함을 알아야 하리라.

　그러므로 경에 말씀하기를 "한 생각 깨끗한 마음이 이 도량이니

갠지스강의 모래와 같은 칠보 탑⁶⁾을 만드는 것보다 훌륭하다. 보탑은 마침내 부서져 티끌이 되려니와 한 생각 깨끗한 마음은 바른 깨달음⁷⁾을 이룬다."라고 하시니 원하건대 모든 도를 닦는 사람은 이 말을 연구하고 음미하여 간절히 마음에 둘지어다. 이 몸을 금생을 향하여 제도하지 못하면 다시 어느 생을 기다려 이 몸을 제도하리오. 지금 만약 닦지 않으면 만겁에 어긋하고 지금 만일 힘써 닦으면 닦기 어려운 행이 점점 어렵지 않게 되어 공행이 저절로 나아가리라. 슬프다! 지금 사람들은 배고픔에 왕[훌륭한]의 음식을 만났지만, 입으로 먹을 줄을 알지 못하고 병이 들어 왕[훌륭한]의 의사⁸⁾를 만났지만 약을 먹을 줄을 알지 못하나니 어찌할까, 어찌할까 하지 않는 사람은 나도 어찌하지 못할 뿐⁹⁾이리로다.

且憑世間有爲之善하야도 亦可免三塗苦輪하고 於天上
차빙세간유위지선   역가면삼도고륜   어천상

人間에 得殊勝果報하야 受諸快樂이온 況此最上乘甚深
인간   득수승과보   수제쾌락   황차최상승심심

法門은 暫時生信이라도 所成功德을 不可以比喩로 說其
법문   잠시생신   소성공덕   불가이비유   설기

小分이니 如經云「若人이 以三天大天世界七寶로 布施
소분   여경운 약인   이삼천대천세계칠보   보시

供養爾所世界衆生하야 皆得充滿하며 又教化爾所世界
공양이소세계중생   개득충만   우교화이소세계

一切衆生하야 令得四果하면 其功德이 無量無邊이나 不
일체중생   영득사과   기공덕   무량무변   불

如一食頃을 正思此法所獲功德이라」하시니 是知我此法
여일식경   정사차법소획공덕   시지아차법

門이 最尊最貴하야 於諸功德에 比況不及이로다. 故經
문   최존최귀   어제공덕   비황불급   고경

云「一念正心是道場이라 勝造恒沙七寶塔이로다. 寶塔
운 일념정심시도량   승조항사칠보탑   보탑

畢竟碎爲塵이어니와 一念正心成正覺이라」하시니 願諸
　　필경쇄위진　　　　　일념정심성정각　　　　　　　　　원제

修道之人은 硏味此語하야 切須在意어다 此身不向今生
　수도지인　　연미차어　　절수재의　　　　　차신불향금생

度하면 更待何生度此身이리오 今若不修하면 萬劫差違
도　　　　경대하생도차신　　　　금약불수　　　　만겁차위

요 今若強修하면 難修之行이 漸得不難하야 功行自進하
　금약강수　　　　난수지행　　점득불난　　　　공행자진

리라. 嗟夫라 今時人이 飢逢王饍호대 不知下口하고 病
　　　차부　　금시인　　기봉왕선　　　부지하구　　　병

遇醫王호되 不知服藥하나니 不曰如之何如之何者는 吾
우의왕　　　부지복약　　　　불왈여지하여지하자　　　오

末如之何也已矣로다.
말여지하야이의

단어풀이

1) **삼도[三途, 三塗]** : 삼악도(三惡途)의 준말.《사해탈경(四解脫經)》에「첫째, 화도이니 지옥취로 뜨거운 불에 타는 곳이요. 둘째, 혈도이니 축생취로 서로서로 먹는 곳이요. 셋째, 도도이니 아귀취로 칼이나 몽둥이로 핍박하는 곳이다[一火途 地獄趣 猛火所燒之處二血途 畜生趣 互相食之處 三刀途 餓鬼趣 以刀劍杖逼迫之處]」고 하였다.

2) **삼천대천세계(三千大千世界)** : ① 불교의 세계관에서 말하는 전 우주. 한량없는 세계를 나타내는 말. 수미산(須彌山)을 중심으로 하여 칠산 팔해(七山八海)가 서로 에워싸고 있으며 다시 가장 바깥에는 철위산(鐵圍山)이 둘러싸고 있는데 이러한 세계를 일소세계(一小世界)라 한다. 이 소세계(小世界) 일천을 합한 것이 소천세계(小千世界)이며 이 소천세계 일천을 합한 것

이 중천세계(中千世界)이며 이 중천세계 일천을 합한 것이 대천세계(大千世界)이니 이 대천세계를 숫자로 표시하면 1,000,000,000이 된다. 대천세계 위에 삼천이 있는데 이 대천세계에 저절로 소천, 중천, 대천의 삼종천(三種千)이 이루어져 있다. 이것이 곧 일대천세계(一大千世界)이니 이 일대천세계가 일불교화(一佛敎化)의 범위가 된다. 줄여서 삼천대계(三千大界), 삼천세계, 삼천대천이라고도 한다. ② 불교 천문학에서 수미산을 중심으로 하고 사방에 사대주(四大洲)가 있고 그 바깥 주위를 대철위산으로 둘러쌌다. 이것이 일세계(一世界), 또는 일사천하(一四天下)라 한다. 이 사천하를 천개 합한 것을 1소천세계, 소천세계 천개 합한 것을 1중천세계, 중천세계 천개 합한 것이 1대천세계, 1대천세계에는 소천, 중천, 대천의 3종의 천이 있으므로 일대삼천세계(三千世界), 또는 삼천대천세계라 한다.

3) **칠보(七寶)** : ① 불교에서 말하는 일곱 가지 보배로 경론마다 조금씩 다르다. 《법화경(法華經)》 수기품(授記品)에는 「금, 은, 유리, 차거, 마노, 진주, 매괴(金, 銀, 瑠璃, 硨磲, 碼瑠, 眞珠, 玫瑰)」를 말하였고, 《무량수경(無量壽經)》에는 「금, 은, 유리, 파려, 산호, 마노, 차거」를 말하였으며, 《지도론(智度論)》에는 「금, 은, 비유리, 파리(頗梨), 차거(車渠), 마노(瑪瑙), 적진주(赤眞珠)」를 말하였고, 《아미타경(阿彌陀經)》에는 「금, 은, 유리, 파려, 차거, 적주(赤珠), 마노」를 말하였으며, 《반야경(般若經)》에는 「금, 은, 유리, 차거, 마노, 호박(琥珀), 산호」를 말하였다. ② 전륜성왕이 가지고 있는 일곱 가지 보배로 윤보(輪寶), 상보(象寶), 마보(馬寶), 여의주보(如意珠寶), 여보(女寶), 장보(將寶), 주장신보(主藏臣寶)이다.

4) 보시(布施) : ① 범어의 Dāna를 음역하여 단나(檀那)라 하는데 시주(施主) 보시의 뜻이다. 복과 이익을 사람들에게 베풀어 주는 것으로[以福利施與] 베푸는데 여러 가지가 있으나 재물을 베푸는 것이 근본 뜻으로 크게 복락(福樂)의 결과를 얻는다고 하였다. ② 문자(文子)《자연편(自然篇)》에「은혜롭게 하는 것을 보시라 한다[爲惠者布施也]」고 하였다. 순자(荀子)《애공편(哀公篇)》에「부를 천하에 두면 재물을 원망하지 않고 보시를 천하에 하면 가난하여도 언짢아하지 않는다[富有天下而無怨財 布施天下而不病貧]」고 하였다. 회남자(淮南子)《도응훈(道應訓)》에「옳지 못하게 얻고 또 보시하지 않으면 근심이 반드시 온다[不義得之 又不能布施 患必至矣]」고 하였고,《제속훈(齊俗訓)》에「의라는 것은 보시를 덕으로 삼는다[爲義者 布施而德]」고 하였다.《법계차제(法界次第)》에「단나를 진나라 말로 보시라 한다[檀那秦言布施]」고 하였다.《유마경(維摩經)》불국품에「보시가 바로 보살의 정토이다[布施是菩薩淨土]」고 하였다. ③ 6바라밀의 하나. 즉 보시바라밀(布施波羅蜜), 세 가지가 있다. 첫째, 재시(財施)이니 재물을 놓아 가난을 건지는 것이요[捨財濟貧也]. 둘째, 법시(法施)이니 법을 설하여 다른 사람을 제도하는 것이며[說法度他也], 셋째 무외시(無畏施)이니 두려움이 없도록 사람에게 베풀어 사람들의 액난을 구원하는 것을 말한다[以無畏施於人 謂救人之厄難也]. ④ 네 가지 보시가 있다. 첫째, 필시(筆施)이니 사람들이 발심하여 경전 쓰는 것을 보고 붓을 베풀어 선연(善緣)을 돕는 것이요. 둘째, 묵시(墨施)이니 사람들이 경전 쓰는 것을 보고 먹을 베풀어 선연을 돕는 것이며, 셋째, 경시(經施)이니 경판(經板) 곧 책을 발간하여 사람들에게 주어 읽게 하는 것이요. 넷째,

법시(法施)이니 법을 설하여 사람들이 듣고 인을 닦고 과를 증득하게 즉, 수인증과(修因證果)를 말한다.

5) 사과(四果) : 소승의 성문(聲聞)들이 탐 진 치(貪瞋癡)의 삼독을 끊고 성도(聖道)에 들어가 부처가 되는 사계위(四階位)의 증과(證果), 과는 무루지(無漏智)가 생기는 지위. 첫째, 수다원과(須陀洹果) : 입류(入流), 역류(逆流), 욕계의 탐 진 치를 끊어버리고 수도문 중에 처음으로 들어가는 경지, 또는 무루도(無漏道)에 처음 참례하여 들어간 지위를 말한다. 둘째 사다함과(斯陀含果) : 일래(一來), 입문 발심하여 철주중심의 입지(立志)가 되었으나 아직도 욕계의 혹(惑)이 약간 남아있어 천상계와 욕계를 왕래하게 되는 경지. 또는 욕계의 사혹(思惑)을 끊지 못했기 때문에 이제 한 번 욕계에 태어나는 지위를 말한다. 셋째, 아나함과(阿那含果) : 불래(不來), 불환(不還), 욕계의 혹을 완전히 끊어버려 다시는 욕계에 태어나지 않는 경지, 또는 욕계에서 죽어 색계(色界), 무색계(無色界)에 나고는 번뇌가 없어져서 다시 돌아오지 않는 지위를 말한다. 넷째, 아라한(阿羅漢) : 살적(殺賊), 응공(應供), 불생(不生). 성문 사과의 최고 경지로서 온갖 번뇌와 욕심을 끊고 사제(四諦)의 이치를 밝히어 세상 사람들의 공양을 받을만한 공덕을 갖춘 경지를 말한다. 또는 비상처(非想處)에 이르러 일체 사혹을 끊어버린 성문 사과의 최고 지위.

6) 칠보탑(七寶塔) : 다보탑(多寶塔)을 말한다. 《법화경(法華經)》견보탑품(見寶塔品)에 「이때 부처님 앞에 칠보로 된 탑이 있으니 높이가 5백 유순이요 가로와 세로는 2백5십 유순인데 땅에서 솟아올라 공중에 머물러 있었다. … 중략… 이때 보탑 안에서 큰 소리가 나왔는데 찬탄하여 "착하고 착하도다 석

가모니 세존께서는 능히 평등한 큰 지혜로 보살들에게 법을 가르치며 부처님이 호념하시는 묘법연화경을 대중을 위하여 설하셨다"[爾時佛前有七寶塔 高五百由旬 從橫二百五十由旬 從地涌出 住在空中 …中略… 爾時寶塔中 出大音聲 歎言 "善哉善哉 釋迦牟尼世尊 能以平等大慧 敎菩薩法 佛所護念 妙法華經 爲大衆說"]고 하였다.

7) **정각(正覺)** : ① 법신불 일원의 진리를 바르게 깨닫는 것. ② 올바른 깨달음. 미망(迷妄)을 끊어버린 여래의 참되고 바른 지혜. ③ 부처님 십호(十號) 중의 하나. 등정각(等正覺)의 준말. 부처님은 무루의 바른 지혜를 얻어 우주 만유의 실상을 깨달았기 때문에 정각이라 한다. ④ 여래의 실지(實智)를 정각이라 한다. 즉 일체의 법을 진정으로 각지(覺知) 한 것이다. ⑤ 부처 이룸을 정각 이루었다[成佛曰成正覺]고도 한다.

8) **의왕(醫王)** : ① 의사 중에 왕이라는 뜻으로 부처님을 칭찬하여 의왕에 비유한다. 《무량의경(無量義經)》에 「의왕에도 크신 의왕께서 병증을 분별하고 약성을 밝히어 병을 따라 약을 주사 중생들에게 먹이시었다[醫王大醫王 分別病相 曉了藥性 隨病授藥 令衆生服]」고 하였다. 《열반경(涅槃經)》5에 「등정각을 이루면 큰 의왕이 된다[成等正覺 爲大醫王]」고 하였다. ② 불보살이 중생의 번뇌병 또는 마음병을 치료하여 깨달음에 들게 하는 것이 명의가 환자에게 약을 써서 고치는 것과 같다는 뜻이다.

9) **불왈여지하여지하자 오말여지하야이의(不曰如之何如之何者 吾末如之何也已矣)** : "어찌할까 어찌할까라고 말하지 않는 사람은 나도 어찌할 수가 없을 뿐이라"는 의미이다. 이 말은 공자(孔子)의 《논어(論語)》〈위령공(衛靈

公)〉에 나온다. 즉 그 주석에 「어찌할까 어찌할까하는 것은 생각을 깊이하고 처신을 살펴하는 말이니 이와 같이 아니하고 망녕되이 행하면 비록 성인이라도 또한 어찌할 수 없느니라[如之何如之何者 熟思而審處之辭也 不如是而妄行 雖聖人 亦無如之何矣]」는 뜻이다.

연의(演義)

옛 성인이 유상보시(有相布施)와 무상보시(無相布施)의 공덕 차이에 대하여 설명하기를 "보시를 하는 것이 비하건대 과수(果樹)에 거름을 하는 것과 같나니 유상보시는 거름을 위에다가 흩어주는 것과 같고 무상보시는 거름을 한 후에 묻어 주는 것 같으니라. 위에다가 흩어준 거름은 그 기운이 흩어지기 쉬운 것이요, 묻어 준 거름은 그 기운이 오래가고 든든한 것이다."라고 하였다.

우리는 세상을 살아가면서 나만을 위해, 우리 집 우리 가족만을 위해 살 수는 없다. 정신·육신·물질을 통해서 자의가 되었든 타의가 되었든, 알든 모르든 간에 베풀어주고 베풂을 받고 사는 것이다. 이렇게 하는 것이 곧 함이 있는 선이요[有爲之善] 유상보시이며 유주상보시(有住相布施)이다. 이러한 공덕만 가지고도 능히 삼악도를 벗어나 무한한 쾌락을 누릴 수 있다고 하였으니 만일 함이 없는 선[無爲之善], 무상보시, 무주상보시(無住相布施)를 실현한다면 그 공덕이 묻어준 거름처럼 오래가고 영겁토록 무궁무진한 쾌락을 누릴 수 있을 것이다.

보조 국사는 이러한 사실에 대해서 경전을 인용하여 더욱 다져준다. 만일 어떤 사람이 삼천대천세계에 가득 찬 칠보를 가지고 세계의 모든 중생을 공양하고 보시하며, 또 일체 생령들을 교화하여 모두 사과(四果)를 얻게 한다 할 때 그 공덕 또한 무궁무진하여 영겁에 쾌락을 누리고도 남음이 있다고 한다.

그러나 이러한 공덕이라도 부처님 법, 대도 정법 최상승의 묘법을 한 번 생각하고 한 번 믿음을 낸 공덕에 비하면 소분(小分)도 미치지 못하고 무엇으로도 비교할 수 없다고 분명히 말하였다. 또 하나 중요한 사실은 '한 생각 조촐한 마음'이다. 인도의 갠지스강에 있는 모래 수와 같은 칠보를 가지고 모래 수와 같은 보탑을 만들어 놓았다 한다면 그 공덕이 정말 무궁무진하다 할 수 있다. 그렇지만 이 보탑들은 언젠가 부서지고 티끌이 되어 다 할 날이 있다. 그러나 한 생각 깨끗한 마음은 바른 깨침, 곧 우주의 진리와 자성의 본래를 깨쳐 부처가 된다 하였으니 이보다 더 큰 공덕은 이 세상에는 다시없을 것이라고 할 수 있다.

우리는 구원이나 제도라는 등의 말을 많이 한다. 정말 큰 구원, 큰 제도는 무엇일까. 아마 자기 구원, 자기 제도라고 할 수 있다. 누구에 의하여 제도 되고 제도 받는 것이 아니라 부처님 법문을 듣고, 한 생각의 깨끗한 마음 간직하고, 자기 본성을 잘 수호하여 큰 깨달음으로 부처가 되었을 때 큰 제도가 된다. 더욱이 사람 몸 받기 어렵다 하는데 사람으로 된 금생에 자기 제도가 있어야지 다음을 기다려 제도할 수는 없다.

보조 국사는 지금 사람들을 향하여 한마디로 '슬프다'고 탄식한다. 왜냐하면, 배는 고프면서도 맛있는 음식 보고 먹을 줄 모르고 병들어 죽게 되었으면서 의사 만나 약을 먹을 줄 모르니 슬플 수밖에 없다. 즉 고민이 없는 것이라고 할 수 있다. 정말 배고프고 정말 병이 들었음을 저 마음속 깊은 곳에서부터 고민하지 않는다고 한다. 보조 국사는 《논어(論語)》〈위령공(衛靈公)〉에 나오는 말을 인용하여 '어찌할까, 어찌할까 이 일을 어찌할까' 하는 고민이 없는 사람에게는 나도 어찌할 수 없다고 단언하고 안타까워하며 열심히 공부하라고 독려를 한다.

부미일시왈(附尾一詩日)

世間爲善免三途
세 간 위 선 면 삼 도

永劫淸心得意珠
영 겁 청 심 득 의 주

功德彌天如草露
공 덕 미 천 여 초 로

童兮速閉佛陀窬
동 혜 속 폐 불 타 유

세간의 선행을 하면 삼악도를 면하고

영겁에 마음이 맑으면 여의주 얻으리

공덕이 하늘에 찼지만 풀끝의 이슬이니

아이야! 어서 부처의 문을 닫을지라.

39. 心宗能觀
심 종 능 관

심종을 능히 보아야 한다

　또 세상의 함이 있는 일은 그 형상을 보고 그 공을 증험하므로 사람들이 한 일만 얻을지라도 그 희유[1]함을 찬탄하거니와 나의 이 심종[2]은 형상을 가히 볼 수 없으며 모양을 가히 볼 수 없어서 말의 길이 끊어지고 마음의 행할 곳이 소멸[3]한 것이라 그러므로 천마[4]나 외도[5]들이 훼방하려 하여도 문이 없고 제석천[6]과 범천, 모든 하늘이 칭찬하려 하여도 미치지 못하는데 하물며 범부의 얕은 지식의 무리가 어찌 능히 짐작하리오. 슬프다! 우물 안 개구리가 어찌 바다의 넓음을 알 것이며 여우[7]가 어찌 능히 사자[8]의 울음을 하리오. 그러므로 알라, 말법[9] 세상 가운데 이 법문을 듣고 희유한 생각을 내어 믿어 알고 받아 가지는 사람은 이미 한량없는 세월 가운데에 모든 성현을 받들고 섬겨서 모든 선근을 심어 깊이 반야의 바른 인을 맺은 최상의 근성이로다. 그러므로 《금강경》[10]에 이르기를

"이 글귀에 능히 신심을 내는 사람은 마땅히 이 사람은 이미 한량 없는 부처님 처소에 모든 선근[11]을 심었느니라."고 하고, 또 이르기를 "대승[12]의 마음을 발한 사람을 위하여 설한 것이며 최상승[13]의 마음을 발한 사람을 위하여 설하였다."고 하니라.

且世間有爲之事는 其狀可見이며 其功可驗일새 人得一
차세간유위지사   기상가견   기공가험   인득일

事라도 歎其希有어니와 我此心宗은 無形可觀이며 無狀
사   탄기희유   아차심종   무형가관   무상

可見하야 言語道斷하고 心行處滅이라 故天魔外道가 毀
가견   언어도단   심행처멸   고천마외도   훼

謗無門하고 釋梵諸天이 稱讚不及이온 況凡夫淺識之流
방무문   석범제천   칭찬불급   황범부천식지류

가 其能髣髴이리요 悲夫라 井蛙가 焉知滄海之闊이며 野
기능방불   비부   정와   언지창해지활   야

干이 何能獅子之吼리요 故知末法世中에 聞此法門하고
간   하능사자지후   고지말법세중   문차법문

生希有想하야 信解受持者는 已於無量劫中에 承事諸
생희유상   신해수지자   이어무량겁중   승사제

聖하야 植諸善根하야 深結般若正因한 最上根性也로다.
성   식제선근   심결반야정인   최상근성야

故 《金剛經》 云「於此章句에 能生信心者는 當知是人
고   금강경   운   어차장귀   능생신심자   당지시인

은 已於無量佛所에 種諸善根이라.」하시고 又云「爲發
이어무량불소   종제선근   우운   위발

大乘者說이며 爲發最上乘者說이라.」하니라.
대승자설   위발최상승자설

단어풀이

1) 희유(希有) : ① 흔하지 않고 매우 드문 것, 서로 같은 것이 없는 것, 매우

희귀한 것. ②《법화경(法華經)》서품에 「이 사의할 수 없는 것은 희유한 일을 나타낸 것이다[是不思議 現希有事]」고 하였고, 또 《가상법화소(嘉祥法華疏)》3에 「넓은 세상에 없는 바이라. 그러므로 희유라고 말한다[曠世所無 故言希有]」고 하였다.

2) **심종(心宗)** : ① 마음 또는 마음의 마루 곧 근본. ② 선종의 다른 이름. 선종은 문자나 경전이나 형상을 위주해서 세운 종이 아니라 마음을 근본으로 하기 때문에 심종이라고 한다.

3) **언어도단 심행처멸(言語道斷 心行處滅)** : ① 일원의 진리를 설명하는 말로서 일원의 진리는 현묘하므로 헤아리기 어려워서 언어나 문자나 명상이나 생각으로써 짐작할 수도 없고 설명할 수도 없고 표현할 수도 없으며 오직 천만 가지의 분별 사량이 다 끊어지고 쉬어버린 경지라는 말. ② 진리는 깊고도 묘하여 말할 수도 생각할 수도 없는 것을 찬탄하는 말. 곧 우주의 진리는 말의 길이 끊어졌으므로 말할 수 없고 마음으로 미칠 것이 아니므로 생각이 멸하였다는 말. ③「구경의 진리는 언어의 길이 끊어졌으므로 말로 할 수 없고 마음의 머물 데가 없으므로 생각할 수 없다.」[究竟之眞理 言語之道斷而不可言說 心念之處滅而不可思念]. ④《지관(止觀)》오상(五上)에 「언어도가 끊어지고 심행처가 멸하였으므로 생각하고 말할 수 없는 경지이다[言語道斷心行處滅 故名不可思議境]」고 하였고. 또《인왕경(仁王經)》중에 「심행처가 멸하고 언어도가 끊어진 자리는 진제와 같고 법성과 같다[心行處滅 言語道斷 同眞際 等法性]」고 하였다.

4) **천마(天魔)** : ① 욕계의 꼭대기에 있는 제6천의 마왕, 그 이름은 파순(波

旬), 수행하는 사람을 보면 자기네 친속들을 없애고 궁전을 파괴할 것이라 생각하여 마군을 이끌고 수행하는 사람을 시끄럽게 하고 방해한다. ② 천자마(天子魔)의 약칭. 사마(四魔)의 하나. 제6천의 마왕으로 이름은 파순, 무량한 권속을 거느리고 항상 불도를 막고 걸리게 한다. ③《현응음의(玄應音義)》23에 「범어로는 마라라 하고, 이것을 번역하여 장이라 하는데 수도에 장애를 부리는 것이요, 또 살이라고도 하는데 항상 방일을 행하여 저절로 몸이 해쳐지기 때문이다[梵云魔羅此譯云障 能爲修道作障礙也 亦名殺者 常行放逸而自害身故]」고 하였다.

5) 외도(外道) : ① 대도정법, 인의대도가 아닌 사도(邪道), 정도(正道)를 놓고 사도를 닦음. 바른 길을 어김. ② 외교(外敎), 외학(外學), 외법(外法)이라고도 한다. 불교 이외의 다른 교학(敎學). ③《삼론현의(三論玄義)》상(上)에 「지극히 묘하고 허통한 것을 도라고 하는데 마음이 도 밖에 노닐므로 외도라 한다[至妙虛通 目之爲道 心遊道外 故名外道]」고 하였고, 또《원각경집주(圓覺經集註)》중에 「마음이 진리 밖에 행하므로 외도라 한다[心行理外 故名外道]」고 하였으며. 또《자지기(資指記)》상(上)에 「외도라는 것은 부처님의 교화를 받지 아니하고 다른 사법을 행하는 것을 말한다(言外道者 不受佛化 別行邪法)」고 하였고. 또《천태정명소(天台淨名疏)》에 「법 밖에 망녕 되게 알므로 이것을 외도라 한다[法外忘解 斯稱外道]」고 하였으며, 또《범망경(梵網經)》상(上)에 「천마와 외도는 서로 보기를 부모와 같이 한다[天魔外道 相視如父母]」고 하였고, 또《원각경(圓覺經)》에 「너희들 선남자는 마땅히 말세의 수행자를 보호하여 악마 및 외도들이 몸과 마음을 괴롭히지 않도록 한다[汝善男

子 當護末世是修行者 無令惡魔及外道惱身心]」고 하였다.

　6) **석범(釋梵)** : 제석(帝釋)과 범천(梵天)을 말한다. ① 제석이란 수미산 꼭대기 도리천의 임금으로 선견성(善見城)에 있으면서 4천왕과 32천을 통솔하고 불법과 불법에 귀의하는 사람을 보호하며 아수라의 군대를 정벌한다는 하늘 임금. ② 범천은 곧 범천왕으로 색계 초선천의 임금이다. 색계 대범천의 높은 누각에 거주하며 별명을 시기(尸棄), 세주(世主) 등이라 한다. 제석천과 함께 불교를 수호하는 신이다. 범천왕은 부처님이 세상에 나올 때마다 반드시 제일 먼저 설법하기를 청한다. 부처님 오른편에 모시고 있으면서 손에 흰 불자(拂子)를 들고 있다.

　7) **야간(野干)** : ① 짐승 이름. 즉 여우, 야간(射干)과 같다. 《조정사원(祖庭事苑)》에 「야간은 형체는 작고 꼬리는 길어 나무에 잘 오르나 의심하여 마른 나무에는 오르지 않는다. 여우는 형체가 크지만 의심하여 물을 건너지 않고 나무에는 오르지 않는다[野干形小尾大 能上樹 疑枯木不登 狐即形大 疑水不渡 不能上樹]」고 하였고, 또 《번역명의집(翻譯名義集)》에 「범어로는 실가라인데 여기서는 야간이라 한다. 여우와 비슷하나 작고 형색은 푸르며 노랗고 개의 무리와 다니며 밤에 우는 것이 이리와 같다. 광지에 절벽의 바위와 높은 나무에서 산다[梵語悉伽羅 此云野干 似狐而小 形色靑黃 如狗群行 夜鳴如狼 廣志云 巢於絶巖高木也]」고 하였다. ② 여우는 원래 의심이 많은 동물이며 도망 갈 때도 항상 뒤를 돌아보면서 간다고 한다. ③ 공부하는 데 의심을 갖는 것. 즉 호의불신(狐疑不信) 하는 것을 말한다.

　8) **사자후(獅子吼)** : ① 부처님의 설법. 사자가 한번 크게 부르짖으면 뭇 짐

승이 놀라 자빠지는 것처럼 부처님이 한번 설법하면 뭇 악마가 굴복하게 된다는 뜻이다. ② 부처님이 대중 가운데서 결정적인 말씀을 하여도 두려움이 없으므로 사자후라 한다[佛在大衆中爲決定之說而無所畏 謂爲獅子吼].《열반경(涅槃經)》27에「사자후란 결정의 말씀을 이른다[獅子吼者 名決定說]」고 하였고,《유마경(維摩經)》불국품에「법을 연설하여도 두려움이 없는 것이 마치 사자의 부르짖음과 같다[演法無畏 猶如獅子吼]」고 하였는데, 그 주에「조법사가 말하기를 "사자후란 두려움이 없다는 말이다. 말이 뭇 삿된 무리와 다른 학파에 두렵지 않나니 사자의 포효에 뭇 짐승이 엎드리는 것에 비유되는 것이다" [肇曰 "獅子吼 無畏音也 凡所言說 不畏群邪異學 喩獅子吼衆獸下之"]」고 하였고, 또《승만보굴(勝鬘寶窟)》중말(中末)에「말한 것에 겁내지 않는 것을 사자후라 한다[所言不怯 名師子吼]」고 하였다.

9) **말법(末法)** : 대도정법이 쇠약한 시대. 오탁악세(汚濁惡世), 부처님이 열반하신 후 정법(正法), 상법(像法)을 지나서 오게 되는 어지럽고 혼란한 세상. 부처님 열반 후 1천년까지를 정법[일설에는 5백년], 그 다음 1천년까지를 상법, 그 후 1만년까지를 말법이라 한다[正法五百年 像法一千年 末法一萬年]고 하였다.

10) **《금강경(金剛經)》** :《금강반야바라밀경(金剛般若波羅密經)》, 또는《금강반야경(金剛般若經)》이라고도 한다. 요진(姚秦)의 구마라집(鳩摩羅什)이 402년에 번역한 1권으로 되어 있는 대승 경전이다. 세존이 사위국(舍衛國)에서 수보리 등을 위하여 처음에 경계가 공(空)함을 말하고 다음에 혜(慧)가 공함을 보이며 뒤에 보살공(菩薩空)을 밝히었다. 이 경은 공혜(空慧)로써 체를

삼고 일체법무아(一切法無我)의 이치를 말한 것을 요지로 한다. 또 "이와 같이 나는 들었다 부터 과보를 사의할 수 없다[自如是我聞 至果報亦不可思議]" 까지가 전반(前半)이고 "이때 수보리 부처님께 사뢰어 말하되 부터 책 끝까지[爾時須菩提白佛言至卷末]"가 후반이다. 또 승조(僧肇)는 전반은 "중생공(衆生空)을 설하고 후반은 법공(法空)을 설하였다." 함에 대하여 길장(吉藏)은 그 말을 반박하여 "전반은 전회중(前會衆)을 위하고 후반은 후회중(後會衆)을 위한 것이며 또 전반은 인연을 다한 것이고(盡緣) 후반은 관을 다한 것이다(盡觀)"고 하였다.

11) **선근(善根)** : ① 좋은 과보를 받을만한 좋은 인(因). 착한 행업의 공덕 선근을 심으면 반드시 선과(善果)를 얻게 된다. ② 온갖 선(善)을 나타내는 근본. (3) 선을 행하고자 하는 마음을 말한다.

12) **대승(大乘)** : 산스크리트 마하야나(Mahayana)의 뜻. 마하연나(摩訶衍那)라 음역한다. 소승(小乘)에 대비되는 말. 대(大)는 크다·넓다·많다는 뜻이며, 승(乘)은 배나 수레 같은 데에 실어서 운반한다는 뜻이다. 따라서 소승이 개인적 해탈을 위한 교법·수행·근기임에 반하여 대승은 널리 일체중생의 구제를 목표로 베푸는 불교의 심오(深奧)하고 현묘(玄妙)한 교법·수행·근기를 말한다. 대(大)라는 것은 곧 일체를 다 포함(包含)한다는 의미이고, 또 광대무량(廣大無量)하다는 뜻이다. 또한 승(乘)은 수레나 배에 비유하기도 한다. 중생이 수레나 배에 타고 고해(苦海)를 건너서 피안으로 가게 하는 탈 것을 말한다. 소승은 개인이나 소수만이 타는 데 비해 대승은 제한 없이 많은 중생이 타게 된다는 것이다. 소승은 자리적(自利的)인 데 반하여 대승

은 유심현묘(幽深玄妙)·활동적·이타적인 것이다. 석가모니 열반 후 100여
년, 불교 교단은 상좌부(上座部)와 대중부(大衆部)로 나누어졌고, 다시 20여
부로 분열되었다. 상좌부는 소승불교로 대중부는 대승불교로 발전했고, 소
승불교는 오늘날 세일론·타이·미얀마 등의 남방 불교를 이루었으며, 대승
불교는 한국·중국·일본 등에 전파되어 북방 불교가 되었다.

13) **최상승(最上乘)** : 가장 우수하고 뛰어난 교법. 가장 궁극적인 진리를
가르쳐 주는 지극한 교법을 말한다. 곧 대도정법이다.

연의(演義)

세상에 형상이 있는 것들은 얼마든지 보고 듣고 잡을 수가 있다.
가령 정원에 자라는 화초를 들여다보면 그 화초가 자라나는 모습
을 볼 수도 없고, 알 수도 없지만 며칠 만에 보면 확실히 자랐다는
사실을 능히 증험할 수 있다. 이처럼 세상에서 나타나고 있는 일이
란 보면 그 공효를 충분히 증험할 수가 있으므로 남다른 일을 하거
나 공을 세우면 사람들이 희유하다고 찬탄을 한다.

그러나 마음이라는 것은 모양도 없고 테두리도 없으며 말로 나
타낼 수도 없고 그림으로 그릴 수도 없으며 행동으로 드러낼 수도
없고 생각으로 헤아릴 수도 없는 지정지공(至靜至空)한 자리이요,
무흔무짐(無痕無朕)한 자리이다. 이러한 자리를 어찌 마왕이나 외

도들이 훼방을 부릴 수가 있으며 천신인들 어떻게 칭찬을 할 수가 있겠는가. 더욱이 눈먼 중생들이 어떻게 짐작을 하고 점(點)할 수가 있겠는가.

슬프다! "우물 안에서만 살던 개구리가 어떻게 푸른 바다의 넓음을 알며 여우가 동물의 왕인 사자의 포효(咆哮)를 흉내 낼 수 있겠는가."라고 탄식을 한다. 즉 진리를 깨친 처지에서 보면 눈이 감긴 범부 중생들이 우물 속에서 놀고 있는 개구리와 다름이 없이 보여 슬프다고 탄식을 할 수밖에 없다. 마치 서산 대사(西山大師)의 시구(詩句)처럼 "온 나라 서울이 개미집이요 천하의 호걸이 초파리이다[萬國都城如蟻垤 千家豪傑若醯鷄]"라고 읊조리지 않을 수 없는 심정이 될 수밖에 없다.

그러나 보조 국사는 우리에게 희망과 용기를 가지라고 한다. 이법을 듣고 이 문에 들어온 사람은 숙세(宿世)의 숙연(宿緣)을 간직하고 세상에 나온 사람이요, 또한 여러 부처님과 굳은 약속을 하였을 뿐만 아니라 또한 선근(善根)까지 심어 부처를 이루어 낼 반야의 바른 씨[正因]를 깊이 뿌려서 간직한 최상근기들이니 어찌 자신을 갖지 않겠는가. 다만 바른 법, 바른 스승, 바른 가르침[正法, 正師, 正訓]을 아직 만나지 못하여 단비(甘雨)를 받지 않았기 때문에 발아(發芽)가 늦어질 뿐 언제든지 단비만 만나면 싹이 트고 꽃피어 아름다운 열매가 주렁주렁 달리게 된다.

곧 금강경의 말씀같이 이 법문 듣고 신심(信心)만 나면 최상근기이요 선근을 심은 사람이라고 할 수 있다.

부미일시왈(附尾一詩曰)

兀立金獅般若言
올 입 금 사 반 야 언
高跳石虎一圓呑
고 도 석 호 일 원 탄
不來諸佛於斯世
불 래 제 불 어 사 세
億萬衆生遊樂園
억 만 중 생 유 낙 원

우뚝 선 쇠의 사자는 반야를 말하고

높이 뛰는 돌 호랑이는 일원을 삼키네

모든 부처가 이 세상에 오지 않았다면

수억만의 중생이 낙원에서 노닐리라.

40. 放下皮囊
방 하 피 낭

가죽 주머니 놓아라

　원하건대 도를 구하는 사람은 겁약을 내지 말고 모름지기 용맹한 마음을 발할 것이니 숙겁의 착한 종자[1]를 아직 가히 알 수 없는 것이라. 만일 수승함을 믿지 아니하고 하열함을 달게 여겨서 어렵고 막힌 생각을 내어 지금 닦지 않으면 비록 숙세[2]의 선근이 있다 하여도 이제 끊어버리는 것이므로 더욱 그 어려움에 있어서 점점 펼쳐져서 멀어지리라. 이제 이미 보배로운 곳에 이르렀을진대 가히 빈손[3]으로는 돌아가지 아니할지니 한번 사람의 몸을 잃으면 만겁에 회복하기 어려우리니 청컨대 부디 삼갈지라. 어찌 지혜 있는 사람이 그 보배로운 곳임을 알고 도리어 구하지 아니하여 길이 외롭고 가난함을 원망하리오. 만일 보배를 얻고자 할진대 가죽 주머니[4]를 내려놓을[5]지니라.

願諸求道之人은 莫生怯弱하고 須發勇猛之心하라 宿劫
원제구도지인　　막생겁약　　수발용맹지심　　숙겁

善因을 未可知也니라 若不信殊勝하고 甘爲下劣하야 生
선인　　미가지야　　약불신수승　　감위하열　　생

艱阻之想하야 今不修之則縱有宿世善根이라도 今斷之
간조지상　　금불수지즉종유숙세선근　　금단지

故로 彌在其難하야 轉展遠矣리라. 今旣到寶所인댄 不
고　미재기난　　전전원의　　금기도보소　　불

可空手而還이니 一失人身하면 萬劫難復이라 請須愼之
가공수이환　　일실인신　　만겁난복　　청수신지

어다 豈有智者知其寶所하고 反不求之하야 長怨孤貧이
　　기유지자지기보소　　반불구지　　장원고빈

리요 若欲獲寶인댄 放下皮囊이니라.
　　약욕획보　　방하피낭

단어풀이

1) **선인(善因)** : 선근으로 선과를 불러올 수 있는 원인[善根招善果之因]이 되는 것을 말한다. 《본업경(本業經)》하(下)에 「선과를 따라 선인이 생긴다[善果從善因生]」고 하였다. 그러므로 복혜(福慧)를 쌍수하면 복혜가 구족하게 되고, 마음을 닦으면 부처를 이루게 되는 것이 이치의 당연함이라고 할 수 있다. 반대로 악인악과(惡因惡果)도 있음을 알아야 한다.

2) **숙세(宿世)** : ① 무한한 과거 세상. 숙겁(宿劫)이라고도 한다. 인생은 무한한 과거로부터 무한한 미래에까지 윤회 전생(輪廻轉生)을 한다. 곧 숙세를 떠돌게 되는 것으로 법연, 혈연, 부부인연 등을 숙세의 인연이라고 한다. ② 전세의 생사를 말한다. 《법화경(法華經)》수기품에 「숙세의 인연을 내가 이제 응당 말하리라[宿世因緣 吾今當說]」고 하였다.

3) **공수(空手)** : 공수래 공수거(空手來空手去) 또는 공왕공래(空往空來), 빈손으로 왔다가 빈손으로 간다는 말. 인생의 무상함과 허무함을 나타내는 말이다. 사람이 이 세상에 태어날 때 빈손으로 오고 죽어갈 때도 일생동안 모아놓은 모든 것을 다 그대로 버려두고 빈손으로 떠난다는 뜻이다. 그러므로 재물이나 권세나 명예를 지나치게 탐하지 말고 오직 마음 찾고 닦는 공부에 노력을 해야 한다.

4) **피낭(皮囊)** : 피대(皮袋)라고도 하는데 가죽으로 만든 부대. 또는 주머니로 사람이나 짐승의 육체를 말한다. 《조주록(趙州錄)》에 「스님이 묻기를 "개에게 불성이 있습니까, 없습니까?" 조주가 말하기를 "있다." 스님이 말하기를 "이미 있다면 무엇이 이 가죽 주머니에 들어갑니까?"[僧問 "狗子還有佛性無" 州曰 "有" 僧曰 "旣有 爲什麼撞入這個皮袋"]」하였다.

5) **방하(放下)** : ① 손을 내려 아래에다 두는 것[放手而置於下也]이다. 또는 방하착(放下著)이라고도 하지만 착은 의미가 없는 어조사이다. ② 무엇이든 다 놓아버리라는 말. 모두 놓아버리고 텅 빈 마음을 갖는 것. 아무 것에도 막히고 걸림이 없이 무심의 경지에 들어가는 것. ③《오등회원(五燈會元)》세존장(世尊章)에 「흑씨범지가 기쁘게 오동 꽃을 받들고 세존께 공양하거늘 부처님께서 범지를 부르시니 범지가 대답하는지라 부처님께서 "놓아버리라."고 말씀하셨다[黑氏梵志 擎合歡梧桐華供養世尊. 佛召梵志志應諾 佛言放下着]」고 하였고, 또 엄양 존자(嚴陽尊者) 장(章)에 「처음에 조주 화상에게 참예하고 묻기를 "한 물건도 가지고 오지 않았을 때는 어떠합니까?" 조주가 말하기를 "놓아라." 엄양이 말하기를 "이미 한 물건도 가지고 오지 않았는데 무엇

을 놓습니까?" 조주가 말하기를 "놓지 않으려거든 짊어지고 가거라." 엄양이
이 말에 크게 깨쳤다[初參趙州 問 "一物不將來時如何" 州曰 "放下着" 師曰 "旣
是一物不將來 放下個甚麼" 州曰 "放不下擔取去" 師於言下大悟]고 하였다.

연의(演義)

우리나라 속담에 '호랑이에게 열두 번 물려가도 정신만 차리면
살 수 있다.'라고 한다. 즉 겁에 질리고 약한 마음이 없이 용기를 가
지고 정신을 차려 대처한다면 능히 살아날 수가 얼마든지 있다는
말이다.

수도라는 것은 정신 차리는 공부이다. 그러기 때문에 도를 닦는
사람은 모든 마군에게 겁을 내고 무서워할 것이 아니라 잘 살피고
요리하면 능히 뭇 마군을 항복 받을 수 있는 것이니 사실 수도에
있어서 용맹정진(勇猛精進)을 하는 것이 최상의 길이 된다고 할 수
있다.

누가 아는가. 깨침이란 찰나(刹那)의 섬광(閃光)에 있는 것이요,
시분(時分)이나 날, 달에 있는 것이 아니다. 혹 숙세에 심고 가꾸어
왔던 우담발화(優曇鉢華)가 눈 깜짝 하는 사이에 만개(滿開)하여
꽃향내를 우주에 풍길 줄 누가 알겠는가. 그러하니 닦자, 또 닦고
또 닦아야 한다. 근기가 낮다, 어렵다, 막혀 있다는 등 여린 마음이

나 모자라는 생각으로 '나 같은 중생이 어떻게…' 하는 나약하고 하열한 마음을 벗어던지고 천지를 향해 자기불(自己佛)의 참 모습을 나투어 가야 한다.

육도(六道) 가운데 사람 되기가 어렵다. 어찌 다행 사람이 되어 세상에 나왔으니 빈손으로는 가지 말아야 한다. 인하실신(人下失身) 즉 사람 되었을 때 사람 몸 잃지 말자. 만일 사람의 몸을 한 번 잃으면 다시 찾기 어렵고 반면에 사람이 되지 아니하면 도를 닦을 수가 없고 도를 닦지 않으면 혜복(慧福)이 구족한 부처를 이룰 수가 없다.

보조 국사는 보배로운 곳에서 그 보배를 잡으려면 가죽 주머니를 놓으라고 한다. 가죽 주머니는 무엇일까. 곧 우리의 육체이다. 그러나 육체 자체가 어떠한 욕심을 담고 또 수도에 방해가 되는 것은 아니다. 오직 이 육체 속에 담겨 있는 밝지 못한 무명(無明)과 두꺼운 업장(業障)과 무거운 죄업(罪業)과 부풀은 삼독[三毒 : 貪瞋癡], 오욕[五慾 : 財色食名睡]과 '나'라는 상(相)이나 망상(妄想)들이 주관이 되어 이 육신만을 위하려는데 그 원인이 있는 것이다.

다시 말하면 이 육신 잘 먹이고 잘 입히고 잘 거처시키려는 데에 모든 정신을 집중시키고 있으니 이것은 바로 육신에 집착된 잘못에서 나오는 무지(無知)의 행동이라고 아니할 수 없다.

그러므로 수도하는 사람은 자기 자신이 자기의 육신을 놓을 줄 알아야 한다. 놓되 놓았다는 관념도 상도 없이 놓아야 참 몸[眞身]

이 나타나게 되는 것이오. 이 참 몸이 되어야 우주와 합일된 대법신(大法身)이 되는 것임을 알아야 한다.

부처가 되려면 마음을 닦자. 마음은 다른 사람의 마음이 아니라 내 안에 있는 내 마음이어야 한다. 누구에게 미루지 말자. 부처나 성현에게 닦아주고 깨우쳐달라고 계수(稽首)하지 말자. 사람이 구걸하는 것은 비루(鄙陋)한 상황으로서 중생의 저층(低層)으로 가라앉고 퇴전하는 지름길이 된다고 아니할 수 없다.

그러므로 수행하는 사람은 먼저 가죽 주머니를 내려놓음과 동시에 수행에 정진(精進)하고 공부에 적공(積功)하여 영겁(永劫)을 지금에 다듬고, 업장(業障)을 지금에 맑히며, 무명(無明)을 지금에 밝혀서 삼라만상(森羅萬象)과 이체성원(理體性源)과 무상진도(無上眞道)와 우주대운(宇宙大運)의 원형(原型) 곧 거푸집이 되는 불생불멸(不生不滅)과 인과보응(因果報應)의 둥근 진리[圓理]에 걸리고 막힘이 없어야 한다.

따라서 수도인은 "닦을 것도 없고 밝힐 것도 없는 일원의 지혜〔不修不明 一圓之慧〕"를 얻어야 하고, "지을 것도 없고 갚을 것도 없는 일원의 복〔無作無報 一圓之福〕"을 누릴 줄 알아야 한다.

그리하여 이대로 일생(一生)이 되고 이대로 영생(永生)이 되며 이대로 장겁(長劫)이 되어 낙원에서 여인공활(與人共活)하고 여생동락(與生同樂)해야 한다.

부미일시왈(附尾一詩曰)

水水山山道體伸
수 수 산 산 도 체 신

風風月月佛顔振
풍 풍 월 월 불 안 진

無量此世如塵劫
무 량 차 세 여 진 겁

放下皮囊藏法身
방 하 피 낭 장 법 신

물마다 산마다 도의 진체를 펼치고

바람마다 달마다 부처 얼굴 떨치누나

한량없는 이 세상 티끌 같은 세월에

가죽주머니 내려놓고 법신을 갊으리라.

《수심결》연의를 마치고

돌계집 마침내 아이를 배어
어언 열 달에 다다라서는
홀연히 티끌세상 떨어지더니
첫 울음에 하늘중심 깨뜨렸네.

石_석於_어忽_홀初_초 女_녀焉_언然_연啼_제 終_종十_시塵_진破_파 懷_회月_월世_세天_천 姙_임臨_임落_락心_심

《수심결》 연의 개정증보판을 마치고

하늘 운행으로 땅의 물들이 자라고

부처의 힘으로 뭇 사람이 길러지네

마음과 성품 비록 텅 빈 곳이지만

꽃도 있고 또한 기린도 있어라.

天_천 行_행 長_장 地_지 物_물
佛_불 力_력 養_양 群_군 人_인
心_심 性_성 雖_수 空_공 處_처
有_유 花_화 亦_역 有_유 麟_린

마음 닦는 요결

修 心 訣

초 판 1쇄 발행	1994년 11월 10일
개정판 4쇄 발행	2021년 12월 17일

원저	지눌
연의	오광익

펴낸곳	도서출판 동남풍
펴낸이	주영삼
책임편집	천지은

출판등록	제1991-000001호(1991년 5월 18일)
주소	전북 익산시 익산대로 501
전화번호	063-854-0784
팩스번호	063-852-0784
홈페이지	www.wonbook.co.kr
인쇄	문덕인쇄

값 15,000원
ISBN 978-89-6288-038-0(03150)